体育类专业系列教材

主 编：田 广 孙言铭

网球

WANG QIU

融媒体版

北京师范大学出版集团
BEIJING NORMAL UNIVERSITY PUBLISHING GROUP
北京师范大学出版社

图书在版编目（CIP）数据

网球 / 田广，孙言铭主编. —北京：北京师范大学出版
社，2025.2
体育类专业系列教材
ISBN 978-7-303-28678-2

Ⅰ.①网… Ⅱ.①田… ②孙… Ⅲ.①网球运动－教材
Ⅳ.①G845

中国国家版本馆 CIP 数据核字(2023)第 015850 号

出版发行：北京师范大学出版社 https://www.bnupg.com
　　　　　北京市西城区新街口外大街 12-3 号
　　　　　邮政编码：100088
印　　刷：天津中印联印务有限公司
经　　销：全国新华书店
开　　本：787 mm×1092 mm　1/16
印　　张：14.25
字　　数：300 千字
版　　次：2025 年 2 月第 1 版
印　　次：2025 年 2 月第 1 次印刷
定　　价：42.00 元

策划编辑：王云英　陈　俊　　　　责任编辑：冯祥君
美术编辑：焦　丽　　　　　　　　装帧设计：焦　丽
责任校对：陈　民　　　　　　　　责任印制：赵　龙

丛书序

20世纪初，南京高等师范学校和北京高等师范学校相继成立了体育专修科，标志着我国现代高等体育教育制度的确立。同期，首批体育教材与学术著作随之出现。经过百余年发展，我国高等体育教育已经形成较完整的体系，高等体育教材也不断得到丰富与完善。为了适应当前高等体育教学的新形势与新要求，西南区体育教材教法研究会组织编写了本套教材，以期进一步推动高校体育教学与科研。

西南区体育教材教法研究会成立于2007年，十几年来陆续组织出版体育类专业教材60余种，在高校体育教育领域有较大的影响力，对提高体育专业教学质量起到了积极的作用。本套教材由西南区体育教材教法研究会牵头和组织，由一批教材编写经验丰富的体育专家、教学经验丰富的骨干教师，以及有热情、精于现代教育技术的青年教师共同编写而成。

本套教材主要特点如下。

第一，架构呈现科学性与系统性。本套教材的编写严格按照《普通高等学校本科专业类教学质量国家标准》《全国普通高等学校体育教育本科专业课程方案》《普通高等学校体育教育本科专业各类主干课程教学指导纲要》等文件的相关要求，以"致力于立德树人、致力于教书育人、致力于提升内涵"为主要目标，依据专业课程体系，整体架构科学合理，内容系统全面。

第二，内容体现专业性与前瞻性。在专业基础课程、专业方向课程、专业拓展课程教材的编写过程中，坚持"厚基础、强素质，重实用、强能力"的原则，遵循体育运动的基本规律，强调将专业知识和技能应用于专业实践，将学科研究新进展、实践发展新经验、社会需求新变化及时纳入教材。

第三，教材突出实用性与区域性。遵循专业课程体系"7＋3＋X"模式建设的同时，在"X"专业课程教材的建设上，以本地区教育教学的特点为基础，坚持原则性与灵活性相统一，发挥区域高校的各自优势。结合西南区高校的特点，系列教材在普及性的基础上，融入区域高校发展，彰显区域高校体育的特色，将区域性体育研究成果进行创新，更加符合实际教学和实践。

第四，资源呈现丰富性与立体化。为了适应"互联网＋"和信息技术发展的新要求，本套教材切实将融合媒体与纸质图书相结合，深度开发数字资源，教材配套示范视频、讲解微课、电子课件、电子教案等丰富的数字资源，利用"京师智教"教学平台，学生可以轻松获取与教材配套的融合媒体资源，教师可以登录平台下载与教学相关的教学资源，同时实现在线测评。传统教材与互联网有机融合，能够有效解决授课教师资源不足、学生拓展资源有限等问题，相对于传统纸质教材，配套数字资源具有丰富性与立体化的特点。

本套教材凝聚着诸多高校体育教师的心血，希望本套教材能够为高校体育教与学提供经典参照。书中难免有疏漏之处，敬请各位读者批评指正。

是为序。

西南区体育教材教法研究会

前　言

随着社会与经济的发展，人民生活质量的提高，越来越多的人开始追求新的生活方式。网球作为热门体育运动项目，集健身性、娱乐性、观赏性为一体，深受广大体育爱好者青睐，成为当今体坛国际化、职业化和商业化程度较高的体育项目。它也凭借自身的特点与魅力成为时尚运动界的宠儿。

本书始终坚持"立德树人""以学生为中心""健康第一"的指导思想，以习近平新时代中国特色社会主义思想为指导，通过网球理论、技术和训练为主线，力求做到既符合现行网球运动发展的特点与要求，又充分考虑当代大学生的爱好、兴趣与需求，并贯彻因材施教的教学原则，以满足新时代背景下网球运动参与者的需求与自我实现。本书力求在结构与内容上予以突破，将知识与技能、行为与文化、运动与训练相结合，以达到教会学生基本网球技术、战术、规则及伤病预防的目的，从而促进学生的身心健康发展。

本书注重理论与实践，通过十一章内容将课内与课外、线上与线下、教师与学生不同维度相结合，在教学内容上力求符合当代学生的身心特点与运动需求，并融合健身与文化性、选择性与实效性、传统性与现代性、科学性与实施性为一体，包括运动概况、技术、战术、教学、训练、规则裁判法、运动损伤、营养与饮食等内容。全书结构合理、图文并茂、涵盖面广，除可作为高等学校网球教学用书之外，也适合初、中级阶段的自主学习者、锻炼者作为指导性用书或本科生、研究生、教师教学的参考用书。

本书由田广统稿并担任主编，甘婷、伍丽华、唐磊、郭朝廷、华新担任副主编，卢小龙、任鹏、郭站、刘赟、牟柳、张健、张贻杭、温宇、王丽平、范子哲、袁康耀、严首鑫、严江、于星、范连友、伍禹、王夏、田密、何铃茜负责资料收集整理、图片拍摄、视频制作、图片示范、文字校对工作。本书的编写是个艰辛的探索过程，在此过程中我们得到各方面的热情支持、鼓励和帮助。北京师范大学出版社的编辑人员为此也付出了艰辛的劳动，在此，我们一并表示衷心感谢。对于在本教材中未一一标明的被引用者的姓名和论著的出处，我们在此表示歉意，并同样表示感谢！

书中如有疏漏和错误之处，恳请广大教师和读者批评指正。

编　者

目　　录

第一章
网球运动概况

第一节　网球运动的起源与发展

一、网球运动的起源

网球运动源于 12 世纪法国传教士在教堂回廊里用手掌击球的一种游戏。这种游戏后来成为宫廷里的一种室内消遣娱乐活动。也有人认为，网球运动的起源应追溯到"百年战争"以前，在法国民间流传的一种名叫海欧-德-巴乌麦的球类游戏。据说这种游戏是两个人进行的，即每人各执一个球拍，球场的周围筑有围墙，球撞到墙上后被弹回去，然后过网。因此，无论从使用的场地和器具上，还是从进行游戏的方法上，它都与现代网球运动有许多相似之处，所以有人把它看作是网球运动的原初形态。到 14 世纪中叶，法国的一位诗人把这种球类游戏介绍到法国宫廷，作为王室贵族的消遣。当时玩这种游戏的场地是宫廷内的大厅，既没有网也没有球拍，球是将布卷成圆形后用绳子绑成的。场地中间架起一条绳子为界，游戏者利用两手作为球拍，把球从绳上方丢来丢去，法语把它叫作"Tennez"，英语把它叫作"take it！play"，意即"抓住！丢过去"，今天"网球"（Tennis）一词即来源于此。不久，木板球拍被用来代替两手拍球。16 世纪初，这项球类游戏被法国国民发现。他们出于好奇心而开始效仿，并很快地将其传播到各大城市，同时改良了用具。他们将球制造得比较耐用，拍子由木板改为羊皮纸板。并且随着拍面面积扩大，握把的柄也被加长。场地中间的绳子，则被绑上无数向地面垂下的短绳子，球从绳子下面经过时可以明显地被人发觉。17 世纪初，场地中间不再用绳帘，而改用小方格网子。网比绳帘的效果好。拍子改用穿线的网拍，富有弹性且轻巧方便。

现代网球运动是从 1873 年开始的。那年，英国人沃尔特·克洛普顿·温菲尔德将早期的网球打法加以改进，使之成为夏天在草坪上进行的一种体育活动，并取名"草地网球"。同年，他还出版了一本以《草地网球》为题的小册子，对这种活动进行宣传和推广。所以温菲尔德被称为"近代网球的创始人"。此后，网球成为一项在室内、户外都能进行的体育项目。1875 年，全英网球运动俱乐部建立。这个俱乐部建造了世界上第一个网球场地，并于 1877 年举办了全英草地网球男子单打锦标赛，即后来闻名于世的温布尔登网球赛。

1874 年，在百慕大度假的美国女士玛丽·奥特布里奇在观看了英国军官的网球比赛后，对这项体育活动颇感兴趣，于是将网球规则、网拍和网球带到纽约。在美国，网球运动最初是在东部各学校中开展的，不久就传到中部、西部，进而在全美得到普及。此时网球运动已经由草地演变为可以在沙土地上、水泥地上、柏油地上举行比赛，于是"网球"(Tennis)的名称就慢慢替代了"草地网球"(Lawn Tennis)的名称，这是我们今天网球(Tennis)名称的由来。

1878 年，第一次男子双打锦标赛在英格兰举行。1879 年，第一次网球女子单打和混合双打比赛在爱尔兰举行。1884 年，温布尔登增加了女子单打和男子双打锦标赛；1913 年又增加了女双和混双锦标赛。1881 年，世界上出现了第一个全国性的网球协会，即美国全国草地网球协会("全国"两字于 1920 年被取消)。该会于当年 8 月 31 日至 9 月 3 日，在罗得岛纽波特港举行第一届美国草地网球男子单打和男子双打锦标赛，采用了温布尔登的比赛规则，参加比赛的有 26 人。总之，网球运动的由来和发展可以这样来概括：孕育在法国，诞生在英国，开始普及和形成高潮在美国，现盛行于全世界，被称为世界第二大球类运动。

二、网球运动的发展现状和趋势

(一)世界网球运动的发展现状

1. 世界体坛的热门

自 19 世纪末温布尔登网球锦标赛拉开现代网球运动的帷幕以来，网球运动一直以它特有的魅力吸引着越来越多的参与者。尽管这项运动对场地器材条件要求较高，但如今网球成为一项世界性的热门运动。如在澳大利亚、法国、英国、美国、瑞士、西班牙、德国、瑞典等一些网球运动强国中，人们对网球运动的热情仍与日俱增。据统计，早在 1983 年，美国经常打网球的已有 4000 多万人，其中青少年有 2000 多万人；意大利有 3000 多个网球俱乐部，会员达 100 万人；法国打网球的人更多，仅网球俱乐部的会员就有 150 万人。至于网球场地，美国于 1960 年曾统计，仅加利福尼亚州的 21 所大学就有 452 片网球场。另外，11 所美国大学有 492 片（包括室内 65 片），平均每所大学有 40 多片。只有 600 多万人口的瑞士，1971 年有 1384 片网球场，到 1980 年增加到 2589 片。在中国，根据第六次全国体育场地普查数据，全国网球房（馆）共有 711 个，用地面积 2184822 平方米，占全国体育场地总用地面积的 0.06％；投资金额 529262 万元，占全国体育场地总投资金额的 0.45％。其中，室外网球场地共有 19767 片，用地面积 16576802 平方米，占全国体育场地总用地面积的 0.42％，投资金额 1196798 万元，占全国体育场地总投资金额的 1.02％。在亚洲地区，网球运动的开展虽比不上欧美，但如中国的李娜、郑洁、晏紫、彭帅、张帅，日本的大坂直美、锦织圭、西冈良仁、内山靖崇，韩国的权纯雨等运动员都曾排名网球世界前 100 位，有的曾经还获得过"大满贯"冠军或是走上过稍低级别赛事的领奖台。我们从中亦可窥见网球在亚洲人心目中的位置。近几年来，随着网球运动的进一步普及，亚洲、非洲、欧洲等的优秀青少年网球选手的不断涌现以及他们在国际大赛中所产生的巨大影响，一股世界性的网球热潮已经形成。

2. 比赛频繁活跃

自 1968 年职业和业余网球运动员均可参加同一比赛以后，网球比赛的次数和名目日益增多，有公开赛、大奖赛、挑战赛、巡回赛、卫星赛等。在世界范围内，几乎每周都有这种大型的国际网球赛。在国际性的网球大赛中，影响大、水平高、久负盛名的重大比赛为温布尔登网球公开赛（Wimbledon Championships）、美国网球公开赛（U. S. Open）、法国网球公开赛（French Open）、澳大利亚网球公开赛（Australian Open）和戴维斯杯赛、联合会杯赛。如果有一名（单打）或两名（双打）运动员在运动员职业生涯期间获得"四大网球赛公开赛"（也称"四大满贯"）之一的冠军，即为"大满贯"得主。在网球界，"四大满贯"的含金量比奥运会的网球比赛更高。2019 年，"四大满贯"冠军由诺瓦克·德约科维奇和拉法·纳达尔两人包揽。其中，德约科维奇获得了澳网和温网的男单冠军，纳达尔获得了法网和美网男单冠军。拿到"四大满贯"的冠军是网球选手实力的最好证明。它被视为国际网坛的一种最高荣誉。如果运动员在职业生涯期间把"四大网球赛公开赛"的冠军，都获得了一次，即为"全满贯"得主。2009 年 6 月 7 日，费德勒首次法网折桂实现"全满贯"；2010 年 9 月 14 日，纳达尔首次美网折桂，实现"全满贯"；2016 年 6 月 5 日，德约科维奇夺得法网冠军，实现"全满贯"。如果运动员还能够获得"金满贯"，即在"全满贯"基础上赢得夏季奥运会网球项目冠军，那将会创造网球神话。由于奥运会是四年一届，而且直到 1988 年的汉城奥运会上网球才被列为正式比赛项目，所以赢得"金满贯"的机会是非常难得的。目前，获得"金满贯"的人屈指可数，有施特菲·格拉芙（1988 年完成）、安德烈·阿加西（1999 年完成）、纳达尔（2010 年完成）、小威廉姆斯（2012 年完成）等。

戴维斯杯赛和联合会杯赛分别是男、女团体比赛。这两个比赛被公认为是最重要的网球国际团体锦标赛。上述 6 个比赛都得到国际网联的正式承认，每年举行一次。"四大网球公开赛"中选手以个人名义参加，设高额奖金。戴维斯杯赛和联合会杯赛中选手以国家或地区为单位参加。为确保参加这两个比赛最后决赛阶段的队伍必须是世界最高水平，在比赛之前，各赛区都进行相应的选拔赛，如亚洲的加法尔杯网球赛、欧洲的男子团体杯赛等。

3. 职业网球运动员收入颇丰

网球运动之所以成为当今世界体坛的热门项目，除了网球运动本身特有的魅力之外，另一个重要因素是国际网球比赛大都设有高额奖金，如 2018 年美网总奖金为 5300 万美元，高居"四大满贯"榜首；温网继美网之后，以总奖金 4400 万美元位列奖金第二高的"大满贯"比赛；法网总奖金 4300 万美元，位列第三；澳网总奖金 3800 万美元，排在第四位。运动员只要能够进入正赛，就能获得一笔不菲的奖金；如果成为冠军，更是名利双收。特别是自职业网球选手被允许参加各种比赛以来，奖金数额更是逐年升级。这些球员在球场之外的收入则更令人瞠目。这种数额惊人的奖金和球员们的丰厚收入，自然会吸引更多人的关注，这项运动也必然会在世界上产生巨大的反响。

4. 组织机构高效

国际网球联合会是网球运动的最高机构。其任务是：制定、修改和实施网球规则；在各级水平上促进全世界网球运动的发展；在国际上维护网球运动的利益；促进和鼓励网球的教学；为国际赛事制定和实施规则；裁定国际网联认可的正式网球锦标赛；增强协会会员的影响力；维护联合会的独立；确定运动员的资格；管理业余、职业及业余—职业混合型比赛；合理使用联合会的资金；维护网球界的团结及监督这些规则的实行。该会是由国际网联、"网职协"和竞赛大会代表三方面共 9 人组成的一个执法实体，商议并制定一系列规章制度，审核有关部门、地区或单位有无实力与资格举办职业性比赛，以及运动员的参赛资格等，统辖全年 90 多项由职业选手参加的各种大小型国际性比赛。该会在 20 世纪 80年代拥有绝对权威。

当今世界体坛上，网球比赛能如此活跃，奖金数额能如此惊人，著名职业球员能获得如此巨额收入，显然与这些国际网球组织根据形势的发展与需求，互相配合、协作，同时又充分发挥各自的作用与效能有着直接的关系。

5. 新人崛起，群雄争霸

在网球运动 100 多年的发展进程中，曾涌现了许多杰出的选手。他们都以自己的天赋、勤奋及创造精神，为网球运动技战术的进步与发展作出了卓越的贡献。他们以自身超群的技艺与竞技能力赢得了比赛胜利，一次又一次地登上了世界冠军的领奖台，成为世人仰慕的璀璨球员。特别是进入 21 世纪后，世界网坛的竞技场上出现了一种新趋势，并形成了一种新格局，即随着网球运动的普及，新秀在不断地崛起，如大坂直美、巴蒂、梅德韦杰夫、蒂姆等；随着一个个网球新星的崛起，老将、球王面临着日趋严峻的考验和猛烈的冲击。球王的霸主时代缩短，一人长期雄踞网坛霸主地位的局面被打破。

(二)世界网球技术的发展趋势

1. 底线型打法成为主流

在当今的网球比赛中，运动员的各方面技术都有长足的进步，尤以接发球技术最为突出。比赛中主要的得失是在相持阶段。运动员利用精湛的底线技术和对手打拉锯战，从容化解对手的截击，并打出漂亮的穿越球，给上网选手造成了一定的压力。两名选手在底线对抗 3 小时以上的拉锯战已属常见。所以，底线型打法已经成为目前网坛打法的主流，特别是在女子比赛中更为常见。

2. 技术精细、战术多变

在比赛中，运动员之间的攻防经常转换，主动与被动经常交替。为了适应这种制约与反制约的需要，运动员必须力求技术全面。技术向精细化发展，是网球技术发展的一大趋势。当今运动员更注重发球技术的精细化，将球的旋转变化和发球角度很好地结合在一起。另外，击球回合不断增加，运动员更多地借助提前击球时间、精准的落点和极佳的球速占得先机。这些以上旋球为主的全面型球员正凭着出色的接发球、网前截击、穿越球、放小球以及滑步等精细、全面的技战术主宰网坛。

3. 步法灵活、体能充沛

随着底线型打法逐渐占据网坛的主导地位，步法和体能在比赛中就显得尤为重要，并且成为取得胜利的重要保障。快速灵活的步法不仅可以使运动员及时、准确地找到最佳击球点，提高回球质量，还能救起许多被对手认为是制胜球的来球，从而在技术和心理上不断给对手增加心理压力。

4. 心理稳定、意志顽强

随着现代网球运动的高速发展、运动员职业化进程的不断加快，各国教练员运用了大量的科学手段最大限度地挖掘运动员各方面的潜能。在运动员身体、技术等方面的水平都十分相近的情况下，心理因素对比赛的影响很大。尤其是高水平选手之间的较量，更是心理素质、意志品质的较量。稳定的心理素质和顽强的意志品质是获胜的关键。

5. 女子技术向男子化发展

女子网坛中的一个比较明显的趋势就是力量型选手占主导地位，好球员技术动作男性化。世界女子职业网球协会排名前几位的选手，无一不是力量型选手的杰出代表，例如，美国的大威廉姆斯的发球速度令许多男子选手望尘莫及，达到每小时 200 千米以上。女子技术动作男性化是女子网球运动的发展趋势。我们说当今女子网坛力量型打法占主导地位，并不是否认技术的重要性。例如，美国的威廉姆斯姐妹、海宁等人不仅力量占优势，而且其底线技术几乎与那些技术型选手一样出色，再加上灵活的步法和充沛的体能，必然获得优异成绩。

第二节 网球组织机构

一、国际网球组织机构与男子、女子协会介绍

（一）国际网球联合会（ITF）

ITF 是国际网球联合会（International Tennis Federation）的英文缩写，简称国际网联。ITF 是最早的国际网球组织，成立于 1913 年 3 月 1 日。它是世界网球组织的最高权力机构，其重要职责是：负责有关网球比赛的一切事务；制定网球规则；为发展中国家的网球教练开设培训班；推动各国网球协会搞好本地区网球运动的普及工作；提高人们对网球的兴趣，吸纳更多的人参与网球运动，促进世界网球运动的发展。

国际网联不仅负责组织和管理一年一度的戴维斯杯世界男子网球团体赛、联合会杯世界女子网球团体赛和每年的澳大利亚、温布尔登、法国和美国四大网球公开赛，还负责奥林匹克网球比赛最后阶段的比赛事务，诸如 16 岁以下的国际男、女青年网球团体赛——世界青年杯赛、世界少年杯赛，世界老年网球锦标赛，女子巡回赛，发展巡回赛，卫星巡回赛，挑战赛等 200 多项赛事。

国际网联管理委员会是国际网联的最高权力机构。管理委员会每年选举一次，除执行主席和执行副主席外，其他委员均为名誉身份。管理委员会中必须有大满贯赛所在国的代表，并且至少有一名来自亚洲、南美、非洲的代表以及两名来自欧洲和巴拿马运河以北国家的代表。

（二）职业网球协会（ATP）

ATP 是职业网球协会（Association of Tennis Professionals）的英文缩写。其成立于 1972 年，是世界男子职业网球运动员的自治机构。其任务是协调职业运动员和赛事之间的伙伴关系，负责组织和管理职业选手的积分排名、奖金分配，以及制定比赛规则和给予或取消选手的参赛资格等工作。

ATP 每年所举办的主要大赛有四大公开赛、大师赛（前身为"超级九项赛事"）、锦标系列赛、挑战赛等 80 项左右的赛事。这些赛事分别在六大洲的 34 个国家举办。其中最著名的大师赛事为利普顿锦标赛、新闻周刊杯赛、蒙特卡洛公开赛、松下德国公开赛、罗马公开赛、大美银行保险杯锦标赛、杜·莫里公开赛、欧洲公开赛和巴黎公开赛。为了保证赛事质量，ATP 与 ATP 排名前 10 位的选手都签订了合同。合同规定这些球员必须准时参加以上赛事，不能在同时间参加其他低级别的比赛。每年的 11 月 15 日在德国法兰克福由 8 名世界顶尖高手参加的 IBM/ATP 世界锦标赛总决赛和 11 月 22 日在南非约翰内斯堡举行的世界男子双打锦标赛，将决定谁是本年度的单打头号种子和双打头号种子。

1990 年，ATP 首先采用"最佳 14 项比赛体系"的电脑排名制度。后来，WTA（世界女子职业网球协会）也采用了与此类似的计分方法。ITF 没有自己的排名，但它承认 ATP 和 WTA 的排名是具有权威性的网球选手排名。

"最佳 14 项比赛体系"的电脑排名方法，只计算运动员在 52 周内成绩最佳的 14 项赛事的分数，加上击败排名较高选手的奖励分，以其总分数为排名基数。它规定每位选手在参加一定级别的比赛后，根据其成绩得到相应的分数。该分数存入电脑 52 周之后自动消失。如果运动员参赛次数超过 14 项，则只计算成绩最好的 14 项；如果参赛次数少于 14 项，则把其所有参赛场次分数相加。这样一来，参赛次数少于 14 项的选手就会吃亏。运动员参加的比赛等级越高，进入的轮次越高，得分就越高。这项排名制度是为了鼓励选手多参加比赛，击败排名较高选手以获取奖励分，并激励一般选手向高水平选手发起挑战而建立的。但其弊端是过于复杂，而年终排名积分带入下一年的规定，又导致有些选手吃上一年的"老本"。

ATP 规定，职业选手每年要参加 21 场比赛，才能保住或提高自己的 ATP 排名。成绩好的选手能从他们参加的比赛中得到上百万美元的收入，如 ATP 巡回赛全年奖金总额高达上亿美元。

(三)国际女子职业网球协会(WTA)

WTA 是国际女子职业网球协会（Women's Tennis Association）的英文缩写，成立于1973 年。它是世界女子职业网球选手的自治组织。主要任务是组织由职业选手参加的各种比赛。WTA 负责的比赛有 WTA 的年终总决赛、各项公开赛、巡回赛等，如意大利公开赛、德国汉堡公开赛、法国斯特拉斯堡公开赛等全年 60 项左右的赛事。WTA 管理职业选手的积分、排名、奖金分配，负责协调选手与赞助商、赛事主办者之间的关系等与选手有关的一切事务。

WTA 的年终排名由在美国纽约举行的 WTA 世界锦标赛最终确定。世界上只有 16 位选手有资格参加此比赛。

二、网球重大赛事

（一）男子比赛

1. 四大网球世界公开赛

（1）澳大利亚网球公开赛

澳大利亚网球公开赛（简称澳网）始创于 1905 年，是四大公开赛中最迟创建的赛事，但是每年却最早开赛，于 1 月底至 2 月初在墨尔本举行。男子赛始于 1905 年，女子赛始于 1922 年，刚开始使用草地网球场，到 1988 年才改为硬地网球场。1968 年，国际网球职业化后它被列为四大公开赛之一。打法全面的选手在硬地比赛中最占优势，但是墨尔本酷热的气候使得球员体力消耗大，发挥不稳定，影响比赛的圆满结束。

（2）法国网球公开赛

法国网球公开赛（简称法网）始创于 1891 年，比温布尔登网球锦标赛晚 14 年，通常在每年的 5 月至 6 月举行。法国网球公开赛最开始只限本国人参加，1925 年以后对外国人开放，成为公开赛。法国网球公开赛的场地设在巴黎西部的罗兰·加洛斯大型球场内。该球场属慢速红土球场，每场比赛采用五盘三胜淘汰制，一场比赛打上 4 小时是经常的事。在这样的球场上要获取优胜是不易的，球员要有超凡的技术和惊人的毅力。

（3）温布尔登网球公开赛

温布尔登网球公开赛（简称温网）也称"全英草地网球锦标赛"，创办于 1877 年 7 月，是现代网球史上最早举办的比赛，在每年 6 月底至 7 月初举行比赛。这项网球赛初创时只有男子单打一个项目；1879 年增设男子双打；1884 年始有女子单打，以后又增加了女子双打；到 1913 年又增设了男女混合双打。温布尔登网球公开赛初始只限英国人参加，1901 年允许英联邦各国派代表参加比赛，1905 年开始扩大为国际性的球赛。

（4）美国网球公开赛

美国网球公开赛（简称美网）的历史在"四大满贯赛"中仅次于温布尔登网球锦标赛的历史。它始创于 1881 年，使用硬地场地。其于每年的 8 月底至 9 月初，在美国纽约举行比赛。首届比赛于 1881 年在罗得岛新港举行。当时只是国内赛事，而且只有男子单打，以后每年一届。女子比赛始于 1887 年。1968 年被列为四大公开赛之一，设有 5 个单项的比赛，是每年四大公开赛中最后举行的大赛。美国网球公开赛在四大网球赛中，以奖金最多而闻名。2009 年奖金总额高达 2160 多万美元，其中男、女单打冠军奖金也破纪录地达到 160 万美元。

2. 大师赛

大师赛是由 ATP 主办的高水平的 9 项网球大师赛，级别仅次于"大满贯"，冠军可获得

1000 排名积分。大师赛的 9 站分别是印第安维尔斯站、迈阿密站、蒙特卡罗站、罗马站、上海站、多伦多站/蒙特利尔站(轮流举办)、辛辛那提站、马德里站、巴黎站。

3. ATP 年终总决赛

ATP 年终总决赛是 ATP 设立的年终总决赛。只有当年排名前 8 的网坛顶尖好手,才有资格参加这项奖金总额近 500 万美元的赛事。ATP 年终排名于每年 1 月由在德国的汉诺威举行的 ATP 世界锦标赛最后确定。对这 8 名选手来说,能有资格参加这项赛事本身就是一种荣誉。ATP 双打排名由在美国哈特福德举行的 ATP 双打锦标赛最后确定。

4. 黄金巡回赛

黄金巡回赛是由 ATP 主办的较高水平的网球赛事,级别次于"大满贯"和大师赛,自身按奖金和排名积分分为两个级别。

(1)百万级别

总奖金额超过 100 万美元,冠军可获得 500 排名积分。

赛事站点:迪拜、巴塞罗那。

(2)低于百万级别

总奖金额小于 100 万美元,冠军可获得 250 排名积分。

赛事站点:鹿特丹、孟菲斯、阿卡普尔科、斯图加特、基茨布赫、东京、维也纳。

5. 国际巡回赛

国际巡回赛是由 ATP 主办的普通级别的网球赛事,级别低于"大满贯"、大师赛和黄金巡回赛,并按奖金和排名积分分为 4 个级别。

(1)百万级别

总奖金额约 100 万美元,冠军可获得 250 排名积分。

赛事站点:多哈、维也纳、莫斯科、巴塞尔、圣彼得堡。

(2)80 万级别

总奖金额 80 万~100 万美元,冠军可获得 225 排名积分。

赛事站点:伦敦、哈勒、斯德哥尔摩、里昂。

(3)60 万级别

总奖金额 60 万~80 万美元,冠军可获得 200 排名积分。

赛事站点:马赛、埃斯托利尔、华盛顿、纽黑文。

(4)40 万级别

总奖金额约 40 万美元,冠军可获得 175 排名积分。

赛事站点:阿德莱德、清奈、奥克兰、悉尼、维纳德马尔、德尔雷海滩、巴西赛、圣何塞、布宜诺斯艾利斯、萨格勒布、拉斯维加斯、瓦伦西亚、休斯敦、慕尼黑、波特查赫、卡萨布兰卡、索波特、赫特根伯什、诺丁汉、格斯塔德、纽波特、巴斯塔德、阿默斯福特、印第安纳波利斯、乌马格、洛杉矶、布加勒斯特、孟买、北京、曼谷、梅斯。

6. 戴维斯杯赛

戴维斯杯网球赛是每年一度的世界男子网球团体赛，也是世界网坛层次最高、影响最大的国际性团体赛。其由国际网球联合会主办，是除奥林匹克网球比赛外历史最长的网球比赛。戴维斯杯是采用单败淘汰制的网球男子团体"世界联赛"。戴维斯杯赛的参赛者构成类似"金字塔"，最顶层为16支世界组参赛队伍，紧接着第二层为美洲区第一组、亚太区第一组和欧非区第一组，其下分别为美洲区、亚太区、欧非区的第二组、第三组和第四组。其中，第四组获胜的球队下一年升入第三组；第三组除了产生下一年升级到第二组的球队之外，其中排名最后的球队还要降至第四组。以此类推，最终产生 8 支第二年参加世界组资格赛的球队。其中，美洲区和亚太区第一组各有 2 个出线名额，而欧非区第一组则有 8 个出线名额。上一年在各区出线的 8 支球队，将与世界组第一轮比赛失利的 8 支球队争夺下一年参加世界组比赛的资格。在世界组第一轮比赛中获胜的 8 支球队，除了保住来年参加世界组比赛的资格之外，还有机会争夺冠军。

(二)女子比赛

1. "大满贯"

"大满贯"是由 ITF 主办的四大网球赛事，级别最高，奖金总额超过 2000 万美元，冠军可以获得 2000 的排名积分。

赛事：澳大利亚网球公开赛、法国网球公开赛、温布尔登网球公开赛、美国网球公开赛。

2. WTA 年终总决赛

WTA 年终总决赛，是女子网坛最顶尖水平的赛事。刚开始时 WTA 总决赛采取 16 人的淘汰赛制，但从 1977 年起改为 8 人的小组循环赛制；进入 20 世纪 90 年代后曾经再度改用淘汰赛制；到 2003 年，又恢复到类似于大师杯的小组循环赛制。

3. 一级赛

一级赛是由 WTA 主办的高水平的网球赛事，按奖金和排名积分分为 3 个级别。

(1)300 万级别

总奖金额约 300 万美元，冠军可获得 500 排名积分。

赛事站点：迈阿密。

(2)200 万级别

总奖金额约 200 万美元，冠军可获得 465 排名积分。

赛事站点：印第安维尔斯。

（3）134 万级别

总奖金额约 134 万美元，冠军可获得 430 排名积分。

赛事站点：多哈、查尔斯顿、柏林、罗马、加拿大、东京（泛太平洋）、莫斯科。

4. 二级赛

二级赛是由 WTA 主办的较高水平的网球赛事，按奖金和排名积分分为两个级别。

（1）150 万级别

总奖金额约 150 万美元，冠军可获得 300 排名积分。

赛事站点：迪拜、斯图加特。

（2）60 万级别

总奖金额约 60 万美元，冠军可获得 275 排名积分。

赛事站点：悉尼、巴黎、安特卫普、班加罗尔、阿美利亚岛、伊斯特本、斯坦福、洛杉矶、纽黑文、北京、苏黎世、林茨。

5. 三级赛

三级赛是由 WTA 主办的一般水平的网球赛事，按奖金和排名积分分为两个级别。

（1）22 万级别

总奖金额约 22.5 万美元，冠军可获得 165 排名积分。

赛事站点：巴厘岛、卢森堡。

（2）18 万级别

总奖金额约 17.5 万美元，冠军可获得 140 排名积分。

赛事站点：黄金海岸、维纳德马尔、波哥大、阿卡普尔科、孟菲斯、伊斯坦布尔、斯特拉斯堡、伯明翰、巴塞罗那、赫根特伯什、布达佩斯、巴德加斯特恩、波特洛兹、辛辛那提、广州、东京、加尔各答。

6. 四级赛

四级赛是由 WTA 主办的较低水平的网球赛事，总奖金额约为 15 万美元，冠军可获得 115 排名积分。

赛事站点：奥克兰、霍巴特、芭堤雅、埃斯托利尔、费斯、布拉格、帕勒莫、斯德哥尔摩、纽约森林山、首尔、塔什干、魁北克。

7. 联合会杯网球团体赛

联合会杯网球赛是 1963 年为庆祝国际网联成立 50 周年而创办的每年一度的世界最高水平的女子网球团体赛，也是衡量一个国家（或地区）女子网球整体水平的重要比赛。联合会杯女子网球赛是和戴维斯杯男子网球赛齐名的团体赛事。第一届联合会杯比赛是在伦敦的女子俱乐部进行的，共有16支代表队参加。联合会杯赛每年进行一次。随着女子网球运动的不断普及，参加联合会杯赛的国家也在慢慢地增加。

联合会杯网球赛自1995年起效仿戴维斯杯赛的比赛办法，由上年联合会杯赛四分之一决赛的8个队组成世界组，其余8个队成为A组。这两组的比赛采用一次主场和一次客场的比赛方法。在世界组中，第一轮获胜的4个队进行半决赛，第一轮失败的4个队，与A组中获胜的4个队进行比赛；比赛中获胜的队进入下一年的世界组。A组中第一轮失败的队，同各区中获胜的队进行比赛，然后由4支获胜的队进入下一年度A组比赛；4支失败的队则参加下一年度的区级比赛。其中世界组和A组的比赛采用五场三胜制，第一天进行两场单打，第二天进行两场单打和一场双打，双打放在最后进行。其余各大洲的预选赛等则采取三场两胜制。

目前，联合会杯世界组每年有三大"比赛日"，一般在4月进行水平最高的世界组的四分之一决赛，其余组则进行各大区的预选赛，并决出晋级升组队伍或降组队伍。之后于7月中旬进行世界组附加赛（决定升组队伍）以及世界组的半决赛；随后于9月进行最高水平的世界组决赛。2008年的联合会杯赛上，由郑洁、晏紫、李娜、孙甜甜组成的中国队进入了世界组四强。

第三节　中国网球运动

一、网球运动在中国的发展

（一）1949年前，中国网球运动的起源与发展

网球运动是在19世纪后期随着西方近代体育的传播而进入我国的。19世纪中叶，中国陆续开放了一些沿海通商口岸，西方的官员、商人、传教士络绎不绝，网球运动被他们带进中国。1843年，上海被辟为商埠对外开放，西方人士纷至沓来。1860年，英法联军侵华，英军占领天津紫竹林作为练兵场，随后逐渐增设田径场、足球场及网球场。这是中国建立网球场的最早记载。1876年，上海以外侨为主的网球总会建造了两个草地网球场。这两个草地球场是上海最早的标准网球场。

网球运动早期在中国的传播主要是由基督教会推动的。19世纪后叶，英、法等国先后

在上海、北京、天津、广州等地创办教会学校，在全国大中城市建立基督教青年会。许多传教士和外籍教师喜欢打网球。他们的工作对象是青年学生，所以体育又是青年会的主要活动内容，网球运动因此在中国兴起，甚至有些县城也建起了网球场。19世纪末20世纪初，中国的一些大学拥有了网球场，如上海的圣约翰大学、沪江大学、震旦大学，北京的燕京大学、协和医科大学，广东的岭南大学，苏州东吴大学，长沙雅礼大学，山东齐鲁大学，浙江大学等。到20世纪20年代，网球运动已在全国各地开展起来，一些公共体育场所都拥有了网球设施。1929年，国民党政府公布《国民体育法》，要求"各自治之村、乡、镇、市必须设置公共体育场"，并规定球类项目场地中包括网球场。安徽等省明令要求县公共体育场内网球场至少要有两个。这对推动网球运动在中国的开展起到了良好的作用。历史资料表明，国民党政府时期，除边远地区外，中国各省市都有一些县城建有网球场并开展活动，其中参与者以学生和教师居多，还有外侨及当地乡绅。

1910年在南京举行的中国第一届全国运动会，共有4项比赛，网球就是其中之一；另外三项是足球、篮球、田径。从第三届开始又增加了女子网球项目，并一直延续到1948年的第七届全国运动会。1924—1946年，中国选手共参加了6次戴维斯杯网球赛。

网球运动在中国兴起后，各大城市相继出现网球协会和俱乐部组织。它们是由一些社会团体和网球爱好者自发组成的。这种组织以上海和北京居多，天津、青岛、太原、南京、武汉、广州、重庆、昆明、成都等城市也拥有一些。1931年，中华全国体育促进会组织成立中华网球会，开展活动，举办比赛。20世纪30年代，上海网球运动开展得十分活跃，但参与者仍以外侨为主。那时的外国球会有日本网球会、花旗总会、葡萄牙总会、法商总会、斜桥总会等。也有许多华人网球会，如万国会、友谊会、华光会、中央会、青年会等，以及银行、海关、邮局的网球组织。中华网球会由于有了邱飞海、林宝华等高手，屡屡战胜外国球员，多次夺得团体和单、双打冠军。

清朝末代皇帝溥仪也是网球运动的爱好者之一。1927年，他从北京迁居天津后的第一件事，就是让手下人为他修建网球场。张学良在西安事变后，被国民党当局秘密软禁在浙江奉化雪窦山。在这种特定的环境下，张学良天天练习网球，锻炼身体。中国的网球界和国际网坛的交往是从20世纪初开始的。男子网球队参加了1915年的第二届至1934年的第十届远东运动会；女子队则参加了第六届至第十届的远东运动会网球表演赛。1925—1946年，中国选手共参加了6次戴维斯杯网球赛。那时最著名的网球选手有林宝华、邱飞海、许承基等人。其中，邱飞海是第一个参加温布尔登网球公开赛的中国运动员，1924年曾进入第二轮比赛。随后许承基也参加了温布尔登网球公开赛。他的最好成绩是打进第四轮，并于1938年被列为世界网球第8号种子选手。许承基曾蝉联1938年和1939年英国硬地网球锦标赛的单打冠军；林宝华和邱飞海则登上第八届远东运动会的冠军领奖台。

(二)1949 年后中国网球的发展

中华人民共和国成立以后，网球运动得到了进一步的发展。1953 年成立了中国网球协会，并在天津市举办了中华人民共和国的首次全国网球表演赛。此后，除"文化大革命"期间曾中断过五六年外，我国每年都要举办不同形式的全国网球比赛。历年的全国比赛中，涌现了不少著名的选手。

20 世纪 60 年代初期，由于国家经济困难，全国性的网球比赛一度停顿，直到 1964 年才重新举办网球比赛；但在 1966 年后的几年间，网球比赛和活动大多被取消。到 1972 年网球比赛才逐渐恢复并开展，国家安排了一些网球比赛，但参与人数少、水平低。改革开放后，中国网球运动飞速发展。20 世纪 90 年代初，中国引进了国际大赛，举办了全国巡回赛。自 1993 年开始，我国尝试走职业化道路；1998 年建立了具有中国特色的职业化网球俱乐部，并举办网球俱乐部联赛；1999 年的联赛有 8 支队伍参加，可惜不久后"夭折"。这个时期，有一个大家很容易记住名字的人——李芳。她是第一位参加四大网球公开赛的中国选手，也是当时唯一闯入世界排名前 50 位的选手，还是唯一走出国门并靠自己打球来养活自己的职业运动员。1992 年，李芳进入澳网第三轮。其征战"大满贯"赛的最好成绩保持了 12 年之久；1994 年，李芳进入法网第二轮——这是中国选手多年来征战法网的最好成绩，也保持了 10 年之久。

我国网球运动的国际交往是从 1956 年开始的。第一个访问我国的是印度尼西亚队；我国第一次派网球队出访是 1957 年去斯里兰卡。此后，中国网球运动员曾先后同 30 多个国家和地区交往，参加过不少大型的国际比赛，并取得了较好成绩。如 1959 年的第一代网球选手朱振华和梅福基，在波兰索波特国际网球赛中首次赢得男子双打冠军；1965 年，戚凤娣和徐润珍分别获得索波特国际网球赛的女子赛单打冠军和亚军。1980 年，中国网球协会被国际网联接纳为正式会员。此后，我国的网球运动员又获得了一些鼓舞人心的成绩：1980 年 10 月，余丽桥在东京女子网球公开赛上获单打冠军；1981 年 1 月，李心意和胡娜获美国白宫杯少年网球锦标赛女子双打冠军；1983 年，中国男子网球队在吉隆坡摘取了亚洲最高水平的男子团体赛的桂冠——加法尔杯赛冠军；1986 年，中国女子网球队又在第十届亚洲运动会的团体赛中夺冠——结束了中国在亚运会上无网球金牌的历史；1990 年和 1994 年，潘兵蝉联两届亚运会男单冠军；1995 年 1 月，李芳则闯进了世界排名的前 50 名大关。

2004 年 8 月 22 日，雅典奥运会的网球比赛已经进入了最后一天，在女子双打的决赛中，中国网球运动新的一页终于被翻开。中国一号女双组合李婷和孙甜甜经过 1 小时 29 分钟的激战，以两个6∶3战胜了2号种子西班牙名将帕斯库尔和马丁内兹组合，获得中国奥运会史上第一块网球金牌。奥林匹克的网球馆里，历史性地升起了五星红旗，奏响了中国国歌。

同时，在中国网球发展史上，大家将永远铭记这一刻：2006年1月27日，中国选手郑洁、晏紫在澳大利亚墨尔本公园击败澳网头号种子雷蒙德和斯托瑟(美国/澳大利亚)，夺得中国网球界在"四大满贯"赛成年组双打比赛中的第一个冠军；2019年，张帅与斯托瑟搭档在澳网女子双打中摘得女双冠军。

很少有一项体育运动能像网球这样记录中国发展变迁的轨迹：清末英国军人将其引入，传教士将其推广，在很长一段时间内它是"洋人"的游戏；后来又成为达官显贵的消遣。中华人民共和国成立后，网球是运动员的专利；改革开放后，网球成为高收入者的新宠；20世纪90年代后，网球褪下"贵族运动"的外衣，走入寻常百姓家；从20世纪90年代后期开始，我国部分省市相继引进一些高水平的国际赛事，尤其是2002年年底开始的上海网球大师杯赛、ATP巡回赛等高水平网球赛事，有力推动了网球运动在中国的普及与发展。

在单打方面，李娜改写了我国甚至亚洲多项纪录，她是第一个获得巡回赛单打冠军的中国人，也是2008年北京奥运会网球项目四强。她于2011年获得法国网球公开赛女单冠军，成为中国乃至亚洲在网球"四大满贯"赛事上的第一个单打冠军。2012年7月24日，李娜位列伦敦奥运会网球项目女单10号种子，是唯一获得种子席位的中国女单选手；2013年，她在WTA年终总决赛中获得亚军。2014年1月25日，李娜第三次跻身澳大利亚网球公开赛决赛并最终收获女单冠军；同年9月18日，李娜经纪公司确认其退出武汉和中网的比赛，并将正式退役。2014年9月19日，亚洲首位网球大满贯得主李娜正式宣布退役。2014年12月15日，李娜被英国《金融时报》评选为2014年年度女性人物。2014年12月23日，李娜入围"2014CCTV体坛风云人物年度评选"的年度最佳女运动员。

李娜在15年的职业生涯里，21次打入WTA女单赛事决赛，共获得了9个WTA和19个ITF单打冠军，职业生涯总战绩为503胜188负，并以排名世界第六的身份退役。2019年1月21日，李娜成为首个入选网球名人堂的亚洲球员。

郑钦文是继李娜之后的又一位我国顶尖网球运动员。在2022年法网的比赛中，19岁的郑钦文淘汰了哈勒普，与当届法网冠军在法网大战三盘，打破了斯瓦泰克20盘连胜的战绩。虽然其最终没有夺冠，但是让人们看到了这个潜力无限的小将。2023年的美网上，郑钦文进入16强，成为中国最年轻闯入八强的女子单打选手。2024年的澳网中，郑钦文首次打入大满贯决赛，让中国球迷意识到我们离下一个单打大满贯仅有一步之遥。她的个人排名凭借在澳网的出色表现，从第15位提升至第7位，职业生涯首次进入世界前10位。在大满贯之外，郑钦文取得的成绩则更为傲人。在 2023 年杭州亚运会上，郑钦文夺得女子网球单打金牌。这是她个人职业生涯中首个亚运会女单冠军，同时也帮助中国女子网球实现了亚运会五连冠。2024 年巴黎奥运会上，郑钦文夺得女子网球单打金牌，成为中国网球历史上首位获得奥运会单打项目金牌的运动员。郑钦文表示，李娜是亚洲网球第一人，是第一个拿到大满贯冠军的球员，而自己是第一个拿到奥运会冠军的亚洲球员，也创造了历史。每个时代有每个时代的英雄，她希望突破自己的极限，成为更好的球员，甚至引领年轻一代。郑钦文的未来有无限可能，在她之后的朱琳、王欣瑜和袁悦等选手也在网球的道路上奋勇拼搏。中国女子网球的未来值得期待。

二、中国举办的重大国际赛事

1. 上海劳力士大师赛

上海 ATP1000 大师赛的前身是 ATP 巡回赛的总决赛，由国际网球联合会和大满贯委员会联合主办。ATP 巡回赛的总决赛只有当年世界排名前 8 位的选手才能获得参赛资格。该赛事于 2002 年 11 月在上海举行，总奖金为 370 万美元。2005 年、2006 年上海都举办过大师杯赛，上海和 ATP 的合同到 2008 年结束；接着，2009 年的总决赛将在伦敦举办。总决赛移走之后，上海将开始承办 ATP 大师系列赛上海站的上海 ATP1000 大师赛。上海 ATP1000 大师赛于 2009 年首次举办。它是最年轻的 ATP 大师赛级别赛事，也是亚洲范围内最高级别的男子网球赛事。上海 ATP1000 大师赛单、双打冠军均可以获得 1000 世界排名积分，其重要程度仅次于"四大满贯"和 ATP 年终总决赛。

2010 年，上海 ATP1000 大师赛改名为上海劳力士大师赛（Rolex Shanghai Masters），举办时间在北京中国网球公开赛、东京日本网球公开赛之后。上海劳力士大师赛正选赛 56 签位，赛程共 9 天，包括 1 天预选赛、8 天正选赛。比赛数量为 21 场单打预选赛、55 场单打正选赛、23 场双打，共 99 场比赛。2017 年 7 月 18 日，在劳力士上海大师赛开票之际，全新的赛事名称和标志正式投入使用。上海大师赛的单打冠军将获得数百万元人民币奖金，同时冠军得主还将获得 1000ATP 积分。穆雷、费德勒、达维登科、德约科维奇都摘得过桂冠。其中，德约科维奇分别在 2012 年、2013 年、2015 年获得过上海劳力士大师赛男单冠军；穆雷于 2010 年、2011 年、2016 年把男单冠军收入囊中；2019 年，帕夫维奇、索阿雷斯组合夺得双打冠军，梅德维德夫为单打冠军。

2. 中国网球公开赛

除了在上海设立顶级的 ATP 赛事之外，WTA 也在北京设立一个一级赛事（原中国公开赛女子比赛是 WTA 二级赛事）。

中国网球公开赛(简称中网,英文简称 China Open)是国际网球协会批准自 2004 年起每年一届在中国举办的大型国际网球比赛。比赛项目有 ATP 男子单打、双打,WTA 女子单打、双打,以及国际青少年组比赛。由于北京的国际地位逐年提高,所以该赛事受到众多国际知名球员的青睐。2009 年中国网球公开赛全面升级,男子赛事为仅次于"四大满贯"和九站"1000 分赛事"的十站"500 分赛事"之一;女子赛事则为仅次于"四大满贯赛"的 4 个钻石皇冠赛事之一(皇冠赛 A9 赛事)。男子赛事为总奖金达到 200 万美元的"500 分赛事";女子赛事的总奖金至少为 400 万美元。这样,从世界范围来看,中网男女赛事的整体实力仅次于"四大满贯"赛事,与有着悠久的历史和传统的印第安维尔斯赛、迈阿密赛和新增的马德里赛同级,名副其实地升级为仅次于"四大满贯"赛事的"超级赛事"之一。

到目前为止,参加 2019 中国网球公开赛正赛的球员包括 11 位"大满贯"冠军和 10 位网球世界第一得主,参赛阵容强大。中网的女子赛事中包括小威廉姆斯、大坂直美、巴蒂、沃兹尼亚奇、阿扎伦卡、科贝尔、穆古拉扎、哈勒普等在内的世界排名靠前的名将自动入围;穆雷、蒂姆、兹维列夫、梅德韦杰夫、西西帕斯、克耶高斯、卡恰诺夫、迪米特洛夫、弗格尼尼、孟菲尔斯和上届冠军巴斯拉什维利等则组成男子阵容。2019 年 10 月 6 日,多迪格、波拉塞克获男子双打冠军;肯宁、贝莎妮·马泰克获女子双打冠军;蒂姆获男子单打冠军,大坂直美获女子单打冠军。

随着时间的推移,将有越来越多世界顶级高手参加中国网球公开赛,中国网球公开赛也将更加快速地发展。这对我国网球运动发展起着极大的激励和鼓舞作用。

第四节　网球运动常识

一、球拍与球

任何运动项目都必须不断发展才能具有强大的生命力。其发展既包含训练方法、训练理念等的变化,也包含运动项目的商业化进程。但是,呈现于观众面前,也最能吸引观众的最直接表现即运动项目的观赏性不断加强;运动项目观赏性的提高在很大程度上依赖于运动技术与打法的不断发展。网球运动作为一项运动员在训练与比赛过程中必须借助于特殊的载体——球拍,才能进行的运动,其技术与打法的发展和球拍的发展是密不可分的。

可以说，网球拍的发展对网球运动的发展起到了推动作用。运动员凭借高科技研制的球拍既可以发出时速 200 千米以上的球，也可以让我们欣赏到底线凌厉的抽杀和网前变幻莫测的截击技术的魅力。由此网球球拍的变迁见证了网球技术和打法的变化与发展。

网球运动中"球拍就是手的延伸，是运动员身体的一部分"，用一把好拍子无异于为自己添了只好手。所以，如果有条件，初学者从最初学握拍起就应该用一把好拍子。因为拍子越好，与手的亲和力就越强。这种亲和力有时几乎决定着初学者掌握技术和提高水平的速度。好拍子的另一个优点是可以对运动员的身体起到一些保护作用，特别对于初学者而言，发力的不规范及动作的不合理会使身体特别是手臂产生某种不适，但是一把好拍子则可利用其良好的弹性及力的传导性产生明显的减震效果，从而把这种不适降到最低。

球拍根据其材料的性质可分为高强度球拍及软质球拍。其中，高强度球拍的控球能力相当强，适用于上网型或非常强调球的旋转的选手，但这种球拍由于柔韧性欠佳，所以不能利用球拍本身的弹性给球以很好的推进速度，从而手感比较僵硬。软质球拍的弹性非常好，手感比较灵活，能够给球以很大的推进速度，但是其控球的能力稍逊。球拍的重量以及拍头与拍柄重量的平衡要根据运动员驾驭球拍的能力及个人的偏好而定。有人喜欢拍头比拍柄重，有人刚好相反，还有人则喜欢头柄相称一样重。一般来说，头重的拍子在感觉上能给球以更大的惯性及速度，柄重的拍子在控制球时可以感觉比较省力，而总体上比较轻的拍子可以更容易操纵一些，但对肘部的压力也大一些。拍面的大小可根据拍框上的数字来确定，大拍面、中拍面及小拍面对应的尺寸分别为 110、100、90～95 平方英寸（1 平方英寸约合 6.45 平方厘米），目前已经出现了 124 平方英寸的超大拍面。

（一）球拍

1. 网球拍及其材料的发展和演变史

现在的球拍主要以碳素球拍为主。影响球拍质量的关键是碳素材料的质量和不同碳素材料之间的搭配。网球拍的发展大致经历了木质—铝合金—碳纤维—玻璃纤维及高级航天、航空材料这一历史过程。在 20 世纪 60 年代以前，木质球拍几乎占据了所有的网球拍市场。到了 20 世纪 70 年代，金属球拍取代了多数的木质球拍。时至今日，复合材料球拍成为球拍的主流。如将碳纤维、玻璃纤维、克维拉纤维、高张力碳纤维、超刚性碳纤维等材料单独使用或混合使用，这些材料与木或者铝相比更轻、更硬、更耐用，也更能吸收震荡与震动。这些材料同时也让制造商在球拍的硬度、球感、击球性能的设计上有更大的发展空间。

随着科学技术的发展，现代网球拍制造业已使用了接近宇航工业和军事工业产品的材质。这些新材料和新技术的应用，不仅是商业产品激烈竞争所致，而且是为了满足网球运动飞速进步的需要。目前各种复合材料已被大量使用到网球拍的制造中，越来越坚硬的网球拍不断地被制造出来。坚硬的球拍及其硬度的提高必然降低了球拍的避震和回弹性能，但更容易造成初学者和非力量型选手的手关节和腰背肌肉受伤。

2. 球拍的选择

由于每个人的体能、年龄等个体情况不同，因此他们对于球拍的要求也存在着差异，一般来讲，选择球拍需注意球拍的重量、握把的尺寸、拍面的尺寸、拍线的密度及磅数、拍面的形状、球拍的材质等。

(1)重量

太重的球拍会使球员在挥拍时动作迟缓，太轻的拍子则不易发力击打，也容易翻拍。一般来讲，年轻力壮者适用320～330克的球拍，中老年人适用300～320克的球拍，女士及青少年适用280～300克的球拍。

球拍的重量系数指未上球线和握把胶等配件时整支拍子的净重克数，具体可分为拍头重量和拍身重量两部分。有经验的使用者持拍即可知道重量系数，一般初学者可通过标识或说明加以了解。

就网球技术理论层面而言，球拍重量的选择与选手的技术、力量和能力有关。随着这些因素的改变，其球拍的重量也应做相应调整和改变。

初学者或初级水平的选手，应该选择拍头和拍身较轻的球拍，也就是拍头较阔大，拍头平圆为流线型的球拍。此类球拍可培养使用者的灵巧性和球感，还可以减少回球失误率。但此种球拍多在非职业选手中使用。随着球技和力量的提高，球员可逐渐更换拍头稍重、拍身重量适中的球拍。此类拍回球时加速度较好，再加上线磅数适中，能较好地配合上网截击和打出旋转方向的球。但对于击球精度不高的选手，常会有碰框、碰颈等失误。职业选手经常使用拍头沉重、拍身坚硬的标准型球拍且多用高磅数拍线。

一般情况下，球拍的厚度越厚，球拍越不容易变形，力量就越大，灵活性也越差；反之亦然。

空拍重量260克以下的球拍只适合力量弱小的女士和中老年初级业余球手。他们能轻易挥动此类球拍，将球打回去。但在回击较大力量回球的时候，球拍重量的不足往往会导致球拍被球打翻。空拍重量260～300克的球拍适合力量中等的初中级球手，目前在我国较流行。空拍重量300～320克的球拍适合力量中上的中高级球手使用。空拍重量320克以上的球拍适合力量强大的高级球手使用。

(2)握把尺寸

跟球拍重量一样，握把的大小也要选择个人觉得舒适的。太粗的握把容易使人疲劳，击球过程中动作反应灵敏度降低，不易处理小球、截击球；太细的握把则不易抓紧，球员遇上力量较大的回球容易因松动而翻拍。一般的男性球员适用握把4.375英寸(1英寸约合

2.54 厘米)的球拍,若能力允许,也可用大一点的握把 4.5 英寸的球拍;女性适用握把 4.25～4.375 英寸的球拍。

(3)拍面的大小

大拍面比较有宽容度,英文称 more forgiving,也就是偏离中心点击中球时也可以把球击出去,可以用"好球区比较大"来形容它。英文把好球区称为 sweet spot,因此有人称它为"甜点"或"甜区"。它的意思是当用球拍特定区域击球时,球的弹力最大,球速最快。虽然"甜区"加大能使球员不易失球,但是缺乏速度,职业球员大多选用中拍面的球拍,原因在于甜区越小,力量越集中,球速就越快。由此得出的结论是:大拍面适合女性、初学者及年纪大者。即使稍微偏离中心,其也能击球。缺点是缺少速度,控制性也较差。小拍面则适合中上水平及年轻球员。其球速快,打点控制好,但是"甜区"小。

95 平方英寸以下的是小拍面,一般适合力量较大、动作稳定的中高级业余球手。95～100 平方英寸的是中拍面,一般适合力量中等、动作比较稳定的中高级业余球手。100～115 平方英寸的是大拍面,一般适合力量较弱、动作不够稳定的初中级业余球手。115 平方英寸以上的是超大拍面,一般适合力量弱的女士和中老年初级业余球手。

(4)平衡点

平衡点是区分拍头轻重的重要标志。如果球拍的平衡点在中心点靠近拍头位置就叫"头重",如果平衡点在中心点靠近拍柄的位置就叫"头轻"。一般平衡点是从球拍底部往上量,以英寸为单位来计算的。

平衡点的中心话题就是"头重"或"头轻"的问题。拍头重的球拍适合底线抽球,反之则适合网前截击及双手击球选手使用。

(5)形状与构造

不同品牌和型号球拍拍面的形状往往都有各自独特的设计理念。其主要的不同就是"甜区"不同,这可从拍子的简介或吊牌中看出。至于构造方面,整支球拍会有不同的软硬度存在,这在吊牌中也会有显示,大部分是以号码来表示的,号码越大,硬度越小。挥拍动作大且力量大者适合选用硬度较小的拍子。

球拍硬度的数值越高,说明球拍在受到网球撞击拍面时的变形越小,球拍本身的力量就越大,但是这样球在拍面上停留的时间就越短,球员对球的方向进行控制的时间也越短。力量小的初级球员的第一要求是把来球打回去,所以应选择高硬度的球拍。力量大的中高级球员的第一要求是把球控制住,所以应选择低硬度的球拍。

(6)拍线磅数的高低

一般拍线最常用的磅数是 55～60 磅(24.95～27.22 千克),职业选手往往都穿到 70 磅(31.75 千克)左右。拍线磅数越高,拍面弹性越低,但是挥拍速度快的球员可因此获得较好的控球效果。拍线磅数低会使拍面产生弹簧作用而使反弹力增加，球拍的控球性也会降低。

(7)网球线的选择

目前网球线的主流是尼龙线。它因具有不怕潮湿，耐磨性强，能大量生产且价格合理等优点而盛行。但是尼龙线也有缺点，那就是容易因松弛而使磅数产生变化。羊肠线价格昂贵，弹性极佳，稳定性好，但缺点是怕潮湿。一般来讲，粗线耐用，但弹性较差；细线弹性好，但耐用性差。因此使用者还需根据自身的技术水平及打法等加以选择。

(8)球拍的长度

对于球拍的长度，选择标准一是依据使用者的身高，二是根据使用者的打法特点。通常，身高与球拍长度成反比。选手为弥补身高的不足，可选用加长的球拍。在技术风格及打法类型上也有底线型选手用加长拍，上网型选手用非加长拍的说法。但网球拍的长度一旦按选手身高条件和打法类型确定后，就不应随便改动。

当一只球拍比较长而且头比较重时，不管使用者第一次拿起这只球拍的感觉如何，其加长的长度和平衡点都将使挥拍重量增加。这两点都可以增加击球的力量，但也会使击球灵活性变差，尤其是当使用者的体力大量消耗以后，就很难打出高质量的回球了。

27英寸为标准长度，超过此长度的球拍为加长球拍。一般认为，加长球拍在力量、发球威力方面会有增加，但会损失在网前截击的灵活性。

3. 球拍的保养

球拍是运动员在比赛中赖以取胜的工具。正确的保养方法常常能有效地延长球拍的使用寿命，而不当的保养方法或者运动过后对球拍置之不理，甚至采用错误的保养方法则会人为地缩短球拍的使用寿命。以下为球拍保养过程中的几点禁忌。

(1)外力挤压

铝或合成纤维的球拍平置不易变形，但若受重物挤压就会变形，甚至出现裂痕。

(2)暴晒

在烈日下暴晒过久会使球拍膨胀、变形，并且容易在击球过程中断裂。

(3)潮湿

手柄和拍线对湿度非常敏感。人手上的分泌物成分非常复杂，手柄上的汗液如果得不到及时的处理，就会导致手柄产生异味和霉烂。手柄上的吸汗带必须经常洗涤和更换。

(4)长期闲置

如果长时间不使用球拍，就会导致拍线老化而失去弹性并容易折断。打完球后一定要将球拍擦拭干净，放在球拍套中，悬挂放置。

(二)网球

比赛用球用橡胶化合物制成，外表用毛纤维覆盖，为白色或黄色，并且没有缝线。球的直径为 6.355～6.67 厘米，重量为 56.75～58.5 克，球的弹性为从 2.54 米的高度自由落下时，能在混凝土地面上弹起 135～147 厘米。有关网球的规格及相关要求，网球竞赛规则中有详细数据，在此不作详述。

许多打球的人，特别是新手，对球的要求较低，通常只是能打就行，其实这是不正确的。如果选取的球材质较硬，气囊较差，弹性不规则就不利于运动。例如，使人不容易判断网球落地后的行进路线；容易造成拍线折断、震手，容易使人受伤；球易破损，消耗量大。

所以在进行网球运动时，建议采用质量较好的球来练习，以便在练习过程中能够较快掌握技术动作要领，同时可避免因用球不当造成的意外情况。

二、网球场地

网球运动的发展与场地、器材等方面的改良和创新是密不可分的。当掌握了一些网球的基本技术和战术以后，初学者非常有必要来了解一些有关场地和器材方面的知识。这对于网球技术水平和网球欣赏水平的提高都很有帮助。

在欣赏一场比赛或者欣赏一名球员的表演时，球场的环境、设施，以及地表的颜色、质地等，与球员融合、映衬在一起，会带给观众极大的视觉享受。除此之外，不同质地的网球场给球员提供了不同的技艺发挥、风采展现的天地，造就了不同类型不同风格的选手。充分地了解场地的种类与性能可帮助人们更好地欣赏比赛，提高人们的欣赏水平。

网球场是长方形的，大小类似篮球场。单打场地（长 23.77 米、宽 8.23 米）略窄于双打场地（双打场地宽 10.97 米）。球网中央低，两端高，把球场横隔为两个区。球场内划分为前场与后场。前场被中线划分为右发球区与左发球区。中线的假想延长线与端线交于"中点"。"中点"是长 10 厘米、宽 5 厘米的一段线段。球场除端线宽度为 10 厘米外，其余各线宽度为 5 厘米。

戴维斯杯团体赛及由国际网联主办的其他锦标赛规定端线以外至少应有 6.40 米的空地，边线以外至少要有 3.66 米的空地。网球场主要分为草地场、红土场、硬地场、人工草场等。

三、网球运动服饰

(一)网球服装

网球运动对着装有着特殊要求。这些要求既来自传统习俗，也来自对优美形象的追崇。网球运动本身是一项优雅的运动。但在很久以前，网球的着装相当隆重且烦琐，甚至限制了球员们在球场上技术水平的发挥。

在20世纪早期，男子球员还不得不穿着长裤进行比赛，女子选手的长裙也使她们倍感不便。随着时代的发展，网球装变得更简单、更舒适。各种着装规范也渐渐消失，甚至随意找件圆领T恤和短裤就可以上场打球了。但在一些正规场合，球员穿着还是应该有所规范。标准的网球穿戴应该是男选手穿带领子的半袖运动T恤衫和网球短裤，女选手穿中袖或无袖上衣及短裙或连衣短裙。网球服装从它诞生的那天起，就折射出浓郁的时代气息。在长时期内，白色一直被人们视作网球运动的标准颜色。它所代表的纯洁、高雅为网球运动树立了良好的形象。到了近代，男运动员的白色长裤变成了短裤，女运动员的裙子也逐渐演变成了今日的网球短裙。今日网球运动的男子服装图案美观、协调，突出了个性特征。女子则身着得体短裙，集妩媚与运动于一身。近代的网球比赛虽商业化特征日益明显，但运动员仍不可穿着圆领长袖运动衫、体操短裤、圆领衫或其他不适当的运动服装。并且其对服装上的广告数量和尺寸大小也有明确的规定。但运动员服饰的示范效应仍能给网球场上带来亮丽的风景线。例如，某公司为桑普拉斯设计的Swoosh系列服装在T恤的领子及袖口处以蓝色及浅咖啡色饰边，下身配以色调酷似沙滩的格子短裤，使着装人浑身充满阳光活力。同一公司为阿加西所设计的反传统牛仔风格的球服，不再以白色为主要颜色，而是将大块的黑、红和紫色混合在一起，给人以醒目、亮丽的感觉，令人耳目一新。现代网球服装的材料和设计都十分考究，既利于保持运动者凉爽舒适，又可以保护其不受紫外线伤害。

(二)网球鞋

当前的网球鞋由于科技的发展和进步，设计越来越合理、科学，具备了各种可以帮助提高运动员击球能力的性能。

网球鞋最早都是白色低帮的，没有多大区别。后来，随着高帮篮球鞋的流行，网球鞋也出现过高帮的。但是，篮球与网球运动的方式有所区别，篮球向上弹跳的动作较多，网球低重心的前后左右移动较多。因此，高帮的网球鞋限制了脚踝的灵活性，影响了网球球员击球时的步法移动。针对这种情况，近几年，一些运动生理专家又设计出目前比较常用的中帮网球鞋。这种鞋利用中帮低凹处触及脚踝下部时的条件反射来提醒球员注意动作，避免损伤，从而有效地保护了脚踝。

根据不同场地表面的性能，网球鞋的类型有室内和室外、硬地和沙地之分。一般室内鞋底是细致条纹，室外鞋底是粗犷条纹。硬地球场表面的摩擦力较大，所以硬地球鞋鞋底设计得比较耐磨、较厚；沙地的摩擦系数小，又有专门的滑步技术，故沙地球鞋鞋底采用普通的橡胶即可。

打网球时运动员需要做许多次前后左右各个方向的急停、急起动、急变向，并且重心基本在前脚掌上。选择网球鞋时，应考虑透气性好、鞋面舒适贴脚、鞋底的纹路适于各种地面的摩擦等因素，而且内垫应有很强的支持力，具备良好的弹性，能够顺应足底的曲线来缓冲和吸收胸部的压力。不要穿着跑鞋或者时尚运动鞋打网球。网球运动不同于跑步等运动。它涉及一些侧身运动，而且脚要随着球来回运动，穿错了鞋就会妨碍运动，甚至会导致损伤。正规的网球鞋在鞋底与鞋面都进行了特殊处理，以便起到支撑作用，并增强侧身运动时的稳定性。同时，打网球又是一个高冲击的运动项目，所以要确保球鞋里面带有软垫，起到减震作用。

大多数网球场地由3种性质不同的材料构成（草地、沙土、硬地），因此不同形状的鞋底几乎决定了运动员在不同场地的发挥效率。在草地场地打球首选有凸出胶状纹路鞋底的球鞋，对于沙土场地则应选择有宽波沟纹路鞋底的球鞋，但现在使用最多的是硬地球场（塑胶、沥青），运动员要选择有细密人字形纹路平滑鞋底的球鞋。如果经常奔波于3种场地之间，为避免更换球鞋的麻烦，也可仅选择一双有综合功能鞋底的运动鞋。运动时鞋带应一直系到脚趾，切莫拉得太紧。

对于网球新手和经常从事网球运动的人来说，可参考以下几条，选择合适的网球鞋。

第一，应决定这双鞋是准备用于在沙地上还是在硬地上打球。如果在沙地上使用，一般胶底即可；如果在硬地上使用，则要选择耐磨、抗震、弹性好的球鞋。

第二，确切了解自己脚的长度和宽度。

第三，要尽量在下午打完球之后，脚掌已充分伸展开时，试穿并选购网球鞋。

第四，选择球鞋时，一定要两脚都试穿，并且在硬地上走一走、试一试，确保鞋的脚感舒服并且大小合适。在考虑鞋底的弯曲性和弹性效果时，应偏重鞋底具有较好的弹性效果。

第五节 网球运动的特点和价值

一、网球运动的特点

（一）商业化、职业化发展成熟

过去网球的重大比赛一直不允许职业球员参加。1968年，国际网联取消了这一禁令，世界各大赛事便充满了商业色彩，当今"四大满贯"和不同级别的大奖赛、巡回赛和独资赞助的大赛奖金额度都高得惊人。在高额奖金刺激下，优秀网球选手的职业化、早期专项训练、早期参赛等推动了网球训练的变革和技术水平的提高。

（二）场地多样、技术复杂

因沥青混凝土涂塑硬场地，球速快，适用于进攻型打法，所以广泛使用于各大赛事。英国的温布尔登是草地球场，法国公开赛仍用沙地，除此之外，还有人造草地、合成材料的地毯等新型场地。多种不同性能的场地的球速和弹跳规律不同，跑动步法和调整方式也不同，要求运动员具有广泛的适应能力。这促使运动员的技术更加全面。

（三）攻防技、战术不断创新

在技术上，双手反拍大大加强了反拍的攻击力。在攻击性上，旋高球现已发展为反拍攻击性上旋高球，提高了防反能力；鱼跃截击球技术、双打中的扑抢网技术、用快速起跳高压来对付攻击性上旋高球等高难技术不断出现；在发球上，网战术在快速场地上的运用，推动着接发球破网技、战术的发展。双打接发球方的抢网战术不仅在男双，而且在女双和混双中使用，使各项攻防技、战术达到空前的高水平。

（四）运动员呈现"早熟"趋势

1985 年，17 岁的德国小将贝克尔夺得温布尔登男子单打冠军。德国姑娘格拉芙 16 岁跻身世界前列，1987 年积分超过老将拉芙纳蒂洛娃而成为新的"网球女皇"。1989 年，美籍华人 16 岁小将张德培夺得法国公开赛男单冠军，震动了世界网坛。接着南斯拉夫 16 岁姑娘塞莱斯脱颖而出，击败各国对手，荣获 1990 年法国公开赛冠军；1991 年又获澳大利亚公开赛和美国公开赛冠军，并蝉联法国公开赛冠军，跃居世界女子排名第一位。1997 年，17 岁的"网球天才少女"来自瑞士的辛吉斯，不仅登上世界女子排名第一的宝座，还一人独揽三项"大满贯"冠军。

二、网球运动的价值

网球作为一项体育运动，在表现体育功能的同时，处处显露出自身的特点。其激烈的竞争性、可控的运动节奏、优雅舒展的动作，给参与者带来美妙的享受，所以网球运动具有良好的健身、健心价值。

（一）改善人体机能，提高健康水平

网球运动是一项技巧性很强的体育运动。其运动强度的大小与运动双方技术水平的高低、竞技激烈程度、练习强度的大小有着密切的关系。运动者的技术水平高，双方实力相当，在比赛中经常出现多回合精彩的对攻、对拉等场面时，运动强度就大。反之，在进行

一般性的练习和娱乐性的网球游戏时，运动强度则小。有关研究表明，网球运动训练和比赛的运动负荷不同，在较低的运动负荷时运动员的心率在每分钟130次左右，而进行比赛时平均心率在每分钟150次，最大心率值可达每分钟192次。从中可以看出，运动中运动员的心率变化比较明显，体现出网球运动间歇性强的特点。因此，打网球可以使人们动作迅速，判断准确，反应快并能提高速度、力量、耐力、灵敏等素质，对改善人体机能有积极作用。另外，网球运动可根据练习者的要求调节运动量，具有广泛的适应性，运动量可大可小，从五六岁的儿童到七八十岁的老人都可以参加锻炼。长期进行网球运动，可使心跳强而有力，肺活量加大，耐久力提高，使人体的各个器官得到全面、适宜的锻炼，从而增强体质。

(二)发展灵敏、快速反应能力

如果对方攻出快球，网球在极短的时间就可到达本方球场。在如此短的时间里，运动员不仅要迅速、准确地判断出对方来球的落点、旋转、速度以及战术意图，而且要迅速、果断地做出决策，采用相应的技术进行还击。这就要求运动员具有判断快、起动快、步法移动快、出手击球快、动作还原快，以及战术决策快等专项素质。这是由网球项目的特点所决定的。长期从事网球运动，能使锻炼者的中枢神经系统得到改善和提高，从而提高情绪的稳定性和反应速度以及身体协调能力。

(三)培养过硬的心理素质和顽强的意志品质

网球运动是一项竞技性很强的运动。在紧张激烈的网球比赛中，球员需要有较强的战术意识、清醒的头脑、敏捷的思维和较强的分析能力，包括对对方战术意图的揣摩，对各种战机的把握，对自己运用什么战术的选择等智力因素，才能在比赛中应付错综复杂的局面，灵活地运用各种战术，掌握比赛的主动权，从而表现得有勇有谋。由于网球比赛持续时间长，竞争激烈，参赛者的体力消耗巨大，这就要求参赛者必须具备顽强的意志和坚强的毅力，才能克服身体上的极度疲劳，取得最后的胜利。在紧张激烈的比赛中，参赛者的精神始终处于高度集中的状态，比分的领先与落后、主动与被动是经常交替出现的。赛场上情况复杂多变，比赛气氛紧张、激烈，神经系统能量消耗极大，这就需要参赛者具有良好的身体素质和坚强的意志品质。只有这样，才可能做到在比分落后时不气馁、不慌乱，奋起直追；在比分领先时不骄傲、不轻率，把握战机；在比分相持时不手软、不犹豫，清醒、果断，做到每球必争。也就是说，要做到不因为胜利而盲目乐观，也不因为暂时的失利而丧失信心。这些意志品质有利于人们以顽强的意志克服工作上的困难，以及适应社会生活。因此，长期进行锻炼，有利于培养参与者的意志，使参与者成为意志坚强的人。

(四)开发智力

网球比赛错综复杂，参赛者要善于观察对方的技术特点，分析对方的心理，揣摩对方的战术规律，根据赛场上的实际情况决定技、战术对策，果断地给对方出其不意的一击。可以说，双方参赛的运动员在智力上的角逐是非常激烈的，运动员的动作表现也极其复杂，如运用各种假象、假动作来迷惑对手，所以运动员要随机应变地确定自己的应对策略，从而做出准确还击。当双方参赛的运动员实力较为接近时，双方的斗智就显得更为重要了。长期从事网球锻炼，有利于培养人们独立分析问题和解决问题的能力，使智力得到全面开发，心理潜力得到充分挖掘。

总体来说，网球运动可以培养运动员的品质、意志、情操、智力，对人体有着极高的锻炼价值。因此，把它作为终身体育教育的项目，培养学生喜爱它并将其作为终身锻炼的运动项目是十分必要的。随着网球运动在高校的进一步开展和普及，网球运动必将成为大学生们热爱的体育项目之一，也必将成为高校贯彻终身体育教育优先选择的运动项目，为增强国民的体质、提高整个中华民族的素质、振奋民族精神而再创佳绩。贯穿在整个网球运动之中的文化气息，使网球运动以时尚、高雅运动的形象著称于体坛，也使它成为高校体育教学和终身体育教育的一个重要项目。

练习与思考

1. 简述网球的起源、现状和趋势。

2. 网球组织机构、重要赛事有哪些？

3. 简述我国网球发展概况。

4. 简述网球设备的规格、运动常识。

5. 说说网球运动的价值和特点。

第二章
网球运动的理论基础

每一种运动技术项目都有其固有的技术动作，但是技术动作并不是一成不变的，有些技术动作是根据器械的变化而变化的，有些技术动作是随身体条件和技能的变化而变化的。但是，无论运动器材、身体条件及技能等如何变化，技术动作都要符合人体运动规律（运动力学）、人体解剖学规律以及运动生理学等方面的要求。这是衡量运动技术是否合理的客观标准。另外，还有一个评定运动技术实用性的标准，那就是运动技术的实效性和经济性。所谓实效性，是指完成动作时能够发挥出最大能力，产生最大作用，获得最佳效果。经济性，是指完成动作时能够合理运用身体的肌肉收缩，既获得最佳效果，同时节省身体的能量。击球技术是网球运动中的主要运动技术。击球动作的质量直接影响击球的实效性。为了便于网球爱好者学习和改进网球基本技术，本书就先从网球运动基础理论入手，使读者在一定层面上了解、掌握基础理论知识，更快地学习和掌握网球基本技术，从而获得网球运动带来的乐趣。

第一节 网球运动的击球原理

一、击球力量

（一）击球力量的含义

击球动作是球类运动中常见的一种运动形式，比如排球的扣球、发球，羽毛球、高尔夫球、棒球运动中的挥拍（棒）击球动作及足球的踢球动作等，网球也不例外。这些用手或手持器械击打的动作特征，是通过击打动作对球或物体施以冲击力，使球或物体产生运动速度。从这些动作的发力特点来看，似如鞭打力学原理。从解剖学的角度来讲，首先是力量较大的下肢或躯干部位大肌群开始发力，再依次将力量传到末端的小肌群。在这个意义上，体育运动中的所有投掷动作都很类似。从力学角度来讲，它们大都是碰撞运动。在网球运动中，所谓击球力量大，实际上是指物理学中的动量（mv）变化大。手或器械运动所产生的冲击力作用于球或物体一定的时间，即力（F）在一定时间（t）作用于球，该球动量的变化等于冲量。因为球体本身的质量是固定的，所以，击球力量大的外在表现形式就是球向前飞行的速度快。可用下面的公式表示：

$$Ft = mv - mv0 \qquad\qquad 式 2\text{-}1$$

假设初速度为零，式 2-1 可用式 2-2 表示为：

$$F = mv/t \qquad\qquad 式 2\text{-}2$$

我们通过式 2-2 可以知道，动量一定时，作用时间越短冲力就越大。

(二)大力量击球的作用

第一，要求接球者的动作迅速，否则就会来不及调整动作。

第二，力量大的来球，对接球者球拍的作用力较大，这就增加了其接球的难度。

第三，大力击球，球速较快，接球者会因看不清球而只能凭经验估计它的走向和时间，易判断失误。

(三)加大击球力量的方法

提高参与工作的肌肉力量以加大击球瞬间的挥拍速度，是增强击球力量的关键。为此，应注意以下几个方面。

第一，注意腿、腰、上臂、前臂、手腕力量的协调配合，击球瞬间应有爆发力。

第二，动作合力方向应尽量向前，避免有相反方向的分力。注意触球瞬间适当减少对球的摩擦力，应向前用鞭打力击球。

第三，掌握合理的击球时机和击球位置，以便使身体各肌肉群发挥最大的效用。

第四，适当加大动作半径并增加引拍距离。

第五，击球前，发力肌肉应尽量拉长且放松。

第六，遵循身体肌肉发力的正常顺序：下肢带动躯干—躯干带动上臂—上臂带动前臂—前臂带动手腕，最终把力传递到球拍，以发挥各关节点的加速作用。一次击球后，应迅速放松，注意动作还原，以便下一拍的发力。

二、击球弧线

（一）击球的弧线

击球的弧线是指球从被击球员的球拍击出开始，到落在对方场区为止的飞行弧线（见图2-1）。

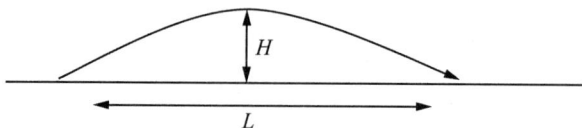

图 2-1　网球飞行弧线示意图

击球的弧线包括弧高、弧距、弯曲度和弧线方向。

弧高：线顶点至地面的垂直距离，可用 H 表示。

弧距：球从击球点至落地点飞行弧线在地面上投影的距离，可用 L 表示。

弯曲度：弧线弯曲的程度。它与弧高成正比，与打出距离成反比。例如，一个球的弧线很高，打出距离很短，此球的弧线弯曲度就一定很大。

弧线方向：主要指击球弧线偏向左、右的方向（以击球员为准）。

（二）影响击球弧线的因素

第一，球的出手角度，指球刚被击离球拍瞬间与水平面的夹角。出手角度越大，出手弧线的高度也越大。

第二，球出手瞬间距地面的高度，指击球点距地面的高度。

第三，球出手时的初速度，指球被击离球拍瞬间的飞行速度。

第四，球的旋转。旋转不仅对球的飞行弧线有影响，还影响球落地后的弹起弧线。上旋球可增加球飞行弧线的弯曲度，在击球实践中，起到增加弧高和弧距的作用；下旋反之。左侧旋可使球落地后向右拐；右侧旋反之。

（三）弧线的作用

1. 击球弧线是回球成功的保证

球员应特别重视回击不同的来球对出手弧线的不同要求。例如，拉抽小斜角时，弧线的弯曲度要稍大，弧距要短；回击网前高球时，可直线高压，击球弧线无须有弯曲度；回击底线球时，击球弧线需有较长的弧距和适宜的弧高。

2. 运用变化的弧线，增加球的威胁性

球员应运用变化的弧线，增加球的威胁性。具体包括以下内容。

第一，不断变化弧线的高度，增加对方回球的难度。例如，随球上网前削一板，回球弧线低，给对方下一拍还击增加了难度。又如，挑高球时，击球弧线高，球可越过对方头顶至底线，迫使对方失去封网或高压球的机会。

第二，利用左右变化的侧飞弧线使对方处于被动。

第三，利用前后变化弧线，给对方回球增加困难。例如，在放小球时加强下旋的动作，使球越网后不向前跳，甚至有点后缩，使对方出现判断失误。又如，在向对方底线攻球或挑高球时，有意制造上旋，使球落地后有一个前冲力。对方往往因此处于被动或出现失误。

三、击球速度

(一)概念

网球运动中击球速度是指来球从飞至球网上方开始，直到被球拍击出后，又飞越球网碰到对方场区内的障碍物为止，此过程中球的平均速度。每次击球，球的总飞行时间由来球过网后的飞行时间(从来球飞至网上开始，直到被球拍击中为止)和球被击离球拍后的飞行时间(从球被球拍击中后开始，到球飞行过网碰到障碍物为止)两部分组成。因此，欲提高击球速度，则必须设法缩短这两段时间。

(二)提高击球速度的作用

在网球运动中，人的反应过程一般分为5个阶段：①感觉阶段；②判别阶段(判断并区别所感知的同时起作用的多种刺激)；③再认阶段(将当时的刺激归入已知的类别中)；④选择阶段(选择最有利的应答动作)；⑤运动阶段。运动员要判断来球的速度、力量、落点、旋转和弧线，就需要从对方的击球动作(包括站立、引拍和挥拍击球的动作等)和击球后球的运行弧线两方面加以分析。这必定需要一定的时间。

提高击球速度的作用可以从对手和自己两个角度来思考。

(1)从对手的角度来看，当我方选择提高击球速度时，我方可取得以下优势。

①能抢占主动权，在球场上就能给自己进攻、相持、防守积累优势。

②主动变化击球节奏，给对手造成干扰，施加心理压力。

③提高球速后，球在空中飞行时间变短，对手准备时间减少，增加对手失误的风险。

④由于准备时间减少，对手预判、跑位、击球的难度增加，对手有可能直接失误、跑不到位、碰不到球，我方直接形成制胜分而得分或者迫使对手回球较浅，给自己形成机会球，这对自己的下一拍更为有利。

(2)从自己的角度来看，我方想要提高击球速度，就得发力击球。发力击球时将面临以下的风险。

①在发力过程中，有可能把球给打出界而直接丢分。

②在发力过程中，无形之中也对自己的预判、移动、跑位、击球质量提出了更高要求，失误的风险会大大提高。

③因为风险增大，也会增加自己的心理压力。

总体来说，提高击球速度是有利有弊的，要理性看待击球的速度，不可一味追求发力击球。当然，击球也离不开速度。没有球速就可能会打不死对手，反过来更有可能被对手抓住机会打死自己，从而丢分。从实际经验来看，球速是必要的，但还有一个重要的因素——角度，最好将角度与球速结合。

(三)如何提高击球速度

从理论上讲，要提高击球速度，有两种途径：一是缩短来球过网后的飞行时间和球被击中后的空中飞行时间；二是缩短球飞行距离。在平时训练比赛时，应注意以下几点。

第一，站位近网，击球点适当接近球网。

第二，适当提前击球，努力做到在上升期击球。减小动作幅度，引拍动作简捷，触球瞬间充分发挥小臂的爆发力；击球后迅速制动、还原。

第三，适当降低球的飞行弧线的弧高。

第四，注意腰部的转动，使其起到稳定动作和加快球速的作用。

第五，提高判断和反应能力，加快步伐移动的速度。

四、击球旋转

(一)网球旋转的力学依据

在力学中，要使球产生旋转，必须有力矩(M)。力矩等于作用到球体上的力(F)和此力到球心的垂直距离(L)的乘积，公式为 $M=FL$。从公式中可以看出，F 和 L 的大小影响到 M 的大小，M 越大则该球旋转得越厉害，M 越小则球旋转减弱。若 $L=0$，作用力只通过球心，该球就不产生旋转。

(二)如何加大球的旋转

从公式 $M=FL$ 看出，要加大旋转，就要增大 F 或 L，因此，加大球的旋转的方法有两种。第一，增加作用力，即加大挥拍击球的力量。这不仅需要发挥腰、腿和手臂之力，还需配合手腕的力量。第二，增加力臂 L，即让用力方向适当远离球心或采用弧形挥拍路线。

第二节　网球击球动作环节

网球多种多样的击球技术尽管各有不同的方法要领，但在击球动作的环节上有其共性，如发球、正手击球、反手击球、网前截击及高压球等击球动作都由后引球拍、向前挥拍、球拍触球和随挥球拍4个部分组成。

一、后引球拍

后引球拍是把球拍拉向身后并准备击球的动作环节。这个动作环节除握拍需用到手部的肌力外，其他部位的肌肉要保持放松，特别是肩部、手臂一定要放松。在这个动作环节，运动员要注意不要引拍过大，影响最佳击球时间；也不可引拍过小，导致击球无力。另外，从现代网球技术发展趋势来看，击球速度越来越快，所以后引拍的幅度大小还应根据来球速度来灵活掌握。来球较快时减小引拍幅度；反之，可适当增大引拍幅度。

二、向前挥拍

向前挥拍是把引向身后的球拍从后向前挥动，去迎击来球的动作环节。这一动作环节是决定击球速度的关键环节。整个动作的完成要遵从鞭打的动作原理，从力量大的支撑腿开始发力，然后腰部、肩部、上臂、前臂及手部依次传递力量以完成该动作；随后为了克制来球的撞击力，手要用力牢牢地固定腕关节及击球的拍面。

三、球拍触球

击球的质量决定于球拍触球的一瞬间。对于初学者来讲，如果没有能够用拍面的"甜区"来击球，或者击球的一瞬间球拍握得不牢，就会出现击球不稳或失误现象。

四、随挥球拍

随挥球拍动作环节是击球后顺着挥动球拍的惯性随势前挥的过程。它既是整个击球技术动作的结束阶段，又是上肢肌肉相对放松阶段及协调技术动作的阶段，还是整个动作美感的最佳体现。

第三节 网球的性能

网球性能，是指它所具有的弹性以及在外力的作用下向受力的方向飞行，并且当所受的力没有通过网球的质心时，球还带有旋转。因此，对于初学者来说，了解网球的性能对于提高网球技术水平非常有益。

一、旋转球的飞行性能

一般情况下，标准球的质心在网球的中心。平击球的作用力通过网球的质心，从理论上讲，这种球不会产生旋转。但实际上，运动员打球是不可能绝对平击的，球或多或少总有一定旋转，并且现代网球高水平运动员都击打旋转球。

下面我们分析一下旋转球在飞行过程中的受力状况。如图 2-2 所示，该球从飞行方向和旋转方向来看是上旋球。当球旋转飞行时，球体表面形成一个小小的空气边界层，围绕着球体转动。而且球体在空中飞行时始终要受到对向来的空气的阻力。球体旋转方向不同，其造成的球体各部位所受到的阻力也不同。因此，如图 2-2 所示，球体上半部的转动方向与空气阻力方向大致相反，因而形成高压区；球体下半部的转动方向包括表面气体流动方向与空气阻力方向大致相同，因而产生低压区。根据流体力学的原理，高压区始终向低压区有着力的作用，促使球快速下降。这种现象叫马格努斯效应。这种现象不仅在网球运动中常常可以看到，而且在其他球类运动当中也常能看到。例如，乒乓球运动中的弧圈球、足球运动中的所谓弧线球等都是基于同样的道理。

图 2-2 旋转球在空中飞行时的受力图

我们拿切削发球为例(右手持拍),这样发出的球受到3个力的作用。一是重力。该力在地心引力作用下产生,让球能够落地,而不是一直向前飞。二是空气阻力。它与球的前进方向相反。三是马格努斯力。击球点偏离了网球的重心,使其产生旋转。

飞行的网球绕着与空气阻力垂直的轴旋转,此时,在运动方向与空气阻力方向相同的网球的左侧,空气流速快,空气压强小;而在球的右侧,运动方向与空气阻力的方向相反,空气流速慢,空气压强大,正好与网球的左侧相反,网球左右两侧形成压差。网球受到了两侧不平衡的作用力,其运动轨迹向左偏移,不再保持最初的运动方向。

二、旋转球与反弹

在网球运动中,大部分情况是球在落地反弹后再弹向对方的,所以,在了解旋转球的基础上,进一步了解旋转球与反弹关系,对正确回击对方来球是非常重要的。因为旋转球不仅在飞行过程中飞行路线会产生变化,落地后或者接触网球拍面时其运动方向也会发生变化。因此,在理论上掌握旋转球与反弹关系的原理,是尽快掌握网球技术、在场地上打好网球的一个很重要的要素。

一个完美球体的弹性系数是1,与地面的摩擦系数也是1,那么它的落地高度与反弹高度是相同的。如果球是在无旋转情况下以一定角度入射的,那么反射角也应该一样。但事实上网球的弹性系数不是1,与地面的摩擦系数也不是1。因此,入射角就不等于反射角。下面主要以上旋球和下旋球为例进行力学分析。

上旋球是绕横轴(左右轴)向前旋转的。上旋球在飞行过程中,由于球受重力和空气阻力的影响,其飞行弧线比非转球要陡一些,也就是说,其下落速度比非转球要快,而且上旋越强则越能显现出来。当球落地反弹后,球具有一定的前冲力,但球本身并没有加速。这只不过是入射角和反弹角不同而造成的视觉上的差异。当旋转球形成一定的角度落到地面时,球的底部旋转方向与球的运行方向是相反的。球体与地面相接触一刹那,给地面一个与运行方向相反的力,地面同时也给予球体大小相等、方向相反的力,从而使球产生反弹角度的变化(见图2-3)。

入射角　　　　　　反射角

图 2-3　上旋球受力分析图

由以上分析可知，上旋越强则球落地反弹后的前冲力越大。当今流行的世界一流选手的正、反手拉上旋球，就是充分利用这个道理使球更具有威力的。一个极强的上旋球在空中飞行时，如果下落速度很快，即使在打出较高的弧线情况下，也很少会造成出界现象。这可以避免由于击球弧线高而使球被打出界外的现象。我们常说拉上旋球能提高稳定性，拉球的安全系数高就是基于这个道理。并且这种球反弹角度低，再加上前冲力，对于还击来球的对方球员来说，具有很大的威胁性。

与上旋球正好相反，下旋球是绕横轴向后转的。在飞行期间，由于受重力和空气阻力的影响，下旋球的飞行弧线比非转球要平直一些，球下落速度比非转球要慢一些，就好像球有了一定的浮力，下旋越强则越能显现出来。当落地反弹后，球的冲力会减弱，给人一种只向上反弹不往前冲的感觉。这是由于下旋球以一定的角度落到地面时，球的底部旋转方向与球的运行方向是相同的。球体与地面相接触的一刹那，给予地面一个与运行方向相同的力，地面同时也给予球体大小相等、方向相反的力，从而使球产生反弹角度的变化（见图2-4）。

图 2-4 下旋球受力分析图

这种球没有像上旋球那样的前冲力，飞行速度比较缓慢，因此，相对来说，攻击性并不是很高。但是，如果这种削击方法用得恰当，效果就会不一样。例如，当对方在底线时，用削击方法打出下旋球，放出轻而浅、角度大的球，是颇具威力的。另外，在底线用反拍击出下旋球在防守上也有积极的作用。它能在强大压力下控制住球，并将球送至底线深处。减慢球速有时也会打乱对手击球的节奏，同时还能调节自己进攻的节奏。

除了上旋球、下旋球这两种典型的例子以外，还有侧上旋球、侧下旋球。如果对上述两种旋转球的飞行性能和反弹性能有充分的了解，就不难理解侧上旋球是绕一个斜轴向左前上方或右前上方旋转的。这种旋转球在飞行期间的弧线偏向左侧或右侧。由于它具有侧上旋性质，在球落地反弹时有略向左前或右前的冲力。侧上旋球是用球拍擦击球的侧面，同时附加向侧上的力而产生的，多用于发球。这种发球可以使接球员被拉出场外处于被动状态或使己方直接得分。

侧下旋球是绕一个斜轴向左后下方或右后下方旋转的。这种旋转球在飞行期间的弧线略向左侧或右侧。由于它具有侧下旋性质，在落地反弹时，会略向左上或右上反弹，球的前冲力小，速度减慢。侧下旋球是用球拍擦击球的侧下部位而产生的，用于发球可提高稳定性，在网前截击球时用削击打法可打出大角度球。比赛中经常变化打法，时而拉上旋，时而侧下旋球，可改变对方击球节奏，为己方争取主动。

我们还应当强调的是下旋球反弹的规律。上述的下旋球反弹规律只是在下旋球落地的入射角等于或大于45°时才会出现的现象，否则反弹角就会小于入射角。也就是说，下旋球落地入射角小于45°，则其反弹角也会小于入射角。这是由于入射角小于45°时，入射角的水平分力大于垂直分力，当然地面给予球的反作用力中水平分力也大于垂直分力。另外，还需要理解的是，无论打出的球开始是上旋还是下旋，其落地反弹后，均以上旋形式弹起。这是由于球与地面相接触时，球的质心的作用线方向与球的支点不在一条线上。

第四节　球与拍面的关系

本节所说的球与拍面的关系主要包括两个方面：首先是击球部位，指拍与球接触时，球与拍面碰撞的位置；其次是拍面角度，指击球时拍面与地面所形成的角度。球的后半部是拍与球撞击的有效部位，我们可以把后半部的半个球体按球的部位分为上、中、下三部分。这样在后半部的半个球体的表面即可分为9个击球部位。这9个部位分别是上部分为左上、中上、右上，中部分为左中、正中、右中，下部分为左下、中下、右下。在此基础上，我们整理一下球与拍面的关系。拍面垂直，是指拍面与地面的角度为90°，击球部位为中部；拍面前倾（关闭），是指拍面与地面的角度小于90°，击球部位为上部；拍面后仰（打开），是指拍面与地面的角度大于90°，击球部位为下部。初学者在练习击球时，如果能有意识地注意拍与球碰撞的合理部位，将对掌握好拍面角度和调整好击球方向大有帮助。

还有一点要注意的是，不同的击球方法要求不同的拍面角度和挥拍方向。平击球一般要求拍面垂直，并向前挥拍；上旋球要求拍面微闭，并向前上挥拍；下旋球要求拍面适当打开，并向前下挥拍。尽管这样，在练习过程中拍面还要根据击球时球的高度来调节。不管是打上旋球还是打下旋球，对拍面的角度的调节都不能量化，只能靠练习过程的体验来掌握自己的尺度。比如，拍面垂直并向下挥拍，也可削出下旋球；拍面垂直并向上挥拍，也可以拉出上旋球。因此，在学习网球的过程中，很多实际技术、技巧都需要球员在实际练习之中自行摸索和掌握，并且球员也要练出适合自己的、具有特色的击球技术。

第五节　控球能力

所谓控球能力，是指运用各种各样的击球技术，按照自己预设的目标把球击到对方场地的能力。换句话说，就是在回球过程中想把球击到哪里，就能把球击到哪里的能力。初学者在基本掌握各种技术的基础上要想进一步提高，就需要掌握控球能力。优秀网球运动员都是使用控球来调动对方并争取主动的，这样才能提高得分概率。控球能力，具体地说，包含以下几个方面的能力。

一、控制力量的能力

网球运动是在球员控制下的网球与网球拍相互碰撞中进行的，属于弹性碰撞运动。碰撞时，在力的作用下球与网拍互相变形；球和拍面的变形恢复过程中，球就离拍而去。在网球拍线拉到 55 磅以上的情况下，网球拍与网球相触时间为 0.0004 秒左右。现代网球比赛越来越强调速度。网球的运动速度源于击球力量的大小，而击球力量的大小主要取决于击球时挥拍加速度的大小。因此，要想加大击球力量，增加网球飞行速度，就必须要靠全身的协调配合，加大击球时的爆发力，因为力与速度是成正比的。但是网球比赛中，并不是每一拍都要发力击球。球员要根据场上的情况和对方的来球速度，做到时而发力击球，时而借力击球，时而减力击球。因此，网球飞行速度也在球员控制之中。

二、控制路线、角度的能力

根据网球场站位状况来考虑，击球线路可分为中路、左路及右路；根据击球点、落点及边线的关系来考虑，线路又可分为直线、斜线；角度是根据击球点、对方队员与落点的关系来考虑的。这样的控制能力从技术角度来讲是应用技术，从战术角度来讲是调动对方的能力，而且这种能力必须通过各种各样的练习才能逐渐掌握。

三、控制落点的能力

运动员若想在网球比赛中争取主动，增加得分机会，就必须控制自己的击球落点。网球的控球能力主要体现在击球落点上。不管是控制击球力量，还是控制击球线路、角度，都是为了控制击球落点。击球的落点包括发球落点、接发球落点、底线击球落点、上网截击落点、放小球落点、挑高球落点、高压球落点等。不管采用哪一种技术来处理，都涉及球的落点的问题。然而任何一个世界顶级的选手都不能随心所欲地控制落点，也就是说，即使是世界顶级的运动员在实际比赛中也不可能百分之百地控制自己的击球落点。这正是网球的魅力所在。

总之，控球能力只能通过适当的练习方法和手段，并采用合适的击球技术与意识相结合的练习去掌握、体验。只有这样，运动员才能磨炼出自己独特的控球能力。

练习与思考

1. 述说网球运动的击球原理。
2. 网球击球动作有哪几个环节？
3. 用不同拍面击球的效果有什么不同？
4. 控球能力包括哪几个方面？

第三章
网球技术基础

第一节　网球握拍法

当球触到球拍拍线时，击球者的球感是通过握拍来感受到的，不同的握拍方法对应不同的击球方法。握拍时手掌边缘要与拍柄的底部齐平，切勿握在拍柄的中央部位。掌心和手指应与拍柄最大面积地贴合在一起，体现出拍手一体、拍手无间隙的感觉，不能仅用手指"捏"住拍柄。拇指要环绕过拍柄贴压于中指之上，切勿留有空间，以免在击球时球拍脱手。食指略与中指分开并自然与拍柄靠在一起，如果像握拳头一样死板地将球拍抓在手里，那么握拍的灵活性及随意性就要逊色许多，不利于对球拍的控制，手也容易感觉疲劳。正确的握拍方法会使球员感到球拍是自己手臂和手掌的延伸，并且能保证击球的效果和质量。本节将介绍几种握拍法。就握拍方法而言，没有最好的握拍法，只有最合适的握拍法。如何握拍取决于击球的需要。

从球拍的底部看，球拍可分成上、下平面，左、右侧面，以及 4 个斜面。我们可以分别从上平面至左侧斜面用 1～8 来标记它们，如图 3-1 所示。

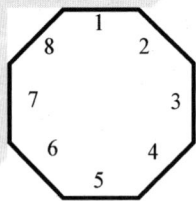

图 3-1　球拍底剖面图

一、大陆式握拍法

大陆式握拍法是把食指的近节指关节放在平面 2 上，大拇指和食指组成"V"字形，虎口对准拍柄上的平面 1，如图 3-2 所示。大陆式握拍法适合用来击打任何类型的球，但在发球、截击球、过顶球、削球，以及防守球时，采用这种握拍效果更好。拍面的角度几乎与地面垂直，所以击球时仿佛在用拍框的侧面钉钉子一样。

优势：大陆式握拍法可以使球员在发球或打过顶球时手臂自然下压。这样不但攻击的效果最好，而且给手臂的压力也最小。由于球员在打正手和反手球时不需要调整握拍法，因此大陆式握拍法也是打网前截击球的最佳选择。因为采用这种握拍法可以使攻防转换十分迅速。同时，它还适合在防守时，击打已到达身体侧面的击球点较晚的球。

劣势：用大陆式握拍法很难打出带上旋的击球。这就意味着击球点必须要比球网高。由于球在这一点停留的时间非常短暂，所以留给运动员的击球时间也就很短。另外，采用这种握拍法不容易处理高速的落地球。

右手：虎口对准平面 1
左手：虎口对准平面 1

图 3-2　大陆式握拍法

二、东方式握拍法

东方式握拍法，即把食指的近节指关节放在平面 3 上。东方式握拍法与我们同他人握手的姿势基本一样，如图 3-3 所示。

优势：东方式握拍法可以被称为万能握拍法。采用这种握拍法时，拍面可以通过摩擦球的后部击出上旋球，也可以打出有很大力量和穿透性的平击球。同时，东方式握拍法很容易转换到其他握拍方式，因此，对于那些喜欢上网的选手而言，东方式握拍法也是不错的选择。

劣势：与大陆式握拍法相比，尽管东方式握拍法的击球点在身体前部要更高更远一些，但它仍不适用于打高球。虽然东方式握拍法击出的球比较有力量和穿透性，但更多的是平击球。这就导致稳定性会差一些，所以很难适应多回合的打法。因此东方式握拍法不适合那些希望打出更多上旋球的选手。

右手：虎口对准平面 2 与 3 交界处
左手：虎口对准平面 7 与 8 交界处

图 3-3　东方式握拍法

三、半西方式握拍法

如图 3-4 所示，半西方式握拍法就是把食指的近节指关节放在平面 4 上。在职业网球比赛中，底线力量型选手多采用这种握拍法。

右手：虎口对准平面 3
左手：虎口对准平面 7

图 3-4　半西方式握拍法

优势：相对于东方式握拍法，这种握拍可以让选手将球打出更多上旋，使球更容易过网，也更好控制线路，因此，它很适合打上旋高球和小角度的击球。而且这种握拍还可以打出更深更远的平击球。它还适合大幅度地引拍，强烈的上旋有助于把球打在场内。这种握拍法在身体前部的击球点比东方式握拍法更高、更远，因此更有利于控制高球。

劣势：半西方式握拍法不适合回击低球。另外，如果想从这种握拍转换到大陆式握拍法，手部就需要做很大的调整。

四、东方式反手握拍法

由大陆式握拍法开始，旋转球拍，使食指近端关节部压在平面1上，便形成东方式反手握拍法，如图 3-5 所示。

右手：虎口对准平面 8
左手：虎口对准平面 2

图 3-5　东方式反手握拍法

优点：同东方式正手握拍一样，可以给手腕提供良好的稳定性。击出的球可以略带旋转，也可直接击出很有穿透力的球。而且采用这种握拍法手部只要做非常小的调整，就能回到东方式正手握拍，选手在削球或网前截击时会比较放松。

缺点：尽管这种握拍法能很好地处理低球，但它不适合打高于肩部的上旋球。因为这种握拍法很难控制这样的回球，所以在多数情况下，选手只能采用防守式的削球将球回击至对手场内。

五、半西方式反手握拍法

这是西方式正手握拍选手多采用的反手握拍法，可以采用大陆式握拍，并逆时针将球拍转至下一个平面。以右手为例，虎口在平面 7 与 8 之间，食指根部仍处于拍柄的上端，但其他三个手指根部几乎与食指处于一条与拍柄平行的直线上，如图 3-6 所示。

优点：同西方式正手握拍一样，这种握拍法也是很多土场选手采用的方法。采用这种握拍方法时，拍面比普通东方式反手握拍关闭得更多一些，而且击球点也在身体前更高的位置。这样不仅有利于处理高球，也容易打出带上旋的回球。反手攻击能力强的选手大都采用这种握拍法。

缺点：它与西方式正手握拍有着相似的局限性，即不适合处理低球。因为它也不能很快地转换握拍法来回击网前球。采用这种握拍的选手通常喜欢打底线。

右手：虎口对准平面 7 与 8 之间
左手：虎口对准平面 2 与 3 之间

图 3-6 半西方式反手握拍法

六、双手反手握拍法

用一只手使拍面处于大陆式和东方式反手握拍的中间位置，然后用另一只手以东方式正手握拍法握在持拍手的前方，如图 3-7 所示。

优点：适用于单手力量不足或双手具有良好协调性的选手。比起单手反手击球，双手反手握拍由于借助肩部的转动和小幅度的挥拍来发力，因此反拍击球时隐蔽性比较强。而且在回球时力量很足，处理击球点较低的来球较为容易。

缺点：因为是双手握拍，这种握拍法限制了跑动，所以在进行大幅度移动击球时很困难，而且不容易转身挥拍。网前截击时双手反手握拍不易控制拍面，回击直线截击较困难。不适合移动较慢的选手。

左手：左手东方式
右手：大陆式

图 3-7 双手反手握拍法

七、握拍方法的选择

在所有握拍动作中，正手握拍灵活性最强。不同水平、不同力量、不同习惯的运动员可以根据自己情况选定某种握拍方法。上文在描述握拍虎口对准某一平面时，并非要求运动员要绝对对准那一平面，只要大致在这一范围内即可。反手动作相对单一、固定，灵活性弱。

选择什么样的握拍方法是根据选手的身体条件及技术特点来决定的。对于初学者来说，建议以握拍稍深的东方式握拍法来打正拍；至于反拍击球，无论是单手或是双手握拍，通常采用大陆式向左稍深的握拍法；发球、截击时，可选择比大陆式握拍更浅一点的握拍方法，目的是使肘关节容易向内侧旋转。

第二节　基本站位及移动步法

一、站位的种类及要求

（一）分腿垫步

分腿垫步是一种起到衔接、变速作用的步法。它能及时地调整身体状态，使球员能快速地向任何方向移动。它可运用于底线击球、接发球、随击球上网、发球上网等技术中。其动作要领如下。

第一，从准备姿势起，将注意力集中在球上，观察对手动向。

第二，对手击球瞬间，在自己在吸气的同时，两脚分开，有弹性地踏跳；双脚落地瞬间呼气，使身体处于可向任何方向移动的状态。

（二）开放式击球站姿（见图3-8）

特点与作用：这是西方式、半西方式正手握拍选手多采用的击球站姿。因双脚是侧向自然分开的，所以移动击球时速度更快。拉拍、挥拍时腰和肩的扭转幅度大，使得腰部的发力更为充分。

动作要点：双脚侧向自然分开并侧身击球，决定右脚位置的同时，必须扭转上半身使左肩朝前，同时往后拉拍。挥拍过程中身体重心必须从右往左移动，为此，右脚要向后蹬地。打完球后，可利

图 3-8　开放式击球站姿

用此力量回到中场。

3. 关闭式击球站姿（见图 3-9）

特点与作用：关闭式击球站姿多用于东方式、大陆式握拍的选手，因双脚是前后方式站立的，以左肩朝前的姿势往前挥拍，所以，挥拍送球时间较长，击出的球较深。此种站姿对于初学者侧身拉拍的习惯动作养成有很大帮助。

动作要点：左脚向右前方上步，右脚向右转 90°与底线平行，同时转肩转髋带动右手向后摆动引拍。侧向跨出的同时，拉开球拍，以左肩膀朝前的姿势往前挥拍。挥拍时，身体重心必须是从右脚向左脚移动的。腰和肩的扭转越大，就越能获得力量和速度。

图 3-9　关闭式击球站姿

二、移动步法

（一）调整步

调整步也可称为定向步。当身体位置需要进行微调时可采用这种步法定位，以确保站在最合适的位置上击球。

（二）冲刺步

冲刺步是指一脚先用力向移动的反方向做一小跨步，然后利用蹬地的爆发力，跨出两步多远的距离。这是效率非常高的移动步法，向前移动和向侧移动时多采用此方法。

（三）小跳步

小跳步是指双脚由准备姿势从原地离地的一个跳步。双脚离地时，其间距与肩同宽。小跳步是形成快速起动和保持身体平衡的关键。运用小跳步时掌握好时机是个关键，要准确判断来球的方向，并且决定哪一只脚先落地，以便迅速起动，使身体移向正确的方向。可以左脚先着地，也可以右脚先着地。

（四）滑步、交叉步、侧移步

1. 滑步

滑步常用于前后移动距离不太远的正反手击球。需要注意的是，球员在滑步的同时应提前引拍，最好做到保持向后引拍的姿势并移动。运用中具体的步法要点是，当向前移动时，蹬出右脚的同时向前跨出左脚，连续向前即形成前滑步步法；当向后移动时，蹬出左脚的同时向后迈出右脚，连续前后形成后滑步步法。这种步法虽然也用于侧向的移动，但是多用于短距离移动，只适合在移动几步即可击到球的范围内使用。

2.交叉步

交叉步主要用于向外侧移动。球员在需要跑动击正手球和高压球时常常采用这种步法。而且向后移动时采用侧身交叉步移动也特别重要。左右交叉步法常用于还击两侧边线附近的来球：向右移动时，向右转体，左脚先向右前方跨出，交叉于右脚外侧前方，再跨出右脚，继续跨出左脚于右脚外侧，反复向右交叉移动；向左移动的方法与向右移动的方法相反。后交叉步与左右交叉步动作相似，只是首先移动后脚做后撤步交叉，多用于向外侧和向后移动。球员在打削球时常使用这种移动方法。

3.侧移步

侧移步两侧移动步法多用于回击对方的扣杀球和半场低平球。其移动前的准备姿势及站位基本同上网步法。

向右移动步法：判断准来球后，上体稍倾向左侧，用左脚掌内侧用力蹬地，同时右脚向右侧跨大步，髋关节随之右转，上体稍倾倒向右侧，重心在右脚上。若距来球较近，可采用上述动作；若距来球较远，则需左脚先向右脚垫一小步再起蹬，同时右脚向右侧跨大步。

向左移动步法：判断准来球后，上体稍倾向右侧，用右脚掌内侧用力蹬地，左脚随髋关节转动同时向左侧跨大步。若来球较远，左脚先向左侧移一小步，紧接着右脚往左侧方向起蹬并转身，向左跨大步。

第三节　击球过程的基本环节

一、判断

判断来球是决定脚步移动的方向和还击方法的依据。它包含判断来球的路线和旋转性质、速度快慢以及落点的远近等。

(一)判断来球的路线

球员可根据对方击球时的动作及方法来判断来球的路线。例如，对方移动到球场的右下角，我方通过他所采用的击球方法、挥拍动作以及球场的角度原理(死角原理)，就能判断出来球有80%的可能是斜线球。我方还可以通过对方的侧身情况判断出直线或斜线球。

(二)判断来球的旋转性质

球的旋转来自拍面与球的摩擦。我方根据对方击球时的挥拍动作及擅长的打法就可以判断出球落地后的走势。例如，击球时挥拍动作向前较多，击出的球多为平击球。这种球落地后速度快，向前冲击比较大。挥拍动作向上较多，击出的球多为上旋球，落地后向前向上反弹较大。下旋球击出时看似速度很慢，但球落地后反弹很小，球会出现向下坠落的现象。

(三)判断来球的速度快慢及落点的远近

我方可以根据对方挥拍击球时动作幅度的大小和挥拍速度的快慢来判断球的速度、力量及落点。通常对方挥拍击球的动作幅度越大，挥拍速度越快，击出的球力量就越大且速度越快；反之，则击球的力量小且速度慢。这时，我方可以根据对方击球时的出球情况来判断球的旋转强度；还可以根据球的飞行弧线来判断球的落点是深是浅，来球飞行弧度较高落点就深，反之落点就浅。判断来球时要特别注意观察对方击球时的动作，同时应把己方的回球速度、落点及旋转等情况给对方造成的影响考虑进去，才能正确予以判断。

总之，判断一是要靠观察对方的击球动作，二是要根据对方站位情况，而且判断的准确性更是要通过长期的训练才能得到提高。

二、移动

如其他运动项目一样，步法在网球运动中同样起着至关重要的作用，同时也是成为一名优秀选手不可缺少的重要因素。尤其在单打比赛中，球员要在场地上来回奔跑并完成各种击球动作。如果球员不具备快速而准确的步法，就会顾此失彼，疲于奔命。

步法不仅体现在跑动中，非跑动的击球中同样也需要准确无误的步法，如网前截击除了借助于来球的力量之外，在很大程度上是通过步法的调整来实现身体重心的移动，从而达到对球的控制。如果站在网前只是利用上身动作来完成截击，那么无论是在球的力量上还是落点上就都不能达到最佳的效果。另外，对网前小球以及高压球的处理也都需要在碎步调整的步法基础上完成。

移动是为了在正确的击球点上击球。只有移动到位，才能有效地把球击出。由于现代网球的球速越来越快，球路越来越多变，因而球员在完成移动选位时反应要快，对来球的判断要早，起动要及时，确定还击方法要果断，步法和手法配合要协调。球员在平时训练中不仅要努力提高起动的速度和移动的能力，而且要重视提高反应速度，并能协调地把步法和击球手法紧密结合起来。

在击球过程中，移动的快慢在某种意义上起到决定性的作用。移动速度比较快，就能迅速抢占击球的有利位置，从而提高回球的命中率和击球的质量；反之，则会降低击球的命中率和回球的质量。尤其是对初学网球者来说，要特别注意加强对移动能力的培养和训练。一般的移动步法是：开始时为小碎步，中间为大步，接近来球时又改为小碎步。在确定支撑脚的位置后，另一脚跨出击球。其中，支撑脚的移动是关键。

三、击球

在网球场上，任何击球动作都由准备、后摆引拍、前挥击球及随挥几个环节组成。每个环节完成得越到位，环节间衔接得越连贯、周密，击球的效果也就越好。在向前挥拍时，手腕要固定以保持拍面稳定；但在击球前握拍手要放松，在击球的一瞬间再用力握紧。在这一环节中，合理的击球点、挥拍击球的方向和击球的部位是关键。

四、回位

球员每次击球后都必须快速回位。及时地回位并恢复到基本站姿和基本位置，做好再次击球的准备，是连续击球的重要保证。球员无论跑到球场的任何一个位置，都应做到快速回位，同时注意击球后的放松和还原动作的简捷、实用。这里所说的回位是指回到球场内一个基本的范围，而不是固定的一点。在训练和比赛中，双方的击球位置和战术应用是在不断发生变化的，因而基本的站位也绝不是一成不变的，球员在教学和训练中应正确地理解和灵活地运用。

练习与思考

1. 握拍方法有哪几种，各自有什么优劣？
2. 简述网球动作的站位及移动步法。
3. 简述网球击球动作各环节要领。

第四章
网球击球技术

网球技术是指在网球规则允许的条件下，运动员采用的各种合理的击球动作和为完成击球动作所必不可少的其他配合动作的总称。合理的击球动作指各种直接触球的动作，如发球、接发球、挑高球、高压球和截击球等技术。这些又被称为有球技术。各种准备姿势、移动、跑动和握拍方法等没有直接触及球的配合动作，被称为无球技术。网球技术主要由手法和步法两部分组成。手法是指击球时手部对于球拍和球的控制所需要的动作方法；步法是指快速灵活的脚步移动、助跑和起跳的动作方法。快速灵活的步法是保持好人与球合理位置关系的前提，同时为手法的运用创造良好条件；手法的准确熟练，可弥补步法的不足，减少失误。网球技术动作多种多样，每一项技术动作都有不同的动作结构和不同的动作方法。凡属于合理的击球动作，首先要符合网球规则的要求，符合人体解剖学和生物力学的原理；其次要结合个人特点，完成动作时要做到协调、轻松、正确、省力，能够充分利用时间和空间变化发挥人的体能和技能。

网球技术种类众多，每一项技术都根据击球的需要而被使用。对于高水平网球运动员来说，全面而熟练地掌握各项技术，对提升运动竞技水平至关重要。只有全面掌握各项技术，才能自如驾驭比赛。无球技术前面章节已做过介绍，本章主要介绍有球技术。网球运动爱好者和参与网球运动的初学者可从这些网球主要技术入手，逐一有目的地对其进行学习和练习，并在实践中不断使用。

第一节　发球技术

在现代网球运动中，发球技术是最重要的技术，也是唯一由自己掌握且不受对方制约的技术。这意味着有足够的训练加上专注于发球技术的核心要素，运动员的发球水平就能得到有效提高。好的发球能够通过发挥个人特点来控制对方，为自己的进攻创造有利条件。相对于底线击落地球，发球对大部分网球初学者来说，是一项比较难掌握的技术，因为发球运用到的身体部位较多，需要肌肉的协调程度较高，击球落地区域小。在高水平比赛中，球员保住自己的发球局是赢得胜利的关键和基础。为此，运动员必须比较全面地掌握各种发球技术，以便在比赛中争取主动。

发球是指球员在发球区内用球拍将自己抛起的球直接击入对方场地接发球区域内的技术动作。发球技术基本部分主要由站位、抛球、挥拍击球和随挥动作组成（见图4-1）。

图 4-1　发球技术图解

一、发球的技术要领

（一）握拍

球员在发球时通常采用大陆式握拍法或东方式反手握拍法。

（二）准备姿势与站位

发球的站位要在端线后，中点与边线之间的位置。球员身体自然、舒适、放松地站好，两脚分开与肩同宽，前脚与端线成45°角，重心在两脚之间，后脚与端线平行，左肩侧对着球网，将球拍与球置于身体前适宜的距离。发球前拍球或暂停，可放松肌肉、调整呼吸和集中注意力。

（三）抛球与后摆引拍

在准备动作的基础上，持球手的肘部渐渐伸直并向下靠近持球手同侧的大腿，然后从腿侧自下而上将球抛起。在整个动作过程中，手臂保持伸直状态，其走势与地面垂直，掌心向上，以拇指、食指、中指三指将球平稳托起。并且尽量避免勾指、甩手腕等手部小动作，以免影响球的平稳定势，球在空中的旋转越少越好。球脱手的最佳点在手掌走势的最高点。脱手过早或过晚都不利于对球的控制。脱手时，托球的三手指应最大限度地展开。球不是被"扔"到空中，而是像被电梯"送"到空中去。初学者应对此多做体验。

发球的关键是抛球。它是一个"释放"动作。只有掌握好手臂的惯性，使球平稳、缓和地离开手指，才能获得最佳的抛球效果。不要用手臂和手腕的突然动作，而要用稳定的、均匀的力量和动作将球抛出。

球员应该认识到抛球和后摆引拍是一个组成部分，所以抛球和后摆引拍是同步开始的。

后摆开始时，双臂朝前脚位置同时向下移动；重心开始前移的同时，两手分开上举；左臂在身前上举抛球，右臂在身后上举；左臂向上向前移动与身体交错，以便增加躯干的转动幅度。

目前网坛存在 3 种引拍方式：一是传统的后引拍，即以准备姿势为基础，向持拍手一侧转身，同时持拍手引导球拍贴近身体，然后像钟摆一样将球拍摆至体后来完成引拍动作；二是侧引拍，即以准备姿势为基础向持拍手一侧转身，同时持拍手引导球拍摆向持拍手一侧来完成引拍动作；三是前引拍，即以准备姿势为基础向持拍手一侧转身，同时持拍手引导球拍直接向上摆至肩上方完成引拍动作。这 3 种引拍方式各有优点，后、侧引拍整个过程流畅，重心前后移动有利于力量发挥；前引拍重心靠前，击球点前移，更能提高发球的稳定性。

球抛出手后，左臂继续向前向上移动，左臂维持上举姿势。这对于向上挥拍前保持屈膝位的平衡非常重要。在此过程中开始屈膝时，若采用上步发球技术，后脚在屈膝前应即刻滑动至紧跟前脚的位置；若采用不上步发球技术，双脚在屈膝时通常应维持原站位。挥前的动作是发球技术的核心，包括屈膝、背部伸展、拉开及弯曲身体的整个前侧、双臂双肩与击球点连成一条直线、左肩高于右肩、左臂完全伸展。

不上步发球是指发球的整个动作中后脚不上前，而是保持在同一位置的发球方法[见图 4-2(a)]。这种发球技术能够更好地运用身体的角动量，而且更容易掌握击球的时机。上步发球的起始动作与不上步发球一样，但是在球抛出后，后脚在屈膝前即刻滑动至紧跟前脚的位置。这种发球会有更多向上的动量，能提高球员的击球点，如图 4-2(b)所示。

（a）   （b）

图 4-2　上步与不上步发球

（四）挥拍击球

挥拍击球，即在屈膝、反弓动作的基础上，自下而上依次蹬直膝部，反弹背弓，并向前向上伸展，与此同时，仍以肘为轴带动手、拍头鞭打击球。发力是自下而上一气呵成的。用前臂带动手腕，有一个旋内的"鞭打"动作。这是发球发力的关键所在，也是重心前移、蹬地、转体挥拍等力量聚集的总和。球拍走势最快、最具爆发力的一点应在到达击球点那一瞬间；在到达击球点时身体应全部面向击球方向。

击球时的击球点是值得重视的。球员持拍在空中所能争取到的最高点就是击球点。这时屈膝、背弓积蓄力量及蹬地发力是一个比较连贯的动作。因为根据第一发球和第二发球的不同需要，击球点是有相应变动的，但力争高点击球却是选择击球点时最基本的原则。有了高点，不仅动作可以舒展地做出来，更重要的是，在控制球路和球的落点以及力量等方面也能获得优势。

背弓动作：球拍摆至一定高度后（此高度因个人习惯而异，至少上臂不应紧夹在体侧），以肘为轴，小臂、手、拍头依次向体后、背部下吊，同时屈双膝并伴随身体后展成弓状。

搔背动作：经过背弓动作后，在进行挥拍击球时，肘部有一个引导小臂以肘部为轴带动小臂、拍头挥向击球点的过程。这一过程好像在用拍头给后背搔痒，故被称为搔背动作。其目的是，使持拍手能有一个足够的获得摆动速度的过程，在击球一瞬间充分把力量爆发出来。搔背动作完成得是否到位，关键要看搔背时肩、肘、腕是否得到了充分放松。如果球员在手臂十分僵硬的情况下完成此动作，那么到达击球点时一定会感到整个身体的弹性系统都已被破坏，难以发力。

(五)随挥动作

击中球时,虽然挥拍击球动作已告完成,但整个发球过程却仍在继续。到达击球点后,球员应顺着身体及挥拍的惯性做收腹、转肩和收拍的动作,最终将拍子由大臂带动收向非持拍手的体侧,身体跳入场内,缓冲发球起跳产生的惯性,结束发球动作并做好回击对方回球的准备。

二、常见的发球类型

常见的发球类型可以分为平击发球、上旋发球、侧旋发球。

(一)平击发球

1. 技术特点

平击发球在诸多发球方法中是球速最快的发球法,被称为炮弹式发球。它是指以平行于球网的拍面击球的后中上部,使球平直飞行的发球方法。平击发球以大陆式握拍法为主,发球球速快、力量大,而且常常贴着网上沿进入发球区。因此,发球的失误率也较高,常用于第一发球。球员如果身材高大,就可以借助高点击球的空中优势直接进攻对方;如果身材较矮小,就不宜使用平击发球。在网球运动中,绝对的平击发球是不存在的。所谓的平击发球,是指发出的球只带有少许旋转,球的飞行路线近似直线,落地后向前冲。这种发球的击球点相对旋转发球而言较高、较靠前。

2. 技术要领

第一,抛球点应在身体的前上方,高度在身体向上伸展的最高点或更高处。

第二,引拍结束时扭紧身体,全身呈现较明显的背弓状。

第三,尽量在最高点击球。触球时,以拍面中心平直对准球,击球的后中上部,拍面与击球方向垂直。

第四,击球时前臂应有"旋内鞭打"动作。

(二)上旋发球

1. 技术特点

上旋发球是以上旋为主、侧旋为辅的发球方法。球的上旋成分多于切削发球,使球产生一个明显的弧形飞行轨迹。发力越强,旋转成分越多,弧形就越大,命中率也越高,因此上旋发球常用于第二发球。上旋发球法发出的球反弹得高,可迫使对方离位接球,给对方造成很大压力,同时为发球上网带来足够的时间。

2. 技术要领

第一，发上旋球时把球抛到头后偏左的位置。击球时身体尽量后仰成弓形，利用杠杆力量对球施加旋转。

第二，拍面的触球点在球的中部偏左下方，并向球的右上方擦击球的背面，恰似从钟表的七点钟方向和一点钟方向做包裹性地擦击，使球产生强烈的上旋。

第三，击球点较平击发球和切削发球稍低，手腕的叩击动作明显大于切削发球和平击发球。

第四，敢于发力，充分完成技术动作，拍头速度不减。

（三）侧旋发球

1. 技术特点

侧旋发球也称切削发球，是一种以向右侧旋转（略带上旋）为主的发球方法。由于球落地后向外侧弹跳，可以把对手拉出场外。所以这种发球方法常在右区外角发球时被采用。这种发球发出的球速度较快，准确率和成功率也很高。

2. 技术要领

第一，发球时把球抛到右侧斜上方，高度比平击发球的位置偏低。

第二，球拍快速从右侧中上方至左下方挥动，击球的中部偏右侧，使球产生右侧旋转。

第三，要有"小臂旋内"动作，随挥要充分。

三、发球常见错误与纠正

（一）抛球不稳定，抖腕抛球，影响击球的准确性

纠正：可能是因为没有直臂向上送球，过多使用手腕和手指的力量。这需要把自己的手掌想象成一部电梯，平稳地将球向上托起。同时要学会利用腿的蹬地力量帮助手臂向上抛球。

（二）击球点过低

纠正：练习反复击打高点的固定目标，体会击球时伸展身体的本体感觉。

（三）击球点靠后

纠正：明确正确的击球点，切削发球和平击发球的击球点在左肩前上方稍靠右一侧；发上旋球的击球点可以在头顶靠后的位置。抛球要稳定，要多进行抛球稳定性练习。

（四）击不准球

纠正：从抛球开始，双眼要始终盯住球；球拍击球时，头部抬起看到球拍触球的瞬间；

随挥拍时保持头部直立，双眼平视前方。

（五）左右手配合不协调

纠正：在无球状态下放松地进行抛球、引拍、挥拍的组合练习，使抛球挥拍动作协调地连贯起来。抛球的高度应尽可能稳定，尽量不要打乱抛球、挥拍、击球的节奏。

（六）发球无力

纠正：做搔背动作时，持拍手的肘关节尽量弯曲，关节底部指向天空。挥拍动作要充分。要徒手多做蹬腿、转腰、收腹、挥臂的鞭打动作。

第二节　接发球技术

接发球技术是指还击对方发球的技术。接发球水平的高低直接影响比赛的得失，并和比赛的持续性密切相关。因此，接发球是网球运动中一项重要的基本技术。接发球时的反应时间很短，因而准备的时间就不充裕。这就要求球员在接发球时应尽量做到提早判断预测。接一发时，尽可能将球打回对方场地，减少失误；接二发时，要力求抓住机会主动展开进攻。

一、接发球基本技术环节

（一）握拍

一般情况下，接发球采用与正反手底线击球相同的握拍方式。然而如果对手的发球质量很高，则可采用大陆式握拍法和防守型推挡来球。

（二）站位与准备姿势

接发球时，一般站在端线与单打边线的交叉处，与发球员的站位连成一条直线，随着发球员位置的变化相应移动。接一发时位置稍远离端线；接二发时则可适当靠近端线或进入场内。

发球准备姿势同正手击落地球。待发球员准备发球时，要注意观察发球员的发球站位，提早判断和预测其发球方式。从对方抛球开始，眼睛要盯紧球，同时双脚稍微跳离地面；落地时双脚与肩同宽，双腿弯曲，双脚尖朝向准备接球的方向。身体重心前倾，积极做出击球准备。

(三)击球与随挥动作

判断来球方向，迅速向预测击球点移动，双肩与身体重心同时移动，并向击球方向踏出异侧步，转肩完成引拍过程。引拍幅度根据来球的速度调整。来球越快，引拍和击球动作就越小。向前挥击时，尽量使拍子运行轨迹由高处向下再向上，但上下幅度要小。击球时动作与正常击球基本相同，只是没有明显的后引，特别是面对力量大和速度快的球时，可切或挡击球。击球瞬间握紧球拍，手腕保持固定，主动前迎顶住来球，并减少挥拍的幅度。面对较弱的发球，应抓住机会，迅速移动身体，采用攻击性强的抽击球，以先发制人。

对于大多数网球爱好者来说，对手的发球并不会像职业比赛中的选手的发球那样难以对付。准备接发球时，首先要确定自己是想要进攻还是防守，然后根据正拍球和反拍球的不同，分别选择接发球的线路。

二、接发球的类型

(一)进攻型接发球

进攻型接发球主要用于回击对手缺乏力量和角度的发球，目的是给发球方施加压力，确保比赛中的主动性。

(二)防守型接发球

防守型接发球主要用于回击速度快、落点佳的发球，目的是尽可能将球击回到对方场地内，并尽可能减小对方第二拍进攻的选择范围。

三、接发球易犯错误

(一)反应慢，缺乏主动判断和向前迎球意识

纠正：集中注意力，看到发球方将球抛起时向上做分腿垫步动作，接着向前一步主动去迎击球。

(二)准备时间不充分，造成接发球没有目标

纠正：事先考虑应对对方各种发球的对策，然后站在接发球的位置上，一旦对手发出球来，就可以按照预想计划果断出手。

(三)引拍动作过大，错失击球最佳时机

纠正：提高对球落地反弹后运行轨迹的判断能力。

（四）无法控制落点，回击失误

纠正：改变脚步动作僵硬、无法进行快速调整的状况。击球时紧握球拍，并使拍面对着对方场内区域。

第三节　击落地球技术

一、正手击落地球技术

正手击落地球技术，简称正手击球技术，是指在握拍手同侧的地方对落地球的打法。正手击球技术的特点是动作舒展、击球有力、速度快、控球好、容易学习。据统计，一场网球比赛中正手击球的使用率可以在70％以上。正手击球能帮助初学者较快地建立起球感，并熟悉网球运动击球的特点。所以，它是网球基本技术中运用最多、进攻性较强、动作容易理解的一项技术，也是最常用的击球方法，还是初学者最先学习的技术。实战中正手击球的运用机会较多，掌握良好的正手击球技术，有利于占据赛场的优势，所以网球运动员在比赛中，都力求获得正手击球的机会。下面以右手持拍为例，对正手击球作详细介绍。

（一）正手击球基本技术环节

1. 握拍

正手击球技术主要采用半西方式握拍或西方式握拍。

2. 准备姿势

面对球网，双脚向前自然分开，并与肩同宽，双膝微屈，身体略向前倾，重心在双脚的前脚掌上。右手以正手握拍法放松握拍；左手轻托拍颈，双肘微屈，将球拍舒适地放在身前。拍头稍高于拍柄并指向前方，两眼注视对方来球，做好击球准备。初学者要注意左手的作用，要用左手扶住拍颈或用双手握拍法握拍。这样既可减轻右手的负担，还可以帮助右手快速变换握拍方法以及做出向后转体引拍动作，如图4-3所示。

3. 后摆引拍

当判断来球需用正手回击时，应该及时用左手推动球拍完成转肩动作，然后将身体移动到右侧，双脚可采用"关闭式""半开放式"或"开放式"站位。此时头部应保持固定，面朝前方，眼睛盯住来球。引拍时，采用弧形或直线后摆将球拍拉向身后，手臂保持放松并自然前伸，肘关节弯曲并自然下垂，拍头略高于手腕，球拍引至拍头指向右侧方挡网。与此同时，左手向前伸出，以保持身体的平衡。初学者特别要注意做转体转肩的动作，保证引拍充分，避免只用手臂去打球，如图4-4所示。

图4-3　正手击球准备姿势　　　　图4-4　正手接球转体引拍动作

4.挥拍击球

后摆结束、准备向前击球前，球拍要下降，此时拍头指向后方挡网，拍面与底线垂直。通常挥拍要自下而上挥动，以保持流畅的挥摆轨迹。击球时，应蹬地发力并向前向上转动身体，重心由后腿过渡到前腿，借助髋和腰的扭转，以上臂带动前臂沿着来球的轨迹向前挥拍击球。击球时应握紧球拍，肘关节微屈。击球点在身体的右前方，尽量保持在腰部与膝盖之间的高度击球。击球高度可通过屈膝、调整身体重心高度来调节。球拍触球时，手腕固定，球拍面与地面垂直，眼睛注视击球点，以保证击球的准确性。

对于初学者而言，能控制拍面并使拍面对着击球方向最为重要，因为触球瞬间拍面所对的方向也就是球的飞行方向。由于拍面触球时的方向不同，击球落点也大相径庭。良好的击球一定是拍面对着击球方向的，并要保持拍面角度的不变和稳定向前上送，如图4-5所示。

图4-5　正手挥拍击球动作

5.随挥动作

击球后，球拍沿着球飞行的方向继续充分向前上方挥动，随惯性挥至左肩上方，重心前移落在左脚，身体也随之转向球网，肘关节向前。随挥结束，应立即恢复成准备姿势，准备下一次击球。初学者应注意，随挥动作是击球动作的有机组成部分，能使击球动作变得流畅、协调和舒展，更能保证击球的力量并控制球的飞行弧线和落点，如图4-6所示。

图4-6　正手随挥动作

(二)正手击球类型

网球正手击球按球的旋转性能分类，主要分为平击球、上旋球、下旋球等不同旋转的打法。网球来球的方向、力量、旋转速度与方向，以及击球时的挥拍路线和触球时拍面与球的高度差等因素，影响着击球后球的旋转方向和飞行轨迹。不同的击球方法会导致不同的飞行轨迹和反弹效果（见图4-7）。球员可以根据场上情况，自如运用各种击球方法，掌握比赛的主动权。

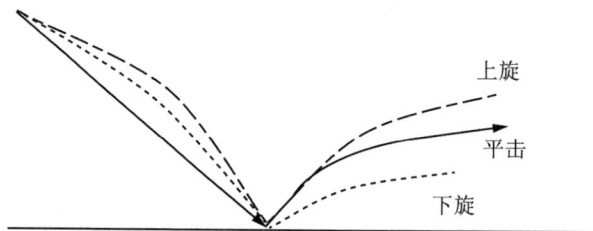

图4-7 不同旋转方式的球在空中飞行及落地后弹跳弧线

1. 正手上旋球

（1）技术特点

上旋球的特点是，飞行路线呈向上弧线而后迅速下降，落地后向高远处反弹，前冲力较大。上旋球的形成是由于球拍向上摩擦整个球体，从而使球产生上旋。由于球的旋转速度快，球运行的弧线轨迹明显，所以上旋球俗称"弯月球"。这种打法是在击球时，加大向上提拉挥动的幅度，使球产生较为急剧的上旋。打上旋球最大的好处是便于加力控制，使得正手击球中既能发力，又能减少失误。因此，正手上旋球是目前网球选手们普遍使用的击球方法。上旋球还是破坏对方上网的有力武器。弧度较低的上旋球能落在对方上网人的脚下，使其难以还击；弧度较高的上旋球可以越过上网人头顶落在其身后区域，使其失去击球的好时机。

（2）动作方法

当判断来球需要用正手回球时，要快速转肩引拍。持拍手臂放松并向后引拍。引拍应该是直接向后的。球拍指向球场后端的挡网，拍底正对球网，拍头高于手腕，双脚与底线平行（"关闭式"步法左脚在前），左肩对着击球方向，尽量保持侧身击球。同时，左手一定要随着侧身转体指向前方的来球。击球时应以肩关节为轴，用力蹬腿，转动身体，手腕固定，在身体右前方由下往上击球。击球时拍面与地面垂直，眼睛看着击球点，左手留在前面以获得左侧支撑，用大臂带动小臂。球拍触球后，拍面向着击球方向前送的时间尽量长些，同时保持拍面对着击球方向，重心前移；拍头随着惯性以"雨刷器"动作形式挥到左肩上方，肘关节向前。随挥结束后，应立刻恢复到准备姿势。

网球之所以产生强烈的旋转，主要原因是拍面与球撞击时，拍线发生弯曲而下凹，部分球体被拍线兜住。如果这时向斜上方挥拍，位于球体下半部的弯曲拍线的弹性力就会大于上半部弯曲拍线的弹性力。其结果是，弹性力的合力就会向上偏离球心。弹性力偏离球心的距离虽然小于摩擦力偏离球心的距离（球的半径，摩擦力沿球面的切线方向），但弹性力强度却远远大于摩擦力，它所产生的转动力矩也远比摩擦力的力矩大。使球产生旋转的主要是这个力。

要击出强烈的上旋球，首先必须像打平击球一样用力向前击球，将球击入拍线中，使球拍能"吃"住球；与此同时，即在球拍触球的同时，迅速将球拍向上拉起，同时手腕内旋带动球拍向左肩上方做"雨刷器"刷摆动作。向前、向左上的动作要连贯流畅、一气呵成，形成一个球拍"兜住"球向左上方发力的过程。仔细观察那些世界级高手打上旋球就可以发现，他们在用力向前挥拍击球的同时，常常有一个用手腕带动小臂迅速向上转动的动作。这样的动作就很好地体现了上述要求。有的人在打正手上旋球时过分着力"上拉"，忽视了向前用力，结果球拍"吃"不住球，上拉力也就无法作用于球上，击出的球因软弱无力而落网。他们还以为是"上拉"不够，事实上这不是"上拉"不够，而是"平击"不够造成的。

（3）动作要领

第一，引拍后手腕向外翻转，与手背形成一定的角度。击球前拍头要有一个明显的下降过程，进而要能够充分向上提拉拍头。

第二，击球时，眼睛始终盯住球，头部保持正直。当决定用正手击球时，应及早转肩向后引拍。

第三，击球时，利用腰的扭转，使右肩向前转出，身体转动要明显，最后由手臂带动球拍甩出。

第四，击球后手腕由向上转而向内做压手腕和抬肘的"雨刷器"动作，最后把球拍挥至左肩方向。击球部位在球的中部或中部偏右位置。

2. 正手平击球

（1）技术特点

平击球时球沿着垂直于拍面的方向飞出，拍面与球接触时几乎不产生分力（如图4-8所示，为3种不同拍面、不同用力方式的击球方法产生不同旋转球的示意图）。事实上，纯粹的平击球是不存在的，所有的平击球都或多或少地带有些上旋或下旋。平击球特点是速度快，着地后反弹较低，易于控制球路，比较适合初学者练习。在底线对拉相持中，如果平击球技术处理得好，不仅可以为进攻创造条件，而且还能直接得分。由于平击球的飞行路线平直而缺少弧线，发力击球时容易下网和出底线。一般在击球点高于球网时才比较适合打平击球。初学者利用简捷挥拍动作，水平"碰撞"球即可。平击球动作简单易学，有利于学习者提高球感和体会网球"整体"击球的感觉，容易打出有一定速度和较稳定的击球，能有效增强学习网球的信心。随着球感、移动和身体整体协调击球能力的提高，逐步掌握拍面、挥拍轨迹、击球点等对球的控制因素后，初学者就可以学习各种旋转球技术了。

图 4-8 不同旋转球

（2）动作方法

正手平击球动作方法基本同正手上旋球，主要区别在于，击平击球时手腕要固定，挥拍方向和出球方向一致，表现为向前推送球。

（3）动作要领

第一，几种握拍方法都能打出平击球，但东方式握拍的推送动作更能体现出平击球的特点。

第二，由于球沿着垂直于拍面的方向飞出，击球方向和出球方向基本一致，挥拍时持拍臂不应向上太多，这样能压住球并控制好球过网的高度。

第三，充分利用蹬腿和腰部的回转力量及肩部积极前送，带动手臂的推送或手腕甩动。

第四，击球瞬间手腕要握紧。

3. 正手下旋球

（1）技术特点

这是挥拍路线由上向前下方的切削击球法。球飞行的弧度低，着地后反弹也低并向前飘行。在正式比赛中，利用正手打下旋球是比较少见的，一般只在回接对方大力发球或防守移动不到位的情况下采用。球员利用正手下旋球，可以做到在对方来球落地弹起后的上升期击球，所以回球速度快，也可以利用正手下旋球改变场上比赛节奏，缩短对方连续回击球的准备时间，为争取主动创造条件。

（2）动作方法

判断来球后，身体做约45°的转体引拍。引拍幅度小于正手上旋球和平击球。击球时，挥拍由后上方向前下方挥击，球拍稍打开，击球后下部，使球产生下旋。击球后，应向击球方向做随送动作，使球向前飘行。

（3）动作要领

第一，判断来球方向，及早做出准备，在球弹起后的上升期击球（初学者可选择在下降期击球)。

第二，引拍动作要小，略像网前正手截击动作的引拍。击球时，拍面要几乎和地面垂直。

第三，击球点在身体右侧前方，击球时身体重心随挥拍动作一起向前。

第四，如果来球是上旋球，跳得较高，球拍应击球的中部，向前向下推切用力。

(三)正手击球易犯错误与纠正

1. 击球时直腿直腰用拍捞球

纠正：可采用"坐凳击球"的方法，拉拍后引肘迫使自己屈膝，就好像坐在凳子上一样，然后再击球。

2. 不能用"甜区"击球

纠正：集中注意力，努力盯住来球直至将球击出。

3. 引拍过小造成击球无力或引拍过大造成手腕后撤

纠正：引拍动作结束时，球拍指向球场后方挡网；向后引拍时腋下夹一个网球，引拍时要保证球不落地。

4. 只用手臂击球

纠正：强调蹬腿、转体，协调用力，用躯干带动手臂击球。

5. 挥拍不充分

纠正：要尽量向前上方随球挥拍，直至拍头向上，并且在左肩上方，肘关节朝前，强化左手收拍动作。

6. 引拍慢，击球点靠后

纠正：在球过网前，就要提前引拍，并不断击打教练送来的前点球，养成重心前移、向前击球的习惯。

二、反手击落地球技术

反手击落地球技术简称反手击球技术。和正手击球技术一样，反手击球技术是网球运动中的一项基本技术，也是网球技术中常见的击球方法。反手技术的许多技术动作要领与正手相似，初学者一般先学习正手击球技术，再学习反手击球技术。当有了一定的正手击球技术后，学习反手会比较容易。反手击球有单手和双手两种握拍方式，球员可根据自己的身体特点进行选择。由于两种握拍的击球和发力形式各不相同，没有球员会同时学习两种技术。

(一)双手反手击球基本技术环节

1. 握拍

通常采用下手大陆式握拍、上手东方式握拍或半西方式握拍。

2. 准备姿势

准备动作与底线正手击球准备动作相同。单反选手左手扶住拍颈，以便于调整握拍，双反选手采用双手握拍法，如图4-9所示。

3. 后摆引拍

当判断来球需要用反手回击时，应立即转肩。单手反手选手应在左手的帮助下迅速完成反手握拍动作，并将身体移动到左侧。双脚可采用关闭式、半开放式或开放式站位。此时头部应保持固定，面朝前方，眼睛盯住来球。右肩或右背对着球网，左手肘关节弯曲并自然下垂，拍头略高于手腕，拍面应斜向下对着地面，全身自然放松，注意力集中，如图4-10所示。单反选手握拍时肘关节弯曲并贴近身体。

图 4-9　双手反手接球准备姿势　　　**图 4-10　双手反手引拍动作**

4. 挥拍击球

后摆结束准备向前击球前，球拍要下降。此时拍头指向后方挡网，拍面与底线垂直，沿着来球的轨迹迎前挥去，球拍由后下向前上方挥出。击球时手腕应固定，拍面垂直于地面。击球点一般在身体左前方的腰部与膝盖之间的范围。击球高度可通过屈膝并调整身体重心高度来调节。初学者应注意，向前挥拍击球时，要朝着球网一鼓作气地回身转腰，手腕紧锁；在将要击球的时刻，身体重心由后脚移向前脚，使身体重心顺畅地往前移动，如图4-11所示。

5. 随挥动作

反手击球动作由于腰的扭转，击球后身体面向球网。为了控制球，球拍跟进动作应向上挥拍到肩或头部的高度，同时保持身体平衡并准备下一拍的击球，如图4-12所示。

图 4-11　双手挥拍击球动作　　　　图 4-12　双手反手随挥动作

（二）反手击球类型

1. 双手反手击球

（1）技术特点

双手反手击球是许多运动员在端线附近抽击反手球时常用的击球方法。由于击球时双手在拍柄上有两个支撑点，所以当球与拍接触时，拍面的稳定性较强，球拍不容易被来球撞动或扭转。双手挥拍多靠转体配合，击球力量相比单手反手要大，也容易拉出较强的上旋球，并提高击球的准确性和稳定性，同时，对对手有攻击性的来球也可以进行有力的回击。但是由于击球范围相对较小，所以这种击球方式对步法的要求相对较高，球员要准确判断并移动才能找到合适的击球位置。

（2）动作方法（见图 4-13）

下手选大陆式握拍，上手选东方式或者半西方式握拍。当判断来球需要用反手击球技术回击时，迅速自然转肩，双手向后引拍，移动双脚站成平行站位或半开放式站位，右肩或右背对着球网，左手肘关节弯曲、自然下垂，拍头略高于手腕，拍面应斜向下对着地面，后摆结束准备向前击球前，球拍要下降。此时拍头指向后方挡网，拍面与底线垂直，沿着来球的轨迹迎前挥去，球拍由后下向前上方挥出，然后自然收拍。

图 4-13　双手反手上旋球技术图解

（3）动作要领

①双反击球前的准备姿势一般采用"关闭式"。

②双反引拍应简捷、幅度小。手臂要随转体自然向后拉拍，尽可能地保持两条手臂贴近身体。保持拍柄底部正对着来球，并可以从右肩的后面看到来球。

③引拍结束后，应保持腰部扭紧，重心平稳，同时收紧下颌。

④向前挥拍时，一定要靠重心前移，带动转体前挥球拍。在挥拍的过程中，尽量保持拍面持续垂直于地面，并沿着由下向前、向上的轨迹挥动。

⑤击球点的位置一定要固定在体侧，要离身体约一个球拍的距离。

⑥球拍触球时，右臂伸直，拍面垂直于地面，并有向前推击的感觉，同时保持收紧下颌，眼睛盯住球。

⑦随挥动作要充分向前、向上、向右上方挥去，环绕至右肩上方。

⑧挥拍结束时，重心落在前脚上并保持后脚与地面接触，并且后脚鞋底要正对后面的挡网。

2. 单手反手击球

（1）单手反手上旋球

①技术特点。单手反手击球是指以单手反拍方法击球。其特点与正手上旋球相似，球落地后反弹得又高又远，容易加力控制。其优点在于，更便于快速击球。相对于双手反手击球的侧身步法，单手反手击球步法可以更快到位，因而控制范围广；单手反手击球动作舒展，击球力量足，攻击角度大而且灵活性强，在比赛中往往会击出许多出其不意的好球。但是单手反手击球对运动员的手感和上肢力量有更高的要求，处理高球难度相对较大。

图4-14　单手反手上旋球技术图解

②动作方法（见图4-14）。从准备动作开始，双肩和持拍手在球接近时作为一个整体转动，当球员右脚朝来球方向跨步时，球拍下坠至低于来球的高度，屈膝以使球拍从球的下方击球。触球时，球拍移动幅度增大，使球产生向前向上的旋转。髋部展开，击球时将肩

抬高，以利于球拍的向上挥动动作。击球点在右脚的前上方，手臂在触球时几乎呈现直臂状态，拍面垂直，拍身与地面平行。触球后，球拍继续向上移动至身体前方，当拍头处于手腕上方时，随挥动作结束。

③动作要领

第一，向后拉拍的过程与转肩和以前脚为中心转动作为一个"转动单元"是同步进行的。

第二，肘关节伸展，手处于肩部高度，右臂与身体保持一个舒适的距离。

第三，保证拍头低于击球点，膝盖保持弯曲。

第四，腿、髋、躯干和肩的向上运动要协调，使挥拍轨迹由低到高。

第五，击球过程中要保持头部的稳定，双眼注视来球。

(2)单手反手下旋球

①技术特点。反手下旋球也称防守性反手击球，俗称削球。削球由于容易掌握，回球不易失误，为许多初学者、中等水平者和老年网球爱好者所喜爱。掌握反手削球技术，对于扩大击球范围和击球的稳定性很有益处。反手削球一般来说是防御性的。当对手大力发球或打高压球，自己无法用上旋球和平击球进行反击时，选择削球来过渡是比较明智的打法。在网球比赛中，切削战术虽然无法带来直接制胜分，却是一个由守转攻造成对手回球质量下降的很有效的手段。另外，当来球反弹高于肩部时用削球来回击亦是很适宜的。削球也能成为进攻的武器。它可以在一个上旋球后使用来改变比赛节奏，并打出平而低、落点多变的球，使对手不易还击。削球的动作小，主要是借对方来球之力将球削出。即使是在身体平衡遭到破坏的情况下，也仍然可以打出削球来。此外，对于双反选手而言，当来球很远来不及到位时，也可以双手变单手，采取反手削球的回击方法，从而扩大防守范围，有效地将球击回到对方场地。一般来讲，反手削球属于防守性技术，但根据使用方法的不同，也可以成为一种很得力的攻击手段。例如，在实战中，遇到对方上网时，可先将球削到对方脚下，迫使对方无法反攻而只能回一般的高球，然后再狠狠地向对方发起猛攻。若能打出下沉的下旋球，就既可以在向前截击时使用，也可以在接发球时使用。还可以利用削球的后摆动作与反手击球相同的特点，出其不意地削出网前小球。因此，很好地掌握削球，无疑将扩大击球范围，提高竞技水平。

②动作方法(见图4-15)。反手下旋球的握拍宜采用大陆式握拍法。当准备打反手下旋球时，左手扶拍颈向左后引拍。拍头应高于手腕，肘关节抬起，远离身体，拍子和手腕在击球点的后上方，拍面稍打开，手腕固定。在右脚向左前方跨出的同时，向前下方挥拍击球的中部或后下部，重心必须随球拍前移，以加强击球速度和力量。击球点在跨出脚的前面，触球时机可比反手上旋球和平击球稍晚，所以眼睛要盯住球。球拍随着球击出的方向继续向前下方挥出，应让拍子向前平稳运行一段距离后，自然地将拍子随挥到一定高度，

以结束动作。不要突然地停止或急于把球拍提捡起来。

图 4-15　单手反手下旋球技术图解

③动作要领。

第一，沿直线向后引拍，抬起肘关节使其远离身体。

第二，向下向前挥拍，削中必须含有向前推的动作成分。

第三，尽可能使球拍与球有较长的接触时间。

第四，随挥时必须随球送出球拍，并自然地在高处结束随挥动作。

(三)反手击球易犯错误与纠正动作

1. 单手反手击球易犯错误与纠正动作

(1)后引拍时，拍头下垂，低于手腕

纠正动作：非持拍手放在拍颈处，帮助持拍手向后引拍，手腕的角度(前臂与拍柄的角度)从准备姿势到击球应基本保持不变。

(2)击球时，拍面击在球的下部，只靠手腕发力

纠正动作：球拍挥拍的轨迹从后到前应是"高—低—高"的反弧，所以要用上臂大肌肉群主动发力带动前臂、球拍向前击球。击球时手腕固定。

(3)随挥动作不完整

纠正动作：在墙壁上画出一个标志。挥拍练习时，每次随挥动作结束都要保持球拍柄底部指向标志，从而建立稳固的随挥动作。

2. 双手反手击球易犯错误与纠正动作

(1)握拍时双手没有靠紧

纠正动作：反复体会用非持拍手控制住球拍。持拍手转动到正确握拍位置，然后非持拍手下滑靠近持拍手。练习时眼睛不要看手，也可闭着眼睛，培养自身本体感觉。

(2)腰部没有向后转动，引拍幅度不充分

纠正动作：下肢主动扭转带动躯干及手臂向后引拍，引拍动作结束时球拍柄底部朝向

球网。

(3)准备姿势不正确造成击球无力

纠正动作：转体引拍时左髋关节后转，左脚置于来球后方选择击球的位置，根据来球的情况，右脚迈出，利用腰髋的回转将身体重心从左腿向右腿转移，使下肢的爆发力作用到击球上。

(4)击球结束，手臂缺乏前送动作，击球落点浅

纠正动作：随挥时使球拍在身体最前方停顿下来，保持手臂伸展的姿态，这样就会帮助延长送球的动作，从而增加球的深度及击球的穿透力。

(5)过多依赖持拍手用力，上体力量不能有效发挥

纠正动作：尝试用非持拍手握拍进行正手击球练习，体会球拍运行轨迹及用力方法，然后再采用双手握拍击球进行反复练习，体会双肩参与挥拍击球的感觉。

第四节　截击球技术

截击球是指在来球过网落地之前还在空中飞行时，将其凌空击回对方场地的击球技术。截击球是网前技术中的一种攻击性击球方法，是积极进攻的一项武器。它回球速度快、力量重、威胁大，可以通过缩短击球距离、扩大回球角度，在时间和速度上赢得取胜的机会。良好的网球截击技术是优秀网球运动员必须具备的，在比赛中常被用于发球上网或正反手击球后上网截击。截击球技术是攻击性打法不可缺少的重要内容。截击球可以在场上任何位置使用，尤其是在离网较近处。常见截击球技术有正反手中场截击、前场截击、高位截击和低位截击等。

一、截击球基本技术环节

截击球技术动作包括握拍、准备姿势、引拍、击球、随挥5个技术环节。

（一）握拍

截击最理想的握拍方式是大陆式握拍。食指和中指呈现扣扳机状，以便球员对球拍拍头有更多控制。使用大陆式握拍的好处在于，用它打正手截击和反手截击时无须变换握拍，这样可以节省时间，把注意力集中在看球上。对初学者来说，如果感觉用大陆式握拍击球

有困难，可以试试在打正手截击时使用东方式正手握拍。这样可以使球与球拍有扎实的接触，稳定性较强。但在对截击技术有一定掌握后，还应采用大陆式握拍法。

(二)准备姿势

面对球网，双脚向前自然分开与肩同宽，双膝微屈，上身保持正直并向前倾。采用大陆式握拍法，非握拍手轻托拍颈，拍头约与下巴齐平，双肘弯曲，将球拍舒适地伸向前面，拍头高于拍尾。重心落在双脚脚尖上，注意力高度集中。在对手击球的瞬间，应用分腿垫步作为准备姿势的一部分，并立即判断出球的方向、高度和路线，以便快速移动和上前截击。

分腿垫步在移动击球尤其是网前截击中发挥着极其重要的作用。网前是分秒必争之地。截击越近网，越没有多余的时间让球员做多余的动作，否则定会延误战机甚至被动挨打，因此快速、稳定、紧凑、小幅度是网前技术的要点。此时使用垫步非常有利于在截击时让最接近来球方向的脚向前跨出，使身体重心前移，动作连贯到位，从而实现力量从脚到躯干到手，再到球拍的连贯性传递。很多人截击时不注意对垫步的使用，往往造成截击动作的贻误。

(三)引拍

引拍(主要是横向)动作一定要以转肩为主，要迅速、简单、幅度小，眼睛紧盯着来球。手腕和拍面固定，引拍后要保持拍头高于手腕。

(四)击球

看到来球要迅速随着引拍向前跨一步(正手出左脚、反手出右脚)。随着重心前移，身体转向正对球网，击球点保持在身体侧前方(正手右前方，反手左前方)。拍面对着来球，依靠身体向前移动的惯性所产生的力量撞击球，以短促的动作向前向下截击来球。

(五)随挥

击球手臂随着身体移动的惯性向前跟进，推送动作要明显，但推送距离不宜太长，然后顺势迅速恢复原来的准备姿势，准备下一次击球。

二、正、反手截击球技术

(一)正手截击球技术

正手截击球速度快、角度刁、封网的面积比较宽，可以变换多种击球方法。节奏的变换可使对手回球困难。此种技术在双打比赛当中应用较多。

1. 动作方法(见图 4-16)

来球向正手侧飞来时，身体快速向右转体引拍，左脚向右前方跨出；拍头要高于握拍手，肘关节自然弯曲，球拍和手臂成 V 字形，手腕固定。身体重心主动跟上，在左脚着地的同时用球拍撞击球，以产生较大的击球力量。截击时的动作以撞击或挡击的方式完成。在拍面短促向前撞击的同时，拍面微微向下做切削球的动作，使球以下旋的形式飞出。击球时保持拍面打开，手腕固定。击球后手仍要紧握球拍，并向前做小幅度送拍动作。

图 4-16　正手截击球技术图解

2. 动作要点

两膝微屈，上体稍前倾，后脚跟提起，将球拍置于体前；注意拍头不要下垂，要保持拍头高于手腕；截击时，引拍动作不应过大。击球时，小幅度移动右脚，手腕固定，握紧球拍。当球飞来时，迅速向前跨步迎击球，球拍在脸的右前方撞击来球。

（二）反手截击球技术

反手截击球技术出球比较稳定，球被击出后下旋较强。反手截击球与正手截击球配合使用可以封堵较大的面积，并可以通过手腕和力量的变化回击出不同落点、不同线路的球，从而在比赛中取得主动。

1. 动作方法

当来球向反手侧飞过来时，身体快速向左转体引拍；拍头要高于握拍手，肘关节微曲，球拍和手臂成 V 字形，手腕固定。挥拍击球时，左手松开稍向后伸，右手握紧球拍前挥并在身体前方切削来球。身体重心主动跟上，在右脚着地的同时，球拍撞击球。向前挥拍时，两只手的动作就好像在拉长一根橡皮筋，以保持身体平衡。由于是在左侧击球，限制了右手的引拍幅度，所以反手截击球技术往往比正手截击球技术更容易掌握。

2. 动作要点（见图 4-17）

反手截击时，自击球的开始到结束，要有持拍手手背撞向球的感觉。触球的瞬间，要保持拍头高于手腕，截击时转体的后摆引拍动作不应过大，手腕固定，握紧拍子。球飞来时迅速向前跨步迎球，球拍在脸的左前方撞击来球。

图 4-17　反手截击球技术图解

三、截击常用方法

（一）正、反手中场截击（见图 4-18、图 4-19）

中场截击在网球训练及比赛中，通常被称为一拦，即第一次拦击。在实战中，发球上网或随球上网时球员不可能直接冲至近网处。上网途中，球员在发球线附近有一短促的停顿和重心转换，然后迎球做中场截击。中场截击打出的球的落点、质量直接影响网前的得分，所以中场截击球在网前截击球技术中起着很重要的作用。中场截击站位一般位于发球线中点附近。对不同高度的来球，应及时转体和引拍，调整好拍面的角度。当来球速度较慢时，可加大引拍幅度和击球力量，提高回球质量。中场截击应把球击深或打出角度，使对手难以回球或触不到球。击球后应向网前迈进，准备近网截击或打高压球。

图 4-18　正手中场截击技术图解

图 4-19　反手中场截击技术图解

(二)正、反手近网截击(见图 4-20、图 4-21)

近网截击的站位比中场截击要靠前,位于发球线前 $1\sim1.5$ 米。它是网前得分的主要手段。近网截击的果断和球落点的准确,能给对方以致命一击。判断清楚对方来球的速度、高度及球的角度后,要迅速行动以调整位置,控制拍面。如来球快而平,拍面应稍开,手腕紧固,以短促的动作向前向下碰撞来球。如来球快而高,拍头应竖起,拍面几乎和地面垂直,向前下击球中部。

图 4-20　正手近网截击技术图解

图 4-21　反手近网截击技术图解

(三)正、反手低位截击(见图 4-22、图 4-23)

低位截击应用比较广,击球点在腰部以下的截击球都称为低位截击球。低位截击打出的球深而飘,常常应用在发球上网和接发球上网的战术中,是连接底线与网前的重要技术环节。当来球较低时,只能采用低位截击技术,但低位截击比高位截击难度高。由于这种情况下来球低于击球者眼睛较多,这就给击球者的判断造成了困难。因此,低位截击动作要领是首先要降低身体重心,屈膝至适宜高度,而不要直腿弯腰。移动时若采用弓步,后面一腿的膝盖要几乎触及地面。击球时,降低拍头至几乎与手腕平齐位置,拍面开放,在身体前面击球。出球点在球的后下部。击球后向着击球方向随挥。

图 4-22　正手低位截击技术图解

图 4-23　反手低位截击技术图解

（四）正、反手高位截击（见图 4-24、图 4-25）

高位截击也称高点截击，是一种进攻性击球动作。当来球较高但又不够高压球的高度时，球员往往以高位截击技术来完成击球。高位截击一般是在对方回球过网且球下坠之前主动采取的一种进攻方法。在双打比赛中，站在网前的选手都需应用这种方法来进攻。高位截击要求球员出击时要快，判断要准。动作要领是快速转体和向后上引拍，手腕上翘使拍头竖起，拍头朝上，手臂和球拍成 V 字形。挥拍击球时，球拍对准来球做高位切削动作，击球点在球的后中部。击球时，身体重心积极跟上，并伴着身体重心的前压，完成短促的击球和随挥动作。高位截击看似简单，但很多人在打高位截击时仍会将球打出界或打不过网，前者原因多出在引拍过大、击球点过晚上，后者主要是由截击过早、拍面关闭过多造成的。

（五）近身截击（见图 4-26）

近身截击是当球朝着自己的身体快速飞来时所采用的截击技术，也是网球比赛中被经常使用的技术。当对方回击的球朝着我方身体飞来时，近身截击能以最快的速度将球回击给对方。近身截击一般要求球员在击球前向身体右侧做出滑步动作，以侧身反手击球。近身截击动作要领是，当来球朝着身体飞来时，快速把球拍挡在身体前面。多数情况下，使

图 4-24　正手高位截击技术图解

图 4-25　反手高位截击技术图解

反拍面朝前，肘关节自然弯曲。击球时手腕绷紧，拍面在身体前方挡击来球。近身截击受动作限制，通常无法主动发力，多以防御为主，但可以通过手腕及拍面的变化来控制球的落点。

图 4-26　近身截击技术图解

（六）抽击截击（见图 4-27）

抽击截击是落地球和截击技术的结合，通常用正手，是一种极具攻击性的截击，而且打出的球常带上旋。这种技术通常在中场回击与肩同高的慢速球时使用。

图 4-27　抽击截击技术图解

四、截击球技术易犯错误与纠正动作

（一）向后引拍幅度过大

纠正动作：

第一，建立正确的截击球引拍技术概念。

第二，背靠墙、挡网，反复练习截击球技术动作并进行击球练习。

（二）击球无力

纠正动作：

第一，反复练习转肩、上步动作。

第二，拍头朝侧上方，模仿撞击球的动作，也可用加重球拍练习。

第三，将球吊在高度适当的位置，反复练习撞击球的动作。

（三）网前站立腿僵直

纠正动作：

第一，膝关节弯曲，反复练习左右、前后移动。

第二，网前站立，提踵，双脚不停地移动。

（四）不能有效控制球的落点

纠正动作：

第一，截击球时，养成在非击球时间放松手腕的习惯。

第二，击球点一定要控制在身体的侧前方。

第三，击球时减小动作幅度，引拍与随挥动作都要短促。

（五）击球不准

纠正动作：

第一，养成眼睛盯球的习惯，眼睛要看到整个击球过程。

第二，快速调整步法，尽可能使击球点出现在让自己舒服的位置上。

(六)胆怯而不敢向前

纠正动作：

第一，以练习的心态对待上网截击，减少心理负担，做好迎球的思想准备。

第二，准备姿势要充分，站位要合理，要调整好截击步法。

第五节　高压球技术

　　高压球是一项绝对的强攻性技术，是利用流畅的挥拍动作和判断力，在头上方用扣压的动作完成击球的方法。一般来说，打高压球就意味着得势、得分，如果没有这样的信念，那么掌握高压球技术也就失去了意义，因为实际比赛中打高压球的机会是不多的。在高水平的网球双打比赛中，高压球技术非常重要。上网进行截击时，对方经常会通过挑高球来摆脱被动，只有熟练掌握高压球技术，才能有效制约对方的挑高球，并利用高压球技术直接得分。高压球不是仅靠力量，更重要的是靠打点得分。这可在网前，也可在后场高点进行。由于有些高压球很难一拍决定胜负，所以为了能在下一次来球时得分，球员应以八成的力量击球，并优先考虑落点、速度而非力量。另外，面对远距离的高压球、飞得太高无法掌握先机的高压球或当阳光太刺眼时，就不要直接杀球，而应等球落地反弹后再打。总之，流畅的挥拍动作和正确的判断会使高压球发挥更大的威力。

　　对大部分参与网球运动的业余爱好者来说，他们可以等球落地后反弹至合适的高度时，以击落地球的技术将球处理回去。

　　高压球根据球的状况和击球者的站位可分为凌空高压球、落地高压球、前场高压球、后场高压球等几种。其动作与发球相似。

一、高压球的基本技术环节

(一)握拍与移动

　　高压球的握拍方式跟发球的握拍方式一样。球员要在准确判断来球位置及轨迹的基础上，以交叉步、滑步或并步的方式快速侧身移动到球即将下落位置的前面。打高压球对步法的灵活性及准确性的要求非常高。因为来球不受己方控制，球在空中飞行时可能会因风向、旋转等因素而产生一些难以预知的变化，这就要求击球者快速反应、灵活移动、准确取位以获得理想的击球点，否则就很难打好高压球。即使球员感觉自己已经处于很好的位置，双脚也要不停地在原地做碎步调整。这对保持重心的灵活是很有好处的，因为如果你的双脚"钉"死在一个地方，那你就有可能会被突如其来的一点变化弄得措手不及。打高压球时无论以什么样的方式移动身体，最后都应尽全力采用"持拍手同侧的脚在后，另一脚在前，两脚连线与球网近乎垂直"的双脚前后站位，左手指向来球，保证击球点在身体的前方。

(二)引拍(见图 4-28)

在脚步移动开始后，转身并以最简捷的动作将球拍引至肩上，拍头向上，左手自然上抬，眼睛盯球。此时动作类似于发球击球前阶段动作，做好击球准备。打高压球要求球员在移动定位时，非持拍手应指向空中的来球。这不仅有助于判断击球点的位置，而且对保持身体的平衡也有积极的作用。

(三)挥拍击球(见图 4-29)

判断准确击球点并移动到位后，以双脚为支撑向击球点方向蹬地、转体、收腹继而挥拍击球。发力顺序与发球相似，但击球点在能保证球过网的前提下，其位置越靠前越利于发力和控制球出手的角度，越靠前越具有杀伤性。这与发球时力争高点是不同的。在到达击球点时，球员的身体应已完全面向球网。高压球不单纯依靠手臂或手腕的甩动发力，而是靠腰腹、腿部及身体整体协调发力。这与发球是一样的道理。手臂挥拍动作与发球一样有个搔背再迎接来球的过程，不要硬压大臂以期"高压"来球，而是要将小臂和拍头"甩"出去。

图 4-28　高压球引拍　　　　图 4-29　高压球击球

(四)随挥(见图 4-30、图 4-31)

高压球的随挥动作仍与发球类似，击球之后，顺势将球拍收于腿侧就可以了。这在击球点比较合适(如在身体的前上方)的情况下比较容易做到。如果击球点很靠后或很偏，不适合正常发力，那么随挥动作就有可能被强行的扣腕或旋腕动作所代替。这要求击球者具有良好的腰腹力量及手腕的控制能力。初学者遇到这样的情况时最好能量力而行，若勉强为之，则容易受伤。

图 4-30　高压球随挥(1)　　　　图 4-31　高压球随挥(2)

二、高压球的种类及方法

(一)根据来球落点的位置来划分

其主要分为前场高压球和后场高压球。

1. 前场高压球

对方挑高球落点位于发球线之前，这时候打出的高压球通常称为前场高压球。由于此时比较近网，我方可迎上去大力扣杀，直接置对方于死地。这种高压球的击球点可偏前，以便击球时向下扣压。

2. 后场高压球

这种高压球是指在对方挑高球落点位于发球线之后所打出的高压球。此时要大胆果断，就像打正常的高压球一样，击球点可稍后些，要步法及时、移动到位，迅速跳起给予对方猛击；击球后的跟进动作要长些，向前向下扣压。面对远距离的高压球，需要一边后退，一边跳跃击球。当对手击出高球时，应侧向转身以交叉步后退移动至来球的下方，右脚蹬地跳跃而起挥拍击球，击球后左脚着地。掌握好"后退—蹬地—着地"的节奏很重要。跳跃的时机和右脚蹬地开始挥拍的节奏是决定能否成功的关键。

(二)根据来球落地与否划分

其主要分为凌空高压球和落地高压球。

1. 凌空高压球

凌空高压球指的是不等来球落地，在空中就将其扣杀回去。这种球杀伤力极大，但击球者要具备良好的空中定位、判断能力以及熟练而精准的移动步法。

2. 落地高压球

当对方挑出较直较高的球时，我方可等球落地弹起后再打，即打落地高压球。这样可增加打高压球的把握和信心。一般对方挑出的这种高球落地后的跳起弧线是直线向上的，所以我方步法移动要迅速，退至球的后面，调整好击球点的位置，然后向前还击球，即像发球一样向前向下击球，落点对准发球线与底线之间，这样才能提高击球的成功率。打高压球一般是在来球虽高但飘忽不定或很难取到最佳点将其凌空击回去的情况下，才让球落地反弹后再寻高点扣杀。初学者可以此为练习高压球的手段之一。

三、高压球技术要领

第一，身体放松，眼睛自始至终盯住球。

第二，当对方挑高球时，马上后退，边引拍边侧身对网。

第三，调整好步法，使击球点保持在头的前上方，要向前上方用力甩腕扣球。

第四，充分完成随挥动作。

四、高压球易犯的错误及纠正动作

（一）移动不到位，击球点判断不准确

纠正动作：

第一，教练挑各种角度的高球，练习者快速移动，在高点击球。

第二，先练习前场落地的高压球，逐渐拉开距离并凌空高压击球。

第三，可自抛不同方向的高球，快速移动后在高点击球。

（二）急于发力，拉肘明显，造成击球下网

纠正动作：在高处（击球点）放一个标志物，反复练习向上"鞭打"的扣腕动作。

（三）没有转体侧身对网动作，正面击球

纠正动作：击球前双脚前后站立，将非持拍手同侧的脚放在前面，侧身对网，准备击球时要蹬腿转腰，使身体转向击球方向。

（四）击球时发力过早或过晚，造成击球无力

纠正动作：尽量移动到来球前方，用非持拍手指向来球，利用腿部蹬地力量带动身体的转动和手臂向前上的"鞭打"动作。

(五)击球时眼睛没有盯球，造成击球不准

纠正动作：积极调整脚步，在右肩前上方击球，眼睛要看到整个击球过程。

第六节　挑高球技术

挑高球就是指把对手击来的球挑过网前对手的头顶，落入对方后场区。挑高球技术主要用于对付网前进攻，但它并不仅仅是一项被迫使用的防御技术。高质量的挑高球不仅可以变被动为主动，而且可以直接得分。网球场上，挑高球也并非只与高压球成双配对，击球者无论处于什么状态都可以挑高球。因为挑高球是既具防守性又具进攻性的技术。例如，球员在极度被动的情况下，可以将挑高球作为一种过渡和缓冲的手段。当对方上网时，己方可击出一个带强烈上旋的高球，利用此种球弧度高、下坠急、落地后前冲猛的特点，令球越过对方头顶，以逼迫对方反身回追。这往往就是破网得分的一击，至少也可置对方于被动的境地。因此，击球员应该在任何情况下都要能够做出挑高球的反应，并能挑出有效率的高球，才可以在增加自己防守实力的同时，也多拥有一种得分的手段。对网球初学者而言，挑高球练习是磨炼基本功的有效手段。挑高球技术可分为防守型挑高球和进攻型挑高球两种。

一、常见的挑高球技术

(一)防守型挑高球(见图 4-32)

防守型挑高球亦称下旋挑高球，带有一定的被动性。它飞行弧线高，比上旋挑高球更易控制，具有失误少的优点。把球挑过上网者的头顶，通常是指挑到另一边的场地深处。这完全是防守型的打法。其意图并不是急于得分，而是扭转劣势，争取时间守住场地，利用球在空中飞行的时间，迅速跑回场地的有利位置，以扭转被动的局面。

在被动时挑高球虽然是渡过危机的防御手段，但只要运用得法，同样可以获取得分的先机。成功的挑高球可以轻易越过对手的头顶，让其无法凌空扣到球，并迫使其不得不转身跑向后场救球。能够打出这样的挑高球，机会也就来了。趁对手向后跑动时，我方可以游击到网前，准备用截击球或是高压球来回球。

动作要点：采用大陆式握拍法，动作要隐蔽。因此，在握拍、侧身转肩、向后引拍方面应尽量与底线正、反拍击下旋球动作一致。击球时拍面朝上，触球的中下部，由后下方向前上方平缓挥拍击球，似向前切推。为了更好地控制球的高度和深度，要尽量使球在球拍上停留得久一些，动作要柔和。随挥动作与底线正、反拍击下旋球相同，要面对球网，重心稍后，跟进动作要充分。

图 4-32　防守型挑高球技术图解

(二)进攻型挑高球(见图 4-33)

进攻型挑高球一般用上旋打法，大多带有主动性，球落地后弹起的前冲力较大。主动上旋挑高球可以成为颇具威胁的进攻武器。这种球具有下坠急、落地后前冲猛的特点，常被用在对方上网时，我方运动员既能打两边破网球，又可以挑高球使自己处于有利位置上，令球越过对方头顶，以逼迫其反身回追。球会落在后场较深处；球落地后反弹很快，使对方没有时间跑回去把球救起。所以，进攻型挑高球往往能成为破网得分的一种手段，也可置对方于被动的境地。防守型挑高球一般用大陆式握拍法；进攻型挑高球采取同打落地球一样的握拍方式。

动作要点：挑高球动作要尽可能和底线正、反拍上旋抽击球的动作一样。完成拉拍动作时，要使手腕保持后屈。在挥拍击球时，拍头低于手腕的位置，由后下向前上挥拍，做弧线形鞭击动作，使球拍在击球瞬间对球进行擦击，以产生强力上旋。击球点在身体侧前方，重心落在后脚。击球后，球拍必须朝着自己设想的出球方向充分跟进，随挥动作要放松并在身体左侧结束。

图 4-33　进攻型挑高球技术图解

二、挑高球技术要领

第一，眼睛盯住球，边移动，边向后引拍。

第二，击球时手腕固定。

第三，加长击球时间，上旋挑高球要注意腿、手臂和手腕的协调用力。

第四，无论哪种挑高球都要有一定深度。

第五，随着出球方向向高处做随挥动作，击球后迅速回防。

三、易犯错误及纠正动作

(一)向后引拍时手腕没有后屈，造成上旋不足

纠正动作：练习模仿动作，注意手腕后屈。

(二)击球时拍头没有低于手腕，造成上旋不强

纠正动作：使拍头低于手腕，每次击球都要进行检查，并加速上挥球拍。

(三)击球的拍型掌握不好，击球部位不准，造成球出界或下网

纠正动作：要击准球，并利用多球进行动作的动力定型练习，改进并掌握动作。

(四)击球时向前用力过大，使球出界

纠正动作：用多球进行练习，动作要柔和，体会向前上方擦球的感觉。

第七节 放小球技术

放小球也叫放轻球、放短球，是指把球轻轻击到对方网前的打法，是一种行之有效的战术打法。放小球技术是一种调动、干扰、牵制对方的有力武器，能使对手疲于应付，消耗对手体力，争取主动得分的机会。它具有很好的隐蔽性和突然性特点，在比赛中配合运用放小球，可以更有效地发挥自己特长技术的攻击性，使对方不能专心于防守，打乱对方的站位、击球节奏，从而使自己各项技术得到充分发挥。在对方体力大幅度下降的情况下，运用放小球战术可以摧毁对方的意志，加快对方体力的消耗。

放小球的时机之一是当对手前后移动慢、网前技术差时，把对手从后场引至前场，创

造进攻得分机会；另一个时机是当对手站在后场或大角度跑出场外时，我方突然放小球，使对手来不及到位而得分。小球放得好的话，我方常常可以直接得分；放不好则会下网；如果放远了，就会给对方提供良好的攻击得分机会。因此，放小球使用次数不能太多，不能被对方识破动机。掌握了放小球技术，可使自己打法多变，令对手捉摸不定。

一、放小球基本技术

放小球的准备姿势及引拍动作同正、反手击球动作技术基本一样，这样对方就会因误认为你准备打深球而留在后场。击球前一定要"伪装"好，不要过早地暴露击球意图。放小球的击球动作类似于反手削球或正手下旋球，相比较而言它的引拍要稍微小一些，而随挥要小得多(见图4-34)。运动员采用大陆式握拍法，击球时，侧身对网，眼睛要盯住球，拍面稍开放，轻轻削击球的中下部，腕部松开，球拍在触球时向下移动。充分向上倾斜拍面，同样可以制造更多下旋，不过这需要在隐蔽动作的最后一瞬间做出，否则会被对手识破。运动员要控制好挥拍速度，在球拍将要与球接触的过程中逐渐放慢拍速能起到卸力的作用。在放小球时球拍不要握得过紧，放松持拍手有利于让自己的击球变得更柔和，并且能够改进触球瞬间的感觉。要尽量使拍触球的时间长一些，拍头沿着前下方移动，形成下旋球，这样球落地后就弹得低。切记击球必须要在自己能够控制的范围内进行。击球结束后，球拍一定要朝着球离去的方向做随挥动作，随挥动作幅度很小，通常大约在腰部高度结束，随挥动作结束时，拍面打开。然后，面对球网，迅速跑到有利位置准备下一次击球。

图4-34　放小球技术图解

二、易犯错误及纠正动作

（一）开拍太早，隐蔽性差

纠正动作：后摆引拍采用正、反手击球动作。

（二）击球太深，对手能轻易接到球

纠正动作：随挥动作幅度要小，腕部松开，减力击球。

(三)击球点太靠后，击球匆忙，常出现失误

纠正动作：保持击球点在身体前方，练习向前跨步削击球。

第八节　反弹球技术

反弹球是一项由被动变主动的过渡性技术，是在来球落地后刚刚弹起的一刹那进行击球的一项技术。它通常是在对方将球回至自己脚下，或是当自己正在上网途中而不能打凌空球，或是来不及退后打落地球，只能在球离地弹起的一瞬间采用的。打反弹球是一种应急的打法，一般情况下，应该尽量避免使用这种打法。因为此时击球点低且多在中场，我们很难加力进攻，只能推深或控制落点为下次进攻作准备。如果判断准确及时，我方可加快上网速度截击凌空低球或突然放慢前冲速度，待球落地跳起后，在高点加力进攻。但对上网进攻的球员来说，掌握反弹球技术是必要的。反弹球一般是对方硬塞给我方的。我方发球后向网前跑去时，对方回出的球已经飞过来。这时我方无法上到近网处舒服地凌空截击，就只能停下来，准备打反弹球。反弹球不管是用正拍还是反拍，都是很难打的。但在正拍一边打相对舒服些。无论采用哪种方法，打反弹球时都需要注意力高度集中。

虽然反弹球大多出现在中场，但运动员在场区内包括在底线稍后位置都可能被逼使用反弹球。因此，反弹球技术的分类也是很复杂的。按击球时的站位分，有近网、中场和底线深区的反弹球；按球的旋转性质分，可分平击、上旋和下旋削击的反弹球；按回击的落点和性能分，又分推深球、放轻球、挑高球等。

一、反弹球基本技术

反弹球技术一般采用大陆式或东方式反手握拍法（见图 4-35）。当决定要打反弹球时，要立即侧身转体，尽早引拍；后摆的幅度不要太大，屈膝降低身体重心；拍柄和地面平行，保持下蹲姿势；球拍靠近地面，绷紧手腕，尽量在前脚的前面击球。击球时，拍面与地面几乎垂直，整个击球动作由下向上挥动。击球时，眼睛必须看球，手腕与前臂紧固，拍面略开，随着身体重心前移从下向上做反弹击球，同时使球略带上旋。球拍接触球的时间要尽可能长一些。为了确保击球深度，击球后要有随挥动作。随挥幅度取决于击球的深度，回击深，随挥动作就大；反之，就小一些。

总之，反弹球技术动作中的几个重要环节是：低重心、跨步、深蹲；后腿膝关节几乎触地；身体保持平衡；眼睛盯住来球；在球弹起瞬间击球，拍头不要下垂。当对方挥拍击球时，应注意判断，同时放慢前冲速度并判断出对方的击球方向。判断时应有一个两脚开立的跳步，然后衔接的是向左或向右的跨步击球动作。这也是上网步法的特定要求。

图 4-35　反弹球技术图解

二、易犯错误及纠正动作

(一)后拉球拍幅度过大，造成来不及击球或击球点偏后

纠正动作：练习挥拍时可在身后放一固定物，以限制住拉拍幅度。

(二)没有充分做到屈膝弯腿、降低重心击球

纠正动作：准备时，注意屈膝弯腿，而不是弯腰。做动作时，身体不要起伏太大。

(三)球拍触球瞬间，眼睛离开球，造成漏击或击不到拍子的"甜区"上

纠正动作：从练习接低速球开始，眼睛始终盯着球，拍子对准来球；待成功率提高后，逐渐接快速球。

(四)击球时手腕不够紧张，造成击球无力

纠正动作：注意击球时手腕紧固和放松应交替进行。

练习与思考

1. 网球击球有哪些技术？其中，哪些属于初学者必须掌握的技术？哪些属于中、高水平运动员必须掌握的技术？

2. 发球技术有哪几种，各有什么特点？

3. 接不同发球的技术有什么区别？

4. 简述正、反手技术环节及其要点。

5. 简述截击球、高压球、挑高球、放小球、反弹球的技术要点及运用时机。

第五章
网球技术的训练方法

第一节　发球和接发球训练方法

一、发球技术训练

（一）发球的分解练习方法

1. 抛球练习

微课

球的高度要略比举起的球拍的高度高，方向偏右侧前方。

练习方法：

第一，抛球手抛球后，在原位置接落下来的球；连续练习，体会抛球时手臂的稳定性和手指向上送球的感觉。

第二，在发球击球点的地面投影位置放一网球拍。以抛的球落下时，能落在拍面上为佳。连续抛球，提高抛球稳定性。

2."鞭打"练习

第一，徒手做投和扔的挥拍动作。

第二，先用羽毛球拍做挥拍动作练习，后改为网球拍；先进行空拍练习，后进行击打高空目标练习。

（二）发球的组合练习方法

第一，在发球线后蹲下，左手抛球，右手持拍由下而上挥动，将球击打到对方发球区内；

待基本掌握后，由发球线向后移动2～3米，再继续练习蹲下发球；最后移动至底线，练习蹲下发球。这种方法简单易学，便于初学者在击球过程中着重体会向上—向前—向下挥拍的感觉。

第二，找一个小凳，先后放置在发球线后、中场和底线后，练习坐着发球。体会稳定重心后手臂、手腕击球时向下挥拍的感觉。

第三，在发球线后站立，通过一手抛球，另一手发球，练习向对方发球区发球；球要过网，主要体会向下挥拍击球的感觉；练习至掌握要领后，继续练习并巩固，体会向前—向下挥拍的感觉；最后移至底线处练习发球，体会向上—向前—向下挥拍的感觉。

第四，先在网球墙上画一条与网齐高的线，并标出中心拉带线。在中心拉带线两侧间隔2米处的横线上方各画一条竖线；然后距墙5～6米，对墙练习发球，并将球分别发向两个目标区。随着技术的提高，发球位置可逐渐后移，最后移至距墙10米左右，这一距离同网球场上实战发球时的距离相似。

第五，当基本掌握发球技术以后，为提高发球的准确性和成功率，还需要再选择一些方法不断地练习和提高。

首先，可以进行多球练习。比如，在对方的发球区内设定3个目标，将其分别放在内角、中间、外角，可以选用圆桶或垫子等作为目标。站位从靠近发球线开始逐渐往底线移动。进行发球练习时，将球发向目标；也可先制订发中几次目标的计划，并不断轮换左右区，不断增加发中次数。

其次，可以在两侧网球柱上各竖起一根小棍，用绳子连接两侧小棍，绳子高出球网0.5米左右，找一些小而轻的东西挂在上面，练习发越过较高球网的球。

二、接发球练习

(一)挥拍分解练习

微课

一人抛球，另一人练习。抛球者原地垂直抛球，练习者在球落地第一次弹起落地前，在球下方挥拍两次，而且在第二次挥拍时要成功把球击到对场，在第一次挥拍来回过程中不能碰到球，从而体会小引拍、快挥拍的感觉。

(二)发球—接发球组合练习

第一，发球者在中场(发球底线附近)发低速平击球，落点相对固定；接发球者在底线练习接发球，将球击过网即可，体会小幅度引拍和快速挥拍击球的感觉。

第二，发球者从中场发中速平击球并逐步后移至底线发球，线路相对固定；接发球者在底线练习接发球，并对接发线路做出限制(如发球者在外角发球时，接发球者必须击出直线球等)，从而提高接平击发球的控球能力。

第三，发球者在底线发中速旋转球，并适时变换角度；接发球者在底线练习接发球，并对接发线路做出限制，提高判断力和快速回击上旋发球的能力。

第四，发球者在底线发中速且性质不同的球（平击、上旋、侧旋等）；接发球者在底线以比赛的形式练习接发球。教练员对失败者做出一定的惩罚，以提高练习者在一定压力下回击不同性质发球的能力。

第二节　正、反手击落地球训练方法

一、单人训练方法

第一，对着镜子进行徒手正、反手挥拍练习，从而巩固、熟悉正确的正、反手挥拍技术。

第二，原地对着挡网站立，自抛球，用正手打不落地的球。

第三，进行一定次数的前两类练习后，再练习自抛球正、反手打落地反弹至腰的高度的球。

第四，站在发球线附近，先用多个球练习，分别练习正、反手击打不落地球过网，然后击打落地球过网；熟练后，逐步过渡到站在底线后练习。

第五，距墙5～8米，正手击打落地球上墙。待球从墙上反弹落地两次后，再连续击打。其中，既可正、反手分开练习，也可正、反手交替练习，反复练习多次。

第六，距墙5～8米，面对墙站立，进行正、反手击落地球练习。开始时允许球反弹两次再击球；具有一定控制能力后，必须在球第二次落地前击到球，并争取连续击打更多的次数。与墙的距离可由近至远，速度可由慢变快。脚要积极移动，尽量击反弹后下落的球，击球时拍面要对着墙。在练习中，体会侧身、引拍、击球、随挥等动作。

二、双人训练方法

第一，两人站于中场发球线后，练习正手时，送球者站在练习者右前方（练习反手时，站在左前方），采用自由落体式放球。练习者按照准备（刚开始可以直接把拍子引好）、引拍、挥拍击球、随挥的节奏练习。视掌握基本技术的程度，再逐渐由中场后退到底线。

第二，送球者站在练习者侧前方相距 3 米左右处抛球给练习者。练习者站在底线中间，进行正手或反手击球练习。练习者开始可以直接从引拍开始，然后逐渐加上准备姿势并练习完整动作。

第三，送球者站在对方发球区内送多个球；练习者站在底线中间，按照第二类练习的程序进行连续多回合正、反手击球练习。

第四，双人配合击落地球练习。两人一组面对墙壁平行站立，一人用正手，另一人用反手，两个人轮流击打被墙反弹回来的球，以保持连续击球。尽量将球打向同伴站立的前方，让球被墙面反弹回来后落在其身体附近。双方都应控制击球的力量和方向，以掌握稳定技术动作为主要目的，从而培养对正确击球点和击球方向的控制能力。

第五，底线击中（或远）距离送球练习。发球者站在靠近球网与单打边线交界处用球拍将球送向练习者（发球者逐步过渡到在底线中点处送球）；练习者面向球网站在底线中点附近，进行正、反手定点击球练习；待定点击球动作熟练后，可进行一正一反击落地球练习。如需加大难度，练习者可由定点击球过渡到移动击球，随之区域也逐步扩大。击完球后快速回到中点。发球者球拍一接触到球，练习者就应及时转体引拍，并且在击球前，脚步一定要以小碎步做调整，使击球点更加准确，并保证击球动作完整，以加强正、反手击落地球的稳定性和完整性。

第六，小场地落地球对击练习。双方分别站在各自发球线后，运用正、反手击落地球技术动作，将球打到对方发球区内。控制好引拍幅度和力量，可进行直线或斜线击球的练习。这种练习法中击球的关键是引拍要早、移动及侧身要快、力量要柔和。练习者要体会用球拍包裹球的感觉，强调控制球和建立良好的球感，建立包括移动在内的完整技术动作概念，提高控球能力。

第七，场上正、反手直线和斜线击球练习。将半片场地以发球中线为准分成两个区域，分别为正手区和反手区。从自己正手区被击到对方正手区和反手区的球分别被称为正手斜线球和正手直线球；从自己反手区被击到对方正手区和反手区的球分别被称为反手直线球和反手斜线球。此练习可巩固底线基本技术动作，提高击球能力。其要求练习者每一次击球都应该注意动作质量，明确直线和斜线击球点的不同，斜线击球点相对靠前。该练习的主要目的是提高正、反手控球能力，建立基本的击球路线意识。

第八，打定点练习。一人站在场地中间，另一人站在对面端线中间。场地中间的人向对面场地的端线两角送球，另一人左右移动把球打回给场地中间的人，然后快速移动跑到另一端，回击下一个被送来的球。练习者移动要快速，控制好身体重心，保持动作完整，控制好拍面。该练习的主要目的是提高移动后回斜线球的能力。

第九，底线前后跑动击球练习。双方分别站在各自场地的右区进行斜线击球练习。其中一方采用打一拍深球，再打一拍浅球的击球方法，前后调动对方跑动击球。双方可交换打球。此练习也可采用反手斜线击球的方式来进行。深球要控制在端线附近，浅球要在发球区内，尽量调动对方前后跑动。练习者在跑动时要控制好移动时的身体重心，特别是后退时应采用侧身后退的方法。该练习的主要目的在于提高移动击球技术能力。

三、三人以上练习法

（一）"N"形击球练习（见图5-1）

A、B、C、D四人分别站在各自球场左右半区端线后，A、B同半区，C、D同半区，A与D、B与C之间均打直线球。A与C、B与D之间均打斜线球，双方要控制好击球的力度及准确性，变换击球路线，加强手上处理球的感觉。经过一定次数的练习后，交换击球路线。练习双方要明确击球路线，控制好击球节奏，变线时，要积极利用脚步移动调整身体位置，击球瞬间拍面对着击球方向。此练习的主要目的是加强击球变线能力。

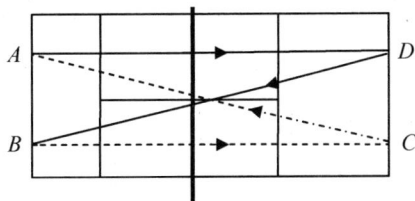

图5-1 "N"形击球练习

（二）底线"一打二"击球练习（见图5-2）

练习分甲、乙双方组合。甲方一人站在球场底线中点位置，用正手或反手击球动作将球击向对方场地的右区和左区深处。乙方两人分别站在场地底线后的左右区。在右区的人尽量用正手击球，在左区的人尽量用反手击球。甲方脚步移动要积极快速，尽量将球击到对面半场的练习者附近。乙方两人应控制好击球路线及力量，把球都击回到甲方附近，使练习持续进行，达到多拍的目的。此练习旨在增加击球的强度，提高技术运用能力。

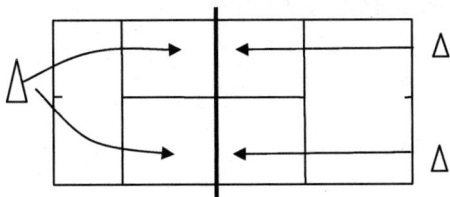

图5-2 "一打二"击球练习

（三）限制击球区计分赛练习

四人同场练习，遇直变斜、遇斜变直。双方规定每次击球的落点都必须在发球区以外的界内区域。若落点不在规定区域，则均判出界，同时规定不准凌空击球。每次击球要保持动作的完整性。向前、向上挥拍要充分，然后换人继续练习。该练习的主要目的在于提高控球能力，加强对深球的理解。

(四)正反手直线回球练习

送球者站在对面场地中间，分别向对方场地底线两角的队员送多球。对方右区队员打正手直线球，左区队员打反手直线球。多次练习后，三名练习者按一定规律交换位置(如顺时针)。练习者要及时引拍和调整脚步。该练习的主要目的在于提高正反手回直线球能力。

(五)自由对击练习

两人分别站在底线两端，一队员向另一队员送球后，自由对击开始。队员充分利用单打场地的面积，按照比赛的规则击球，先得 4 分者胜一局。练习者要利用好自己的正、反手击球技术，沉着应战，减少失误，认真对待每一分。一局结束后，可以换其他人练习。该练习的主要目的是综合提高正、反手判断和移动、控球能力。

(六)多人组合练习一

发球者站在场地中间隔网送球；练习者站在右区端线后开始练习，按正手底线击球、中场反手击球、左区正手侧身攻球、中场正手凌空抽击球的击球顺序，将同伴送来的不同位置的 4 个球还击过去。可连续进行多组练习。每一拍击球应保证完成动作及击球的质量，并保证重心及时向前跟进。如果感觉中场凌空球有难度，可先从击落地球开始，逐步过渡到凌空抽击球。该练习的主要目的是培养在移动中选择合适击球方法的能力。

(七)多人组合练习二

练习者在场地两边底线中间排成两路纵队，每人击打一拍，打完的人跑到对方队伍后面。可以用正手或反手击球，但必须使用击落地球技术。

第三节　截击球训练方法

微课

一、截击球入门训练方法

(一)单人训练法

1. 徒手挥拍练习

根据技术动作的要领，将动作分解为转体引拍、上步击球、推送、还原等环节。通过反复练习，熟悉动作过程并掌握动作要领。徒手挥拍练习最好对着镜子做。这样可以看到自己的动作，练习的效果会更好。该练习的要点是迎前积极、引拍要小、动作协调、熟悉动作过程。该练习的主要目的是建立动作概念，了解动作过程。

2. 挥拍击球练习

持拍做转体引拍、上步击球、推送和还原动作。特别要体会身体重心跟进的上步击球动作。该练习的要点是除体会动作过程外，还要重点体会击球瞬间身体重心及时跟进的感觉和动作的连贯性、协调性。该练习的主要目的是熟悉截击球的握拍法，建立动作感觉。

3. 对墙凌空截击球练习

面对墙壁 4～5 米处站立，先用球拍颠球 3 次，然后正（或反）手将球推送上墙；待球反弹后，再用球拍将其接住，继续颠球 3 次。连续 10 个回合后，改颠球 2 次，再连续 10 个回合后，改颠球 1 次，直到直接对墙进行正（或反）手截击球练习。练习时双脚要积极移动。击球时手腕固定，拍面对着墙壁。该练习的主要目的是体会截击感觉，学习控制截击球的力量。

（二）双人组合训练法

1. 跨步手抓球练习

两人一组，分别在相距球网 2～3 米处相向站立，以手掌作为球拍，接住球网对面同伴抛向自己左侧或右侧的球。要在准备姿势的基础上完成接球。该练习的要点是重心要适当降低，做好接球准备，正手上左脚，反手上右脚。该练习的主要目的是体会动作过程和提高对击球点的判断能力。

2. 短握拍截击练习

两人分别站在球网两边，距离球网 2～3 米处。练习者右手握住拍颈，上前挡击同伴抛向自己左侧或右侧的球。该练习的要点是以完整动作完成流程，眼睛几乎和拍头齐高并盯住球，体会截击感觉。该练习的主要目的是熟悉截击方法，体会击球感觉。

3. 凌空托传球练习

两人分别持拍，在距球网 2～3 米处面对而立。一人用球拍颠球 3 次，然后正（或反）手将球推送给对方；对方也用球拍接住球，并颠球 3 次，同样也将球送回。连续 10 个回合后，改颠球 2 次；再连续 10 个回合后，改颠球 1 次，直到直接与对方进行正（或反）手截击练习。练习时双脚要积极移动。击球时手腕要固定，拍面对着同伴，控制好力量和拍面。该练习的主要目的是体会截击感觉，学习控制截击球的方向和力量。

二、截击提高练习法

（一）正常握拍截击练习（见图 5-3）

两人分别站在球网两边，距离球网 2～3 米处。练习者以标准截击球握拍法握拍，上前挡击同伴抛向自己左侧或右侧的球。练习中，练习者动作要完整，眼睛几乎和拍头齐高并盯住球，上步截击，掌握截击方法，体会完整的截击动作。

(二)送球截击练习(见图5-4)

练习者站在网前2~3米处的中线上，同伴在对面场地送球(距离可由近至远)。练习者根据来球分别采用正手和反手截击动作，把球截击回对方场地。开始时，同伴送球至靠近练习者左侧或右侧的位置，让其较容易地进行正、反手截击，而后可使球远离击球者，使其必须通过步法移动才能到达合适的击球点。该练习的主要目的是增加截击球练习的强度，巩固截击技术，提高步法移动能力。

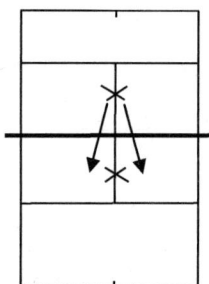

图 5-3　正常握拍截击练习　　　　图 5-4　送球截击练习

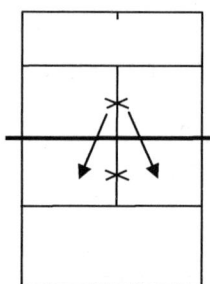

(三)中场互相截击练习(见图5-5)

两人分别站在各自发球线前，运用截击动作进行中场互相截击练习。击出的球不能过网太高。截击的路线可以是直线也可以是斜线。脚要不停移动，击球动作要保持前送，手腕固定，控制好拍面。此练习可以增强打截击球时的移动、判断及快速反应能力。

(四)网前截击与底线对击练习(见图5-6)

练习者站在网前2~3米处，同伴站在底线处运用正手或反手抽击球动作，将球击向网前的练习者。练习者分别用正手或反手截击动作将球回送给同伴。开始时，同伴可以用较慢的速度送球或单次送球，待练习者熟练后可使用连续的抽击球与回球。练习者要将球回送给同伴，注意上前截击。同伴在抽球时要控制好力度和方向，将球打向练习者或打到其身体附近位置，以保证练习的连续性。此练习的主要目的是增强网前截击的反应、移动和判断能力。

图 5-5　中场互相截击练习

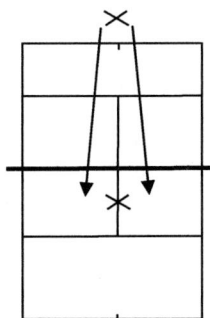

图 5-6　网前截击与底线对击练习

（五）网前截击与中场对击练习（见图 5-7）

练习者站在网前 2～3 米处，向场地对面的站在发球线附近的同伴送球；同伴运用正手或反手抽击球动作，将球击向网前的练习者；练习者分别用正手和反手截击动作将球回击过网。练习时，在同伴抽击球的一刹那，练习者要使用分腿垫步作为准备动作。因为双脚落地时产生的爆发力有助于自己向来球方向迅速移动。此练习的主要目的是强化网前控制拍面与网前对抗能力。

（六）网前二对二连续截击练习（见图 5-8）

练习者从二对二的网前相互连续直线或斜线截击练习，逐步过渡为二对二的网前相互连续交替截击练习。可采取碰到直线球的球员以斜线球回击、碰到斜线球的球员以直线球回击的练习方法。然后，打直线球的球员与打斜线球的球员交换练习。

图 5-7　网前截击与中场对击练习

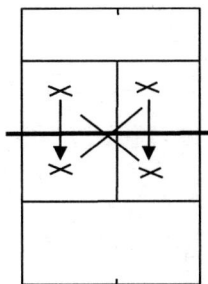

图 5-8　网前二对二连续截击练习

第四节　高压球和挑高球训练方法

一、高压球训练方法

(一)单人训练法

1. 持拍做高压球动作的模仿练习

在击球点位置找一个标志物(树叶或悬挂物等),以提高模仿练习的实效性。手臂放松,特别是手腕要放松,有明显的肘关节的制动及扣腕动作。体会握拍时手臂的"鞭打"动作并判断高压球的击球点。

2. 对墙高压球练习

在距离网球墙6~7米处自行抛球,把球打在墙前大约1米的地面上,待球反弹到空中后,连续击打反弹回来的球。要求步法积极移动,注意侧身对球,控制击球力量,保持动作的连贯性。该练习的主要目的是提高移动判断能力,体会击球的动作过程。

(二)双人组合训练法

1. 移动接球练习

教练在中场喂送高球。练习者站在对面场地中间,通过步法移动,在身体前面的最高点伸直右手接球。练习者的脚不停地移动,体会击球点位置,从而提高移动和判断击球点的能力。

2. 击打近网高压球

练习者站在球网前2~3米处。同伴站在其右前侧面,将球用拍子抛向练习者身体的右前上方。练习者采用高压击球动作将球凌空扣击过网。要求练习者调整脚步,控制力量,体会完整的高压击球技术和近网高压击球的整个过程。

3. 后退击中后场高压球练习

练习者站在发球线中点附近。同伴站在对面场地。练习者球拍接触球网的同时,快速后退,击打同伴用球拍抛过来的高球。同伴抛球最高点的投影大约在发球线稍后位置即可。要求练习者后退时采用交叉步移动,开始时步子要大;送球者要控制好送球节奏和力度,待练习者球拍触球网后再送球。该练习的主要目的是加强后退击打中后场高压球的能力。

4. 全场高压球练习

练习者站在发球线中点附近。同伴在对面中场用球拍依次或随机喂送近网、中场、后场的定位高球。练习者调整步法，做高压球击球练习。该练习的要点是脚要快速移动，击球时保持身体重心平稳和侧身击球。该练习的主要目的是提高对场地不同区域的高压球的处理能力。

5. 挑压练习

一人站在网前打高压球，另一人在底线挑高球，进行挑高球和高压球的组合练习。此法也是练习挑高球的一种训练方法。

二、挑高球训练方法

（一）单人训练法

即自抛自挑练习。练习者站在底线附近自己向上轻抛球，待球反弹后运用正、反手做挑高球练习。要求球的落点在对方后场。练习者可采用上旋或下旋，体会上旋挑高球和下旋挑高球时向前上方挥拍送球的不同感觉。

（二）双人组合训练法

第一，两人抛挑组合练习。两人隔网站立，发球者站在网前，向站在底线的练习者送球。可利用多球进行专门的挑高球练习。送球速度由慢到快，也可进行先定点后跑动的不定点练习，提高练习难度。要求练习者上旋挑高球时，由后下向前上的弧线形挥击动作明显，使球产生强烈的上旋；下旋挑高球时，为了更好地控制球的深度和高度，要尽量使球在球拍上停留得久一些。该练习的主要目的是掌握上旋和下旋挑高球的动作方法。

第二，两人分别站在场地端线处，进行上旋挑高练习。要求挑出的球飞行弧线高、落点在后场。

第三，挑压组合练习。一人站在端线中点处用球拍挑高球，另一人站在网前练习高压球。挑高球与高压球练习同时进行，采用多球练习的形式。练习者要迅速移动，击球时拍面对着同伴。时间充分时主要以上旋挑高球回球为主，注意保持击球的连贯性。该练习的主要目的是提高临场挑高球能力。

微课

第五节　放小球、反弹球训练方法

一、放小球训练方法

放小球要解决的主要是放球落点的问题。落点太深，容易让对手有充分的时间做好击球的准备；落点太浅，容易导致球直接下网。因此，运动员必须熟练掌握下旋切球的技巧。

(一)单人训练法

1. 对墙放小球

练习者距离墙5～6米，用球拍送球上墙后，等球落地2次或1次后再轻削送球上墙。可用正手或反手练习。该练习的主要目的是体会放小球的动作方法。

2. 反弹放小球自我练习

练习者站在底线，自我抛球；待球落地反弹后，用正、反手下旋方式切球，送至对方网前。练习时眼睛看球，击球时手腕由握紧变为适度放松，轻巧地削球，让球产生明显的下旋特征，使球刚好过网，并且反弹得很低。该练习的主要目的是体会放小球的动作方法与控球的力量。

3. 凌空放小球

练习者站在底线将球抛起，使球高于头顶约0.5米，之后用正手或反手切削球方式凌空送球。一开始不好控制球的话，也可以先让球落地，待它反弹后再切球；待熟练后，再尝试凌空直接切到球。该练习的主要目的是提高对球的判断和控球能力。

(二)双人组合训练法

第一，场地实战练习。同伴站在底线向对面场地任一区域送球，练习者判断并移动后用削球动作放小球。练习者要让球过网后落在距离球网2～3米的位置，且球落地后要产生向回反弹的效果；较熟练后，放小球动作要有一定的隐蔽性，不可过早暴露意图。该练习的主要目的在于提高移动过程中放小球的能力及临场应变能力。

第二，同伴在底线喂送多球，练习者分别在网前、中、后场做放小球练习。

二、反弹球训练方法

（一）单人训练法

第一，自抛反弹练习。原地面对挡网，站在距挡网 3～5 米处向上自抛球；然后降低身体重心，在球刚弹起时的上升期，做自抛反弹球练习。练习时眼睛盯球，手腕放松，击准球。

第二，在离墙 8 米左右，将球打向稍高的位置；等球弹回并落地后，进行反弹球练习。等球弹回后再将其挑向高处，进行第二次落地的反弹球练习。反复进行练习，控制好节奏，击准球，保持连续击球。该练习的主要目的是提高球感及球拍的控球能力。

第三，离墙 5 米左右，对墙打一次稍高的球，再打一次刚落地的反弹球，使球上墙。如此反复练习。

（二）双人组合训练法

1. 中场反弹球练习

同伴在网前与站在对面中场处的练习者进行截击球与反弹球的连续练习，尽量争取进行多回合练习。

2. 底线反弹球练习

同伴在网前喂送多球，练习者在底线附近进行反弹球练习。要求击球过网并有一定的深度。

3. 移动中反弹球练习

同伴站在底线向站在对面底线处的练习者送球，将球送至中场附近；练习者正手或反手击球后，上至中场；同伴把球击向练习者脚下，练习者用正手或反手击反弹球。练习者回击球时要有目的地把球击向同伴脚下，之后眼睛盯球，降低重心，减小引拍，挡击回球。该练习的主要目的是提高处理反弹球的应变能力。

第六节　网球运动员身体素质训练

身体素质是运动员和网球爱好者学习和掌握技术、战术的基础，对提高运动能力、延长运动寿命、减少和防止运动损伤有着重要的作用。网球比赛是由许多短时间的剧烈运动

微课

和休息组成的运动。因此，它是一项有间歇的体育运动。运动员在球场上的比赛时间从一小时到三四小时不等。由于球速较快且回合多，运动员必须具备良好的速度、力量和耐力素质，才能应对长时间的比赛，因此加强身体素质训练也是运动员在比赛中获胜的重要保障。

一、身体素质构成

身体素质是人体活动的一种能力，指人体在运动、劳动与生活中所表现出来的力量、速度、耐力、灵敏及柔韧等人体机能。

（一）力量

力量是指整个身体或身体某个部分的肌肉在收缩和舒张时所表现出来的能力，是影响肌肉耐力增长和提高各类速度的一个重要因素。增强力量有助于灵敏性的发展。力量素质能使自己的各部分肌肉力量和用球拍击球的技术合为一体，在球拍与球接触的一刹那，把力量全部变成使球迅速向前飞进的能量。击球力量源于腿部，经髋、腰及肩传到臂，最后到达手和球拍。不论是发球、抽球、截击还是挑高球、高压球，都要求运动员全身协调用力。

（二）速度

速度是指在单位时间里完成动作的次数或是身体快速位移的能力，既可以反映人体中枢神经系统的机能状态以及神经与肌肉的调节机能，也可以综合地反映人体的爆发力、灵敏、柔韧等素质。其表现形式有反应速度、动作速度和周期性运动中的位移速度。在网球比赛中，要想在快速而又复杂的比赛中获胜，运动员首先必须具备良好的专项速度素质。网球运动所需要的专项速度是指运动员完成某个动作的速度，即打好一个球所需的步法移动速度、击球速度和反应速度。运动员的移动路线可以分为向前、向侧、向后 3 种。

（三）耐力

耐力是指人体长时间进行肌肉活动的能力，也称抗疲劳能力。耐力素质体现了肌肉耐力、心肺耐力和全身耐力的综合状况，与肌肉组织的功能、心肺系统的功能以及身体其他基础系统的功能密切相关。耐力训练能促进心血管系统机能的改善和肌肉耐力的增强。职业网球比赛一般要持续 9~10 天，一天一场比赛；业余赛事最少也要持续 2 天，一天两场以上比赛，而且越到比赛的后期，局势就越是紧张、激烈。因而，网球运动对专项耐力素质的训练要求较高。在以往的大型比赛中，我们常能看到有些运动员到比赛后期动作迟缓、球速减慢。这种情况不仅影响了他们的击球质量，还影响了比赛的胜负，所以应重视提高网球运动员的专项耐力素质。

（四）灵敏性

灵敏性是一种复杂的素质，是人体活动能力的综合表现，指人体在复杂多变的条件下，对刺激做出快速、准确的反应，并灵活完成动作的能力。灵敏性是一种综合性的能力，需要速度、平衡、柔韧性等多种能力要素的共同协调作用才能达到一定的水平。网球运动员只有具备灵敏和协调的身体素质，才能在不断变化的比赛中完成各种复杂的击球动作。

(五)柔韧性

柔韧性是人体各个关节的活动幅度、关节周围组织的弹性和伸展性的表现，是人体运动时加大动作幅度的能力。它对掌握运动技术、预防受伤、保持肌肉的弹性和爆发力、维持身体姿态等都具有很重要的意义。柔韧性的高低不仅取决于人体结构方面的特点，还取决于神经系统支配骨骼肌的机能状态。网球项目对运动员上肢各关节和下肢各关节的灵活性有着较高的要求，特别是髋、膝和踝关节的灵活性，对提高步法移动能力和完成各种击球动作有很大的作用。在网球运动中，良好的柔韧素质可以提高运动员在比赛中的控球能力。例如，在发球时，良好的柔韧性可以使弹性势能转化为击球瞬间的动能，使发出去的球速度更快、力量更大。

二、提高身体素质的训练方法

(一)提高力量素质的训练方法

1. 上肢力量训练

第一，在单杠上做引体向上。

第二，在双杠上做双臂支撑屈伸。

第三，俯卧撑起击掌。

第四，计时俯卧撑。脚尖着地，上臂与前臂成 90°角，身体挺直，抬头挺胸，2 分钟一组，连续做 3 组。

第五，哑铃练习——推举。身体直立，两臂屈臂，两手握哑铃于头侧，然后做屈伸动作，提高肱三头肌力量。

第六，俯卧撑练习。两手撑的位置靠近腹部，身体保持在一个平面，支撑快起、慢落，不要塌腰。每组做 10～20 次。

第七，立卧撑练习。做立卧撑时，躯干不要接触地面，撑起的同时收腹站立，其他方面和俯卧撑要求相同。每组做 10～20 次。

第八，举哑铃练习。两脚自然站立，上体正直，挺胸抬头，两臂屈臂快举、慢落，手臂下落时两肩打开。每组做 15～30 次。

第九，哑铃扩胸练习。两脚自然站立，上体正直，两臂平举伸直扩胸，身体不要前后晃动。每组做 10～20 次。

第十，持哑铃屈伸臂练习。两臂同时或交叉进行，上体保持正直。每组做 20～30 次。

第十一，杠铃挺举练习。两脚自然开立或与肩同宽；提拉翻腕时，肘关节向前方抬起；挺举时可以并步或跨步。每组做 5～10 次。

第十二，杠铃抓举练习。两脚分开与肩同宽，两手握杠，握距宽于肩，提拉的同时迅速翻腕、后伸顶肩举起。每组做 5～10 次。

第十三，杠铃卧推练习。两手握杠，握距稍宽于肩，推时快起、慢落。每组做 5～10 次。

第十四，引体向上练习。双手正握杠，握杠的宽度与肩同宽即可，身体不要左右摆动。每组做 10～20 次。

第十五，双杠臂屈伸练习。选择低双杠，练习时身体与地面保持垂直。每组做 5～10 次。

第十六，组合器械练习。利用组合器械发展上肢力量，根据身体素质情况分组。练习次数保持在 10～20 次即可。

2. 提高下肢力量训练

第一，蹲马步。要求双腿分开略宽于肩膀，大小腿呈 90°角，弯曲进行深蹲马步练习。3 分钟一组，共做 3 组。

第二，练习深蹲走鸭子步。

第三，练习台阶跑。

第四，单腿跳。做 10 步以上的单腿跳，应尽力跳。

第五，跨步跳。做 5 步以上的跨步跳，应尽力跳。

第六，在单双打边线上分别做左右腿单腿踩线跳。

第七，立定跳远。10 次为 1 组，做 3 组以上，应尽力跳。

第八，负重深蹲。将杠铃放在颈后，抬头挺胸直腰，肩胛收缩，将横杠准确放在隆起的斜方肌和三角肌上，两手臂侧抬，双手握杠。每组做 5～10 次。

第九，负重半蹲。每组做 5～10 次。

第十，负重半蹲跳。每组做 8～10 次。

第十一，跨步蹲。肩扛杠铃，躯干保持紧张，大胆向前适当跨步；下蹲时膝关节不超过脚尖，下蹲至大腿与地面平行，然后起身还原。每组做 6～8 次。

3. 提高腰腹力量训练

第一，仰卧起坐。身体仰卧，屈膝成 90°角，脚部平放。根据本身腹肌的力量决定双手的位置。初学者可以把手靠在身体两侧，当适应了或体能改善后，便可以把手交叉贴于胸前。最后，可以尝试把手交叉放于头后面。当腹肌把身体向上拉起接近 45°时，应收紧腹部肌肉并稍加停顿，然后慢慢把身体下降回原位。当背部着地时，便可以开始下个一循环的动作。连续做 10～15 次。

第二，仰卧起坐转体。在正常仰卧起坐的基础上，在每一个起来的动作后面加一个转身。要求右手手肘过左膝盖，左手手肘过右膝盖。每个转向连续做 10～15 次。

第三，仰卧两头起。平躺，两腿并拢，自然伸直，两臂于头后自然伸直。起坐时，两腿两臂同时上举下压，向身体中间靠拢，以髋为轴，使身体形成对折；然后恢复原状，再继续做两头起的运动。连续做 10～15 次。

第四，双手弯曲向前（或后）投实心球。双手持球，面对（或背对）出球方向，两脚平行或前后站立在投掷线后，膝关节微屈。两手将球举过头顶，用力将球投出。

第五，悬垂举腿。双手握高杠使身体悬垂空中，收腹屈髋，使双腿保持伸直状态向躯干方向叠收。举腿动作尽量慢做，稍加停顿后慢慢放腿恢复悬垂状，再继续练习。连续做 10～15 次。

（二）提高速度素质的练习方法

第一，各种快跑。比如小步跑、高抬腿跑、行进间用球拍拍球跑，听到口令后立即起跑，距离以 5～10 米为宜。

第二，30～50 米冲刺跑、400 米变速跑。练习中应用全力加速跑。

第三，碰线折返跑。从双打边线外开始起跑。从碰最近的线开始，每碰到一条线就转身跑回开始的位置，碰到起跑线后再转身向前跑动，依次往返直到触碰完场上所有的线，即双打边线—单打边线—发球中线—另一单打边线—另一双打边线。

第四，"米"字形跑。从发球线中点处开始，跑至各个交叉点处后返回。

第五，放球折返跑（见图 5-9）。在半场底线中点处放个桶（或者球拍也可以），桶内（或拍面上）放 7 个球。按信号从中点出发，第一人每次只拿一个球来回奔跑，依次将球放到各个交叉点处；第二个人也每次只拿一个球来回奔跑，依次将球放回桶内（或拍面上）。此过程中球不能掉出桶（或拍面）。

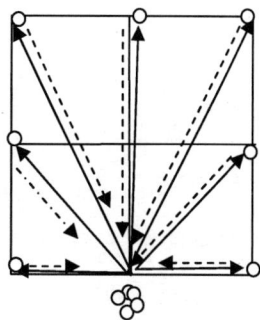

图 5-9　放球折返跑线路

第六，提高挥拍速度练习。按照自己的节拍、速度进行徒手挥拍练习；给球拍套上拍套进行挥拍练习；在端线把网球扔过网或发球线，强调"鞭打"动作，以提高挥臂速度。

第七，围追堵截练习。在一块场地中间画两条平行线，平行线相距两米。将参赛者分为人数相等的甲乙两组，面对面分别站在两条线旁；然后在场地两端各画两条终点线，终点线各自与平行线相距 20 米。教练员喊 1，两组队员原地不动；教练员喊 2，甲组队员迅速追乙组队员，乙组队员立即转身向本方终点线奔去；教练员喊 3，乙组反过来追甲组，方法相同。最后以抓获较多他组队员的一组为胜方。教练员对败方应有相应的惩罚。

(三)提高耐力素质的训练方法

第一，长距离跑。每周进行 3 次 30 分钟跑。

第二，间歇训练。间歇训练包括高低强度混合练习，如冲刺 100 米、慢跑 100 米、再冲刺 100 米等。这种练习应持续 20～25 分钟。

第三，定时跑或定距离跑。男子 12 分钟跑完 2400 米，女子 12 分钟跑完 2200 米。练习者跑步时，心率一般控制在每分钟 150～170 次的负荷强度，适应后可适当增加跑步的距离。

第四，50～100 米快慢交替跑，时间为 5 分钟。

第五，越野跑。沿校园道路或校外人行道跑，要求距离 3000 米以上，时间为 15 分钟左右。

第六，组合练习。练习者在练习过程中可进行 30 米冲刺跑、30 米侧步交叉跑、30 米高抬腿跑、跳起摸高 10 次、30 米变向跑、蛙跳 15 米等。

第七，多球训练。在练习过程中，可利用几种学过的技术在网球场上进行训练。要尽量安排跑动范围较大的多球训练。每组练习时间根据练习难度而定。

(四)提高柔韧素质的训练方法

柔韧性练习一般在身体充分活动后进行。一套柔韧性练习至少应包括对颈、肩、肘、手腕、躯干、腰、髋、膝和踝等主要关节肌肉部分的牵拉。其方法多种多样，练习者可根据现实条件自由选择。

1. 颈部伸展

双腿盘起坐在地上，依次完成以下动作，下巴触胸—向天上望—向右肩方向侧看—向左肩方向侧看；在保持肩膀低下的情况下，设法用右耳触右肩；之后做相反方向的动作，每种伸展动作至少要持续 10 秒，重复做数次。

2. 肩部柔韧性练习

双臂自然下垂，首先向前抬右臂，然后上举，掠过右耳，再向后绕臂，之后下放至体侧。用左臂重复这一动作。熟练后，双臂同时做同上同下绕臂动作；也可以双臂同时做相反方向绕臂动作，即右臂上左臂下、右臂下左臂上的绕臂动作。

3. 肩部伸展

双臂放于胸前，用左手抱住右肘，将其向胸部拉，左右交替进行，以促使三角肌的收缩；双臂放于头后，用左手抱住右肘，将其向左侧拉；双臂在身后双手交叉伸展，左右肩变换进行，重复做。

4. 肘和腕的伸展

肘伸直，掌向上，用另一只手慢慢地将手腕后压（伸展）。手掌向下，并慢慢地将手腕向下压（弯曲）。这两个练习可达到牵拉手臂前、后部肌肉的目的。两只手臂都要做。

5. 肘部伸展

练习内收肌水平牵引，用一只手从下钩住另一侧小臂的肘关节，向内横向牵引，使小臂以大臂为轴做旋转运动，持续 7～10 秒。

6. 腰腹伸展

双脚分开坐着或站立，两手叉腰，整个身体向左转，然后整个身体再向右转。这个动作持续 7～10 秒。

两脚分开站立。举右臂至头上，左手叉腰，向左侧尽量弯腰。可重复另一侧的动作。持续 7～10 秒。

7. 四头肌拉伸

站立扶一固定物，将踝关节拉向臀部，确保膝部紧靠另一腿的大腿内侧。后拉踝关节，膝部应对着地面，拉伸腿的大腿正面应感到伸展。持续 7～10 秒。

8. 弓步压腿

用步行姿势站立，一只脚在后并伸直，另一只脚在前屈膝。将全部重心移至前腿，后腿脚跟和地面保持接触，小腿伸直保持 10 秒。前后腿交换练习。

9. 大腿内侧伸展

坐在地板上，脚掌并拢，尽量靠向腹股沟。双膝慢慢地下压，大腿内侧应感到伸展。持续 10 秒。

10. 大腿后部肌肉伸展

坐在地上，左腿屈膝，将右腿向前或向身体侧面伸，可选择较舒服的一种姿势。用手触摸伸展腿的脚后跟来放松大腿后部，持续 15 秒。保持后背平直并抬头，腰部向伸展的右腿所指方向前屈，持续至少 30 秒。之后用同样方法进行另一侧的伸展。

11. 踝关节

膝关节伸直坐下，脚尖指向天。两踝分开约 30 厘米，用脚尖做最大限度地环绕动作。每个方向做 15 次。

（五）提高灵敏素质的训练方法

1. 双脚开合跳

开始时，两脚与肩同宽分开站立。向前跳，落地时双脚并拢。原地跳，落地时两脚分开。向后跳至起跳点，落地时双脚并拢。原地跳，落地时双脚分开。重复这组练习。

2. 单腿控制平衡

两人单足站立，互相推，设法迫使对方双脚落地。

3. 快速起动、快速制动

根据信号在快速跑动中起动、急停、急跑，返回时结合变方向跑、转身跑和后退跑。

4. 颠球追逐

在网球场上，练习者手握球拍进行颠球练习，一边颠球，一边追逐同伴，用非持拍手碰触同伴，同时闪躲，以避免同伴碰触自己。

5. 喊号接球

在半个网球场上，练习者们围成一圈，由抛网球的练习者指定各位同学的号码，然后练习者们绕圈按一定方向慢跑（如顺时针）。抛球者将网球抛起后，呼叫一位练习者的号码；被呼叫者必须在球第二次落地前把球接住。成功按住球的练习者归队，由原来的抛球者继续呼叫其他号码；未接住球者替换原来的抛球者呼喊号码，没有被呼叫的练习者继续绕圈慢跑。

6. 快速找线

练习者绕着一片网球场地慢跑。教练员喊"单打边线""端线""中线""双打边线""中心带"或"发球线"。练习者要在 3 秒内跑到教练员所喊的线上，缓慢者罚做 20 个俯卧撑。

第七节　网球运动员心理素质训练

心理素质训练简称心理训练，是指有目的、有意识地对运动员的心理施加积极影响，并采用相应的方法和途径，使运动员形成良好的训练和比赛心理状态的过程。随着运动员技术水平的不断提高，对运动员生理技能的挖掘已逐渐接近极限，再靠加大运动负荷的做法已无多少提高的余地。运动员（特别是优秀运动员）最大的潜力所在是其心理能力。吉米·康纳斯曾说过，在职业网球运动中，心理因素占 95％。当比赛双方实力（技术、速度、力量等）相当时，心理因素往往对比赛的结果起着至关重要的作用，如注意力、信心和拼劲等。运动实践证明，许多优秀运动员之所以能在比赛关键时刻取胜，大都是因为心理上的优势。不少运动员比赛发挥失常则是因为精神过度紧张。对于业余选手来说，重点也应先放在对自信心、竞争意识和心理品质的培养上。

心理训练的目的是培养和发展运动员在紧张的训练和比赛中所必需的心理品质和个性心理特征，使运动员学会控制和调节自己的心理状态，以便更好地适应训练和比赛，取得更好的成绩。

网球运动员的心理训练往往和技战术、身体素质训练融合在一起进行。根据运动员训练和比赛活动的需要以及心理品质的形成规律，网球运动员的心理素质训练可分以下几种。

一、视觉知觉训练

网球体积小、速度快、变化多，要求运动员有良好的知觉与视觉。准确、明晰的知觉与视觉对网球运动员具有重要意义。在比赛中，针对对方的击球动作、击球时的拍面角度和方向，以及球在空间运行的特点和对方的动向这一系列的复杂过程，运动员只有在知觉与视觉准确辨认的基础上，才有可能采取有效的应对行动。

在日常训练中，教练员要有意识、有目的地采用各种有效的方法和途径，对运动员的知觉与视觉进行科学训练，才会更快地提高运动员的知觉视觉能力。

第一，采用各种手势信号让运动员随手势做各种动作。

第二，在场地中设置标志，要求运动员"打准练习目标"。

第三，将准备好的若干个球放置在场内不同位置，让运动员由背向球转向面对球，并快速说出球数等。

以上手段和方法均能有效提高运动员的知觉视觉能力。

二、注意力集中和分配训练

（一）注意力集中训练

注意力集中是指全神贯注于一个确定目标，不因其他内外刺激而分心的能力，即抗干扰能力。运动员注意力集中是非常重要的。在很多项目中，注意力稍有分散就会降低动作的成功率。在网球训练和比赛中，运动员的精神更需要高度集中，因为网球是技巧性很强的项目。其技术复杂、细腻，运动员稍有分心就会影响技战术质量。在比赛中，运动员注意力集中，发挥稳定，能排除周围的不良刺激和干扰，处于情绪陶醉状态，就能在任何情况下都能做出正确的判断，并及时做出决定。网球运动员在比赛中要长时间保持精神高度集中的能力，需要刻苦锻炼才能获得。教练员可根据运动员的年龄、个性、训练水平和在集中注意力上存在的差异，有针对性地提出要求。

第一，在启蒙和基础训练阶段常要求运动员眼睛盯住来球，将全部注意力集中在球上。

如在距离 5 米处摆放一个球，让运动员盯住球上的字两分钟，转身看空中球的虚像，再闭眼在头脑中重现球的虚像。要求重现球的细节越多越好，能够细到球的标牌、纹路。先盯球，再看球拍的"甜区"，并将球移动到球拍的"甜区"上。

第二，少年运动员易兴奋，疲劳时精神易分散，此时可安排竞赛和游戏的内容使其兴奋，继续把注意力集中在球上。

第三，为了强化集中注意力的训练，尤其是在训练的后期运动员体力下降时，可安排一些速度快、精确度高的练习，如凌空对打截击球（在质量和数量上有特定要求）。要融合技术、战术训练，经常有目的地提出要求，使运动员集中注意力的能力得以提高。

第四，闭目静坐。比赛场上人多声杂，意外刺激也不断出现。当运动员受外界影响而情绪波动时，可在比赛间歇（如交换场区时）闭目坐在凳子上，把思想引向自身内部的感觉上等。这样就能隔断外界信息，有效地防止干扰，使心情逐渐趋于平静。

（二）注意力分配训练

所谓注意力的分配，是指在同一时间内，把注意力分配到两种以上的对象或活动上去。注意力分配是注意力集中的一种特殊表现。只有高度的集中，才能有合理的分配。在比赛中，运动员会受到大量的无规律的复杂刺激，这便要求运动员具有善于分配注意力的能力。

教练员可以在练习中，采取多种方法来提高运动员注意力集中和分配能力。

第一，让运动员在多种干扰条件下进行训练和比赛。干扰条件包括外部的（如气候、观众、环境等）和内部的（如疲劳、情绪激动等）。

第二，让运动员平时比赛中自己既当运动员又当裁判员，计错分或判错分要受到一定惩罚，锻炼其合理分配注意力的能力。

三、自我暗示训练

自我暗示训练是利用语言等刺激对运动员的心理施加影响，并进而控制行为的过程。自我暗示能够提高动作的稳定性并增加成功率。自我暗示训练可以使运动员在练习或比赛中采用积极的提示语言，反复提醒自己。

自我暗示训练包括以下六个步骤。

第一，正确理解认知消极想法的表现方式，如言语对情绪和行为的决定作用。

第二，确定训练或比赛中常出现的消极想法。

第三，确定如何认识这种消极想法。

第四，以积极的提示语取代消极想法，如"我没办法改变裁判，关键还在我自己"。

第五，不断重复相应的句子，如"还有机会，拼搏到底"。

第六，通过不断重复和定时检查，举一反三，养成对待困难的积极态度和良好习惯。

在具体实施时，运动员要首先想象各种应急情景；然后演练事先准备好的自我陈述句子；最后，在真实应急情景中使用自我陈述方法。一些常用的自我暗示语包括"我做得不错，只有很少的错误需下次克服""别激动""只考虑自己必须做的事情""深深地呼吸和放松""将精力完全集中于自己所要完成的任务上"等。

四、意志力的训练

所谓意志力，是指自觉地确定目的，根据目的来调整自己的行动，克服各种困难，从而实现目的的心理能力。一个人意志力的表现是与克服困难密切相关的。根据网球运动的特点，运动员需要具备的主要意志品质是自觉性、主动性、自制力和自信心。

自觉性是指一个人在行动中有明确的目的，并充分认识到自己的行为对社会的意义。它促使人们积极主动地对待当前的行动，从而加速目的的实现。在网球训练中，这就要求运动员在运动中自觉长期地去执行训练计划。例如，怎样在无规律的练习中自觉练习注意力的集中与分配，怎样提高判断力，怎样达到技术质量要求，怎样正确运用战术，怎样形成良好的比赛作风，都要求运动员有很高的自觉性才能实现。

主动性是自觉性的具体表现，例如：要求运动员带着问题去练，与教练共同探讨技术、战术问题；在比赛中，要求运动员积极主动去运用技战术，依据场上情况，主动地变化技战术等。

自制力主要是指运动员在训练和比赛中抵抗内心和外界各种不良刺激和干扰，以保证良好训练效果和比赛中技战术正常运用的自我控制能力。教练员应要求运动员在遇到困难时，正确看待困难，事先做好完成复杂练习的计划。在比赛中，要求运动员逐步培养稳定的情绪，不怕场内外的种种干扰。

自信心是指运动员相信自己通过努力一定能实现既定目标的信念。自信心的培养需要运动员和教练员的共同努力。教练员要注意把握好训练的难易程度和技术水平提高的幅度大小对运动员的影响；注意以良好的刺激增强运动员的自信心。同时更应注意对不同类型比赛的研究，让运动员在不同水平、不同竞技状态下参加不同类型的比赛，用比赛尤其是教学训练性比赛来培养运动员的自信心。

提高意志品质的训练方法多种多样。

第一，打球计数。在技术训练中使用多球计数时，采用一种计净好球数、命中指定区为有效(失误则扣除计数)和规定连续成功数为 5 次(当第 4 次出现失误则从零开始)的计数办法(同时提出质量要求，如力量太小，即使命中但不计数，也不算失误等)；在三拍战术的组合练习中，三拍都命中为有效，第一、第二拍失误则从零开始，要求完成若干组。该方法对于心理稳定性和意志品质都有很好的锻炼效果。

第二，避免为失误找借口。不把比赛不理想的原因归咎于阳光、风向、场地条件、司线员误判等，不理睬自己无力改变的客观条件，抑制自己的不安和愤怒情绪，端正对待失误的态度并控制比赛节奏，等等。

第三，不担心输。网球选手面对的难题之一是怕输。很多选手说，从比赛前到比赛中直至比赛结束"不能输""不能失误""不能让教练、朋友和双亲失望"等担心始终占据着自己的整个身心。教练员应从运动员的启蒙时期开始就尽量避免向他们灌输这种怕输思想，对比赛落败的队员不要责备，对其的不规范的技术和战术应当进行批评，但也不该严加斥责。不应当根据运动员是否已经获胜或失败，而要根据其是否已经把学到的技术运用好和场上的行为表现来评判比赛结果。例如，当询问一场比赛的结果时，不要问"你赢了吗?"而要问"比赛你打得怎样?""你反手击球怎样?"等。在这种环境下成长的运动员在比赛中就不会一边思考比赛结果，一边进行比赛。

第四，自我调节。根据人体身心相互作用的观点，在精神过度紧张时，可通过身体活动来缓解或宣泄情绪。所以，当比赛中感到情绪不稳定、精神紧张时，可轻微活动手脚、散步或做适当的准备活动，再配合深呼吸动作。这样能有效地缓解精神紧张状况。

第五，调节呼吸。人在精神过度紧张时，往往感到胸闷气短，呼吸急促，所以有意识地放慢节奏的深呼吸可以缓解精神紧张。调节的方式尤以腹式呼吸法效果最好，坐式、立式皆可。

第六，自我暗示。在比赛场上心理不稳定时，可采用积极的自我暗示。例如，"镇静、放松""现在情况很正常""我感觉很舒服"，或者采用暗示自己各部位肌肉放松等方法，以此来稳定情绪。当然，具体的暗示语要因个人的习惯而定。

第七，转移注意力。当临场感到胜负的压力而情绪紧张且意志力不佳时，不妨通过与队友或他人的谈话诱导或改变思维定式。例如，暂时不去想比赛，转而去想大自然的美景，或者想想自己过去的某种愉快的体验，或者听听轻松的音乐，使紧张的情绪得到暂时地放松和调节。

练习与思考

1. 发球、接发球各有什么侧重?

2. 怎样训练好正反手击球?

3. 截击球、高压球、反弹球有什么训练方法?

4. 身体素质训练包括哪些内容?

5. 怎样训练心理素质?

第六章
网球运动基本战术及其训练方法

在网球比赛中，战略是运动员整场比赛的战术指导思想，是针对不同对手选择、制定的比赛方案。所有优秀运动员在比赛中都会运用一定的战略、战术。当运动员以防守或以进攻作为自己的战略思想时，打法是有区别的。防守型打法的选手能有条不紊地、耐心地按自己的战略意图去比赛。进攻型的选手总是在寻找对手的弱点。哪怕对手只有一时的弱点，他们也会立刻抓住机会发起猛攻。

网球战术是指运动员在比赛中为赢得比赛或达到期望的结果而采取的策略和行动，是战略的具体实施办法。战术可以在整场比赛中不断变化，以适应并破坏对方的战略、战术。网球比赛的战术包括如发球与上网、正手与反手、深球与浅球、上旋与下旋、加力与卸力等。

第一节　网球运动基本战略

网球运动基本战略可分为初中级战略和高级战略。

一、初中级战略

(一)稳扎稳打、减少失误

在网球比赛中，最重要的是要做到减少非受迫性失误，特别在难以打出制胜球时，寻求回球安全是至关重要的。尤其对于初级阶段的球员来说，主动进攻得分的能力一般不强，得分、失分主要依靠对方和己方的失误来实现，这样失误少的一方就很可能赢得比赛。

(二)打对方弱手侧

一般情况下，球员（包括职业球员）正反手击球能力都不均衡。绝大多数人反手都比正手弱，而且初中级选手的反手可能是他最大的心病所在，所以不管和谁比赛，球员首先要考虑到的是打对方的反手，攻击其弱点，迫使对方回球失误。

(三)打斜线球

当和对手底线相持时，如果没有好的机会，不妨尽量打斜线对角球。这主要基于三方面考虑：第一，球网中间最低，减少了下网的机会。第二，斜线的距离最长，减少了出界的机会。第三，斜线球过网后，如果对方打直线，可能因为球网高、距离短而失误。此时，对方最好的回球可能也是对角斜线球，如此己方就可以比打直线球少跑一些距离。

(四)发挥自己的长处

要了解自己技术上的长处，在比赛中要善于使用自己擅长的技术。如果正手技术比反手技术好，就要尽量多使用正手进行进攻。当在时间允许时，可以在反手位侧身打正手球。如果不能很好地击准反弹后处于上升期的球，就应退至底线后，以击打反弹后处于下降期的球为主。

(五)发球确保成功率

网球发球技术相对复杂，技术难度高，对大部分网球初中级球员而言，发出力量大、角度刁钻的球是不现实的。即使你的发球很慢，但只要发到对方反手，一般的初中级选手也是很难一拍就把你"打死"的。对于业余选手和网球爱好者而言，两次发球都选择上旋发球也是一个不错的做法。只要把球发过去，保持命中率，还是有机会拿下这一分的。对于一些初级选手，有时二发也可以选择下手发球，从而避免网球比赛演变为"双误"比赛。

二、高级战略

(一)善于调动不善于跑动的对手

调动的战术，所要针对的是那些倚仗正手或其他某种攻击利器而不喜欢频繁跑动的人。针对那些在跑动中越战越勇的对手不能使用这一招。面对他们时，倒不如将球打向中部、打深，再伺机变招打出大角度或把他们调到网前，尽量不让他们找到进攻节奏。

(二)制造机会球

制造机会球，尽量让对手只能打防守球不能起拍进攻，具体策略如下。

第一，用攻击性的重球打向对方深处。

第二，大角度把对手拉出其所在的位置，以制造空当。

第三，打有弧度、落点深的旋转球，把对手逼到底线后的位置，迫使他回出浅球。

第四，打对手薄弱之处，使其不能回出有质量的球。

第五，让对手来回奔跑。

现实中要根据对手水平区别使用策略，否则可能适得其反，为对手制造机会。

(三)有机会就要勇敢上网

如今发球上网的人越来越少。主张发球上网的人总是希望有更多的人选择发球上网。尽管眼下发球上网的人很少，但有理由相信，现在有很多优秀选手都可以发球上网。一些优秀的上网选手，如埃德博格、桑普拉斯和费德勒等，常常在对手不知不觉中跑到发球区内截击。

那么今后的趋势是否又回到了发球上网的"轮回"了呢？这就取决于教练员了。一般情况是，当教练员看到大多数网球高手都是靠底线抽击赢球时，他们肯定也会让他的队员老实地待在底线上。只有当教练员们发现发球上网普遍流行时，他们才敢于将他的球员送到网前去。

(四)接一发球斜线过网，接二发上前一步攻其反手

即使面对一位发球上网选手，接发球打斜线也是最安全的路径。在很多情况下，试图借助接发球得分或得到巨大优势的想法很容易导致失误。接二发时，要让对手为一发失误付出代价，上前一步是一个有效手段。对手如果这时想发力把你逼回去，也许会有一两次得手，但"双误"定会增加，一发也会受到影响。

第二节　网球比赛基本战术打法

网球比赛中基本战术打法主要是为了满足加强自己的攻击、反击和防守，同时抵消对方的攻击力量，寻找并利用对方的弱点打击对方的士气等需要来确定的。网球打法有3种类型，即上网型、底线型和综合型。运动员可根据自己的技术、身体素质及心理属性来确定合理的打法类型。

一、上网型打法

上网型打法积极创造一切机会和条件上网。上网后，利用控制速度和角度的截击球造成对方还击困难。这种打法积极主动、富有攻击性，但也有一定冒险性。优秀的上网型运

动员都掌握了发球上网和随球上网的战术。其发球技术凶狠、力量大、角度刁钻，很有威胁性，截击球和高压球则杀伤力强。

运用发球上网战术要求运动员发球有力，落点变化多，上网速度快，中场截击攻击力强，能为近网攻击创造有利条件，网前截击迎前动作快，击球角度大、落点变化丰富。随球上网要求运动员能创造有利时机。随球上网一拍击球质量高，上网快，判断准，网前截击威力大。高压球要求运动员判断准，反应和移动快，下拍坚决果断，击球落点好，保护后场的能力强。

二、底线型打法

采用底线型打法的运动员基本上保持在底线抽球，较少上网，利用球的落点、速度和旋转变化迫使对手处于被动状态。优秀底线型运动员均能掌握扎实的正反手击落地球技术，并具有相当强的威胁性，利用快速有力的抽击，打出落点深而角度刁的球。例如，能够一拍接一拍地运用上旋球与对手对攻，迫使对手处于被动局面。当出现中场浅球时，能以快速前压的动作进行致命一击。这种类型打法的选手虽在比赛中很少上网，但一有机会也能抓住时机进行网前攻击。另外，在接发球和破网技术方面，他们能顶住对方强有力的发球，既会用隐蔽动作完成破网技术，又会抽挑结合，使对方在网前难以发挥威力。

三、综合型打法

所谓综合型打法，是指将底线和上网两种打法综合运用。

优秀综合型运动员，无论是发球、接发球，还是截击和高压球，其技术都较为均衡、全面。他们能够根据对手特点，在不同的情况下采用相应战术。有时底线对抽，有时伺机上网截击，有时发力猛抽，有时稳扎稳打，有时削放轻球，有时挑出上旋高球，充分发挥了多样化技术，并结合敏捷步法，机智灵活地争取主动。

第三节　网球运动单打战术

单打比赛中运动员要有独立作战的能力，既能控制住球，不轻易失分，又能积极发动进攻。在战术运用上要根据自己的技术特点及场上情况灵活采取不同的战术打法。

一、单打基本战术

(一)发球战术

发球是一分的开始。只有发好球，才能确保自己处于有利的局面。当今网球比赛中发球已经成为最直接、简便、有效的得分武器。相反，丢掉一个发球局便意味着处于整盘甚至整场比赛中的不利地位，所以发球在比赛中至关重要。

最好的发球要将力量、落点及旋转完美结合。一般来说，比赛中的第一发球采用速度较快的平击发球，发向对方场地的内角或外角，以加强攻击性，给对方造成压力。第二发球采用旋转强烈且稳定性高的上旋、侧旋球，发向对手的中路或其薄弱之处。通常第一发球快速、冲击力强；第二发球应具有稳健性，以保持较高的命中率，尽量减少双误。发球战术具体表现在以下几方面。

1. 发球的站位

单打发球的站位一般来说，距中点较近，因为这样有利于准备下一次击球。但根据运动员自身的特点和对手的站位，也可以有所改变。

2. 发球落点

发球落点通常取决于球的旋转类型和飞行路线。在右区，通常用平击球发对手的内角，用带切的侧旋发球打对手的外角；在左区，通常用平击球发对手的内角或外角，用带切的侧旋发球打对手的内角。

3. 发球上网

运动员在发球之前就应该决定是否要发球上网。如果准备在第一发球后上网，发球时可站在靠近端线中点标志的地方，并且发球要深，一发发向对方接发较弱的一边。这种发球通常要求运动员抛球要更靠前一些，并尽量向前上方跳起，然后向网前冲去；在对方击球时，应该立刻跳步停住，以便判断来球的方向，然后对着球，向前去做网前第一次截击。多数情况下，利用良好的一发上网截击可以得分，至于移动到什么地方击球，则取决于发球的落点和接球员回球的角度，要尽可能地沿回球线路移动并上网截击。

(二)接发球战术

在接对方发角度大而弹出边线的球时，若球速快，可用进攻方法还击；亦可还击大角度球，以牵制对方发球后的强攻。接大角度球时，不要向后跑，而应向球落点处直线移动并迎击球，用抽球技法还击。接发球时应选择合适位置，其标志是正手和反手各有 50% 的机会接球。切忌在中场等球，应将中场视为接球时不站人的区域。

如果用一种方法接发球效果不佳，就应改变或使用不同的方法，如站位的前后变化、打球力度的轻重变化、角度大小的变化等。对付不同的发球，可用不同的接发球战术以求赢得主动。

1. 接一发

第一，接一发时要稳，力求不让对方一发"轻易"得分。

第二，如对手留在后场，接发球时可用挡击打一个深的直线球或有角度的球，或用上旋高球送至对方反手。根据对手接发球的类型，选择上网截击或留在后场。

2. 接二发

第一，每当出现机会时，应有攻击二发的意识。攻击二发时，在球上升至与肩同高时击球，以保持场上的主动。

第二，用正手侧身攻或跑动中正手打直线球，偶尔打一个轻吊球。

3. 对不同的区域、不同的发球类型有针对性地应对

第一，对方左区平击发球，球至外角，坚决地沿发球飞行的轨迹还击。

第二，对方左区侧旋发球，球至内角，以一深度球还击到对方的底线中央。

第三，对方左区上旋发球，球至外角后高跳，可还至对方的反手角或以小斜线还击。

第四，对方右区平击发球，利用球的深度和速度沿发球飞行的轨迹还击。

第五，对方右区侧旋发球，尽可能早地将球还击至发球队员一侧，如对方上网，则对准其脚面还击或对准其身体还击。

第六，对方右区上旋发球，球至外角，坚决地将球还击至对手的脚边或以小斜线还击。

（三）底线战术

底线战术是以底线正反拍击球为基础组织的战术。它的指导思想必须是用球的速度、旋转、落点的变化来创造进攻机会。底线型打法的主要战术有对攻、拉攻、侧身攻、紧逼攻、防守反击等。

1. 对攻战术

底线型打法的两面对攻战术，是指利用底线正反手连续抽击进攻能力，配合速度和落点变化与对方展开阵地战，达到限制对方的目的。具体战术方法如下。

第一，以正、反拍抽击球的速度、力量攻击对方的弱点，用速度压制住对方。

第二，用正、反拍强有力的抽击球，连续攻击对方一点。

第三，用正、反拍的有力击球，调动对方大角度跑动，同时寻找进攻得分机会。

第四，在调动对方两边跑动时，突然连续打重复球，再突然变线。

第五，在3/4的场地内用正手进攻和回击所有可能的回球。

第六，反手打斜线是为了底线对攻，打直线是为了随球上网抢分。

第七，感到紧张时，勿放小球。

第八，坚持打深球，使用斜线对攻战术以争取时间和控制对方，伺机采用组合击球战术（如打深的直线球后接打对角斜线球）。

2. 拉攻战术

拉攻战术是底线型打法中比较常见的一种战术。它以正、反手拉上旋球，或以正手拉上旋、反手切削球，使对方左右跑动，一旦出现机会，立即发出致命一击。

第一，正、反手拉强力上旋球于对方底线两角深处，不给对方上网及底线反攻的机会，寻找机会进行突击。

第二，正、反手拉上旋球时，适当拉正、反拍小斜线球，增加对方跑动距离并使对方出现质量低的回球，然后伺机进攻。

第三，逼拉对方反手深区，伺机正手偷袭。

第四，如对方主动打己方反手，要争取朝反手方向移动，用正手攻击。

第五，当处于被动时，多打控制球，少发力，用高而深的慢速球变换速度，击打角度刁钻或速度快的来球。

3. 侧身攻战术

侧身攻战术是底线型打法中的一项主要进攻手段。它是指利用强有力的正手抽击球，配合良好的判断和步法移动，在 2/3 的场地上用正手对对方施加有力的攻击。具体战术方法如下。

第一，连续用正手对对方进行攻击，创造得分机会。

第二，用正手进攻，调动对方移动；反手控制落点，伺机侧身用正手突击进攻。

第三，用正手进攻对方反手位，再变线突袭其正手位。

第四，用正手进行攻击时，连续打出重复球（回马枪）。

4. 紧逼战术

底线型打法的紧逼战术是以快速的节奏对对方进行攻击的一种重要手段，也是当今世界上优秀选手们常用的一种攻击对方的战术。紧逼战术主要是发挥运动员良好的底线正、反手抽击球技术，迎击上升期的球，准确地控制落点，节节紧逼，以达到攻击对方的目的。具体战术打法如下。

第一，接发球时就紧逼向前进攻，使对方发球时产生心理压力并且在发完球后有来不及准备的感觉。

第二，连逼对方反手，突袭其正手，伺机上网。

第三，紧逼对方两边，使其陷入被动或回球质量下降，伺机上网。

5.防守反击战术

防守反击战术在底线型打法中占有很重要的位置。在执行防守反击战术时，运动员应利用良好的底线控球能力，发挥反应判断快、步法耐力好、击球准确的特点来调动对方，以达到在防守中寻找机会进行反击的目的。

第一，在对方运用发球上网战术进攻时，我方接发球可采用迎上借力接球，把球打到对方脚下或两边小角，然后第二拍准备反击破网。

第二，在对方运用底线紧逼进攻战术时，可采用底线正、反手拉上旋球到对方底线两角深处，不给对方进攻得分的机会，然后再伺机进行反击。

第三，在对方运用随球上网进攻时，应提高底线穿越第一拍的成功率和突击性，以及穿越球的质量，寻求第二次反击穿越的机会。

(四)上网战术

上网战术的指导思想就是利用网前进攻为主要得分手段。它的基本战术可分为发球上网、随球上网、接发球上网等。

1.发球上网战术

发球上网战术是上网者利用发球的速度进行主动进攻并先发制人的一项战术，是上网型打法选手在比赛中的主要得分手段。其战术方法如下。

第一，用第一发侧旋球，将球发向对方发球区右区外角，然后上网、冲至发球线中线偏左处，封住对方的正手直线球，打截击球至对方反手区(见图6-1)。

第二，用第一发球平击球或用第一发球的力量发上旋球，将球发向对方发球区右区内角，然后上网，冲至发球线中线处，判断来球性质，将来球截击至对方底线正、反手深区，随中场截击贴近球网(见图6-2)。

⊗	发球方
○	接发球方
→	球的运动轨迹
----→	人的运动路线

图6-1 右区一发侧旋外角上网

⊗	发球方
○	接发球方
→	球的运动轨迹
----→	人的运动路线

图6-2 右区一发平击、上旋内角上网

第三，用第一发球的力量发上旋球，将球发向对方发球区左区外角，然后上网，冲至发球中线偏右处，封对方的反手直线球，把球截击至对方正手区（见图6-3）。

第四，用第一发平击球或侧旋球，将球发向对方左区内角，然后快速冲到网前，判断来球，截击球至对方正、反手底线深区。然后人随球跟进，准备近网截击（见图6-4）。

⊗	发球方
○	接发球方
→	球的运动轨迹
--→	人的运动路线

图6-3 左区一发上旋外角上网

⊗	发球方
○	接发球方
→	球的运动轨迹
--→	人的运动路线

图6-4 左区一发平击、侧旋内角上网

2. 随球上网战术

随球上网战术是指当对方回出质量不高的中场球（在发球线前后的球）时，果断地使用控制落点的抽击、削击或推击，然后随着向前的势头上网的一项战术，也是比赛上网战术中主要的得分手段之一。具体实施方法如下。

第一，利用平击、侧旋、上旋等不同球速和落点的发球，使对方接发球回出浅球或中场球。如回球落点在正拍的2/3区，可用正拍进攻，然后随球上网；如回球落点在反拍的1/3区，可用反拍进攻，然后随球上网（见图6-5）。

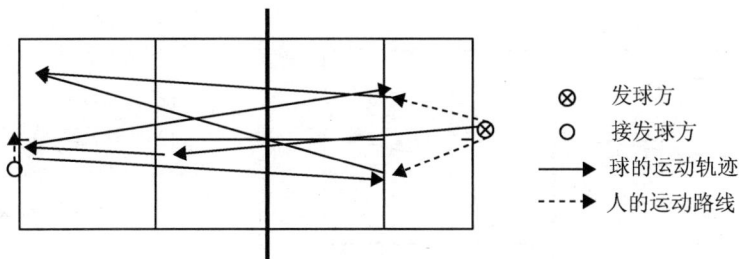

⊗	发球方
○	接发球方
→	球的运动轨迹
--→	人的运动路线

图6-5 右区发内角正手攻随球上网

第二，在底线相持中，利用抽击球的速度、力量、旋转等变化来控制对方，使其回出质量不高的浅球或中场球，趁机强攻，制造随球上网的机会。

第三，利用抽击强上旋球，把对方压在后场，等待时机突击上网。

3. 接发球上网战术

接发球时必须树立积极主动的战术思想，采取先发制人战略。上网型打法选手应积极利用快速多变的手段来接发球，尤其是接对方的第二发球时，应抢攻上网或削深上网，以便充分发挥自己上网快攻打法的特点。接发球上网主要有以下几种方法。

第一，接右区外角发球时，可用正手抽击或削球，将球回击至对手反手位深处上网（见图6-6）。

图6-6　接发球上网战术一

第二，接右区内角发球时，可用反手抽击或削球，将球回击至对方反手位上网（见图6-7）。

图6-7　接发球上网战术二

第三，接右区内角发球时，可用正手侧身进攻，将球打向对方弱侧上网（见图6-8）。

图6-8　接发球上网战术三

第四，接左区外角发球时，根据对方技术情况，利用反手抽击或削球，一般以打直线上网为佳，一是因为距离短，对方准备时间不足，二是因为上网后容易封住对方角度（见图6-9）。

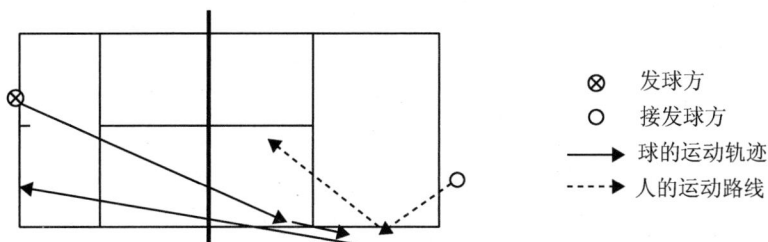

图 6-9　接发球上网战术四

　　第五，接左区内角发球时，可用侧身正手抽击或削球回击对方左右两点上网(见图 6-10)。

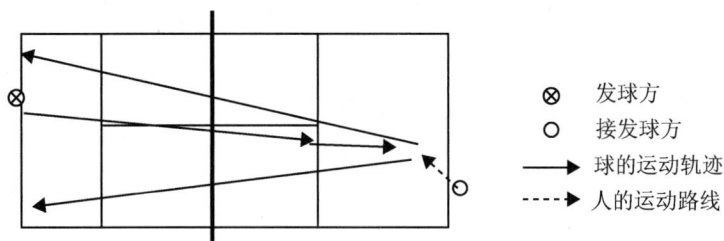

图 6-10　接发球上网战术五

　　第六，接左区外角二发时，可用反手抽击球，回击对方斜线或直线上网(见图 6-11)。

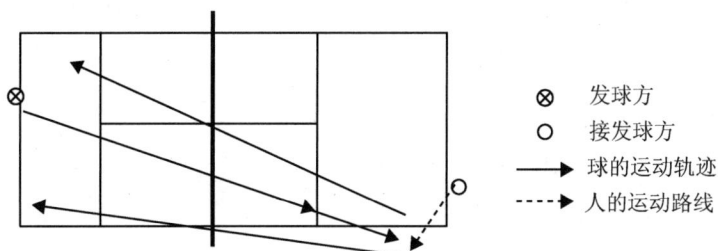

图 6-11　接发球上网战术六

二、单打战术的基本要求及影响因素

(一)球员的气势

　　在每一场网球赛中都有一些关键分和优劣转折点。气势是指一名网球选手能够控制比赛的精神力量。它是影响网球比赛结果的关键因素之一。好的选手能够控制对手的气势，当比赛的形势对自己有利时，占据上风；当形势对自己不利时，能够适时扭转局势。研究表明，连续得分有助于形成气势和锐气。多数情况下，连续得 3 分或 3 分以上的选手总是获胜。每一分都是重要的，有些得分更影响比赛的进展。当然，完美的情形应是选手用同样的努力和强度打每一分，而不是过分看重某一分的得失。

（二）比赛场地

1. 地面条件

慢速场地包括红土地、沙土地，以及石粒场地、沥青场地、多孔混凝土场地等。其特点是地面较粗糙，球与地面的摩擦力较大；球弹跳较高，球速较慢。球员在此类场地上有充足时间去抢救险球，有足够的时间去感觉、反应和判断，因此可以有较大幅度的引拍，可采用全面技术打法。

快速场地包括天然草地和塑胶室内场地等。其特点是地面非常平滑，球与地面的摩擦力很小，球弹跳不高，球速快。这种场地上的球员步法要快、短、稳健，引拍动作要小，具备良好的反应能力，这样才能快速反应和击球。此种场地适合发球上网的快攻型打法选手。

中速场地包括塑胶地面场地、室外涂塑地面场地等。其特点是：地面较平滑，球与地面的摩擦力较小；球弹跳高度适中，球速较快。这种场地介于快速场地与慢速场地之间，选手反应时间稍短，动作可以适当加大，战术多趋于进攻型打法。

2. 不同比赛场地采取的战略

(1)慢速场地

第一，击球多用拉上旋的方式，球越过球网以高远弧度落在对方深区。

第二，要为长时间的底线对攻做好精神准备。

第三，有效地利用转体加大击球力量。

第四，在沙地要有耐心地实施自己的"战略"。

第五，练习侧滑步和前滑步。

第六，学习使用放小球作为一种得分手段。

第七，发球时发上旋球或有角度的球，而不是仅仅追求大力发球。

第八，采用令对手疲劳的战术，因为慢速场地能让对手救起多数险球。

(2)中速球场

第一，有效地利用步法动作。

第二，发球时使用的旋转和力量要富有变化。

第三，使用各种类型的旋转，但应多用击上旋球和半高球的技法。

第四，综合采用不同旋转和不同角度的击球。

第五，攻击浅球时击向对手身后，并随球上网截击。

第六，针对不同的对手需要采用不同的战术。

第七，使用攻击型的挑高球。

(三)不同天气条件下采取的战略

1. 风向

(1)朝向自己

击球过网时使球稍高些，击球时加力。提前做好击球准备，采用上旋高球，尽量不打穿越球，适当放小球。发球时稍靠前调整抛球。

(2)朝向对手

击球过网时球要低，多打上旋球，力求多打截击球。可打穿越球，避免挑高球。用侧旋和下旋控制击球。发球时稍靠后调整抛球。

(3)横穿球场

根据风向，朝边线或场内击球。发下旋球和侧旋球上网。

(4)变化无常

精力集中看球，快速移动，保持平衡和控制力。使用简练的技术，增加成功率。

2. 阳光

在有太阳的天气条件下比赛要注意以下几点。

第一，变换发球位置。在不同的位置抛球，要保证一发成功率。

第二，让对手在向阳一端接一发。

第三，比赛过程中背向阳光时可挑高球，如果阳光变化，则应改变战术。

第四，双打配对中与左手握拍选手搭配，这样两人就都不必对着太阳发球。

3. 雨天

第一，由于球较重，应提前做好准备，降低重心，随球动作稍大些。击球时多提拉，加速击球。

第二，步法要稳，保持平衡。情况允许时，要换球鞋。必要时，应变换打法。

第四节　网球运动双打战术

网球双打比赛和单打比赛一样具有悠久的历史，深受业余网球爱好者的喜欢。它是在个人单打技术的基础上，两人互相配合进行的比赛活动。但网球双打与单打战术特点不同。双打的显著特点是网前争夺激烈，谁控制了网前，谁就有更多的进攻得分机会。由于一个队员上网站在网前，既可以缩小防守空间，又能够运用截击球和高压球将球击到对方难以还击的地方，双打比赛攻防转换速度就比单打快。这对球员的技术及各方面的要求较高，比如发球、接发球、截击球和高压球的水平，场上的反应判断能力，网前处理球的冷静性，进攻及防反能力。最重要的是运动员应具有较高的战术意识，要机动、灵活。

一、双打站位与战术

（一）发球局站位与战术

1. 常见站位

（1）右区发球局站位

①前后站位。发球员 A 应站在底线中点与双打边线的中间或略偏右 20～30 厘米的位置上（见图 6-12），同伴 B 站在网前左侧距网两米左右、左侧双打边线和发球区中线之间的位置上。B 的站位以保护左边区为主，兼顾中路，避免边区空当过大，有被接发球员 C 以直线球穿越的危险；中路来球可交给发球员 A 在网前拦截。这样的发球局站位给对方球员 C 的感觉是：网前 B 已摆好封网的架势，自己不但要接好球，还要尽量避开 B 的抢攻。

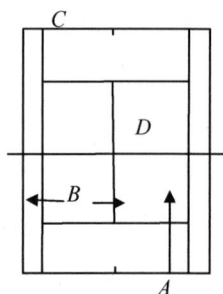

图 6-12　右区发球一般站位

发球员 A 的站位应考虑以下战术意识。

第一，发球后上网占据右区半场进攻的有利位置，A 可与同伴 B 在网前封住对方接发球的角度，在网前快攻。

第二，发球员 A 的站位应使发球落点更加灵活。这样既可以用大力侧上旋发球将球发至边区外角，把对方接球者拉出场外，也可以变换落点攻击对方内角反手位（大多数右手持拍者）。变幻莫测的发球落点对双打战术非常重要。

第三，发球员 A 与网前同伴 B 保持合理的距离。这样一来，即使战术变化需要抢网交叉换位，A 向左前跑动的距离也比较适中。

②双底线站位。这种站位很简单，发球方的两名队员都站在底线后，发球者发完球后仍然留在底线，同伴也在自己的半区底线附近活动，均不主动上网封堵对手，靠底线抽球寻找机会。

网前信心不足但底线技术出众的选手多使用双底线战术。虽然这种战术已经比较落后，现已很少被人使用，但是对于初学者或者业余网球爱好者而言，还是比较实用的一项战术方法。

（2）左区发球局站位

①同侧站位。发球员 A 在左区双打边线与中点之间略偏左的位置（见图 6-13）发球。这

样的站位可以更容易发出拉对方出场外和反手位的外角球，即使在站位上向左多调整一些也不会影响突袭对方内角的球。像右区发球站位一样，同伴 B 在网前右区，站在距网约两米、发球中线与右侧双打边线之间的位置，以确保右侧不被直线球穿越为主，兼顾中路，并与发球员 A 在网前默契配合。

②双底线站位。即左区发球局双底线站位同右区双底线站位。

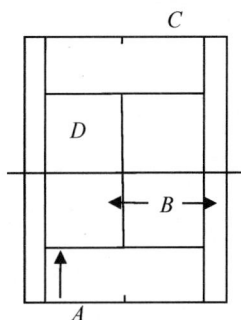

图 6-13　左区发球一般站位

2. 发球局非常站位

(1)右区发球局站位

①同侧站位。在右区发球时，如果发现接球员擅长回击小斜线球[见图 6-14(a)]，由于小斜线球角度特别大，不但网前同伴难以抢截，就算发球员冲上网后也很难处理，这就容易造成第三拍击球被动。出现此种情况时，可以调整站位为如图 6-14(b)所示的同侧站位法。

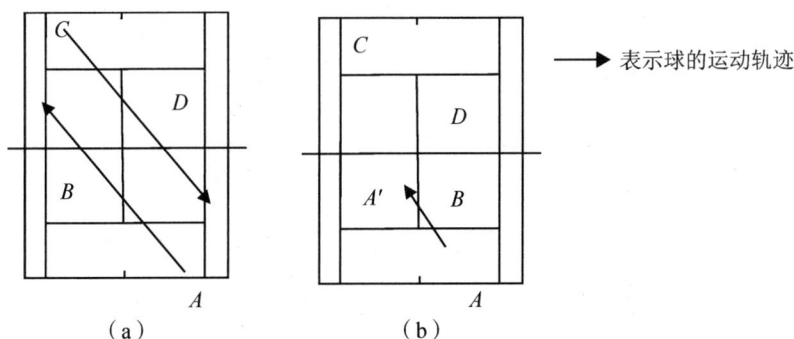

→ 表示球的运动轨迹

（a）　　　　　　　　（b）

图 6-14　右区发球同侧站位图示

这种站位告诫接发球员"斜线接发球行不通，请回直线球"。发球员为便于上网封住左半区，应站在右侧底线后接近中点的位置(像单打右区发球站位)，以便发球后冲至 A′处，与网前同伴共同组织网前的进攻。同伴在网前的站位以封住回击的斜线为主，并适当向中区调整与发球后上网的 A 在网前截击对方的来球。

②澳式站位(见图 6-15)。同伴蹲于中线处，但离网很近，发球员发球后按和同伴约定好的计划移动抢网，打得对方措手不及；同伴向相反方向移动封网。采用这种站位时，发球方队员要提前商定好相应的暗号，让发球员知道网前同伴要往哪个方向移动。发球员要像单打发球时一样站在底线中点右侧附近，发球后要迅速向斜前方上网；同伴要降低重心避免被发球员发出的球击伤，在对方接发球员接球瞬间要立刻向预定方向移动封网。这种

方法首先被擅长双打的澳大利亚选手所使用，所以叫澳式站位。

图 6-15　右区发球澳式站位

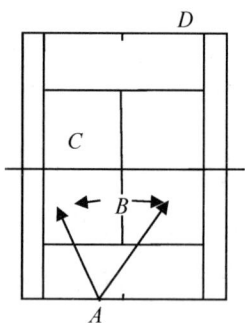

(2) 左区发球局站位

①同侧站位。与右区相似，如果发现对方接发球员在左区接发球擅长打破网小斜线[见图 6-16(a)]，使我方上网进攻受阻，网前同伴很难抢网，而且发球员上网后也很难上网截击时，就要果断改变站位为在左区的同侧站位，以封住小斜线的接发球[见图 6-16(b)]，同伴向前与发球员同在左场区，发球员在发球时站在底线中点左边靠近中点的位置，以便于发球后上网封住对方的直线接发球。这样的站位迫使对方接发员打出以直线为主的回击，或者挑高球。

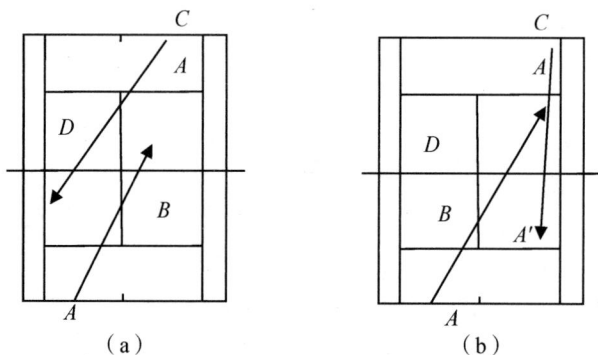

（a）

（b）

图 6-16　同侧站位

②澳式站位(见图 6-17)。左区发球局澳式站位同右区澳式站位法，网前选手仍然蹲在发球中线距离球网较近处，发球员则位于底线左侧靠近中点处发球。

3. 发球局战术

(1) 站位与落点

双打比赛中发球的威胁性不仅表现在力量和速度上，而且准确、多变的落点，配合同伴在网前的抢攻，会给己方带来巨大的优势。不管右区或左区，选手站在靠近底线中点发出的方向发球区内角的球，大多能使对方接发球打不出角度(见图 6-18)，为同伴在网前的抢网创造条件。与此发球站位相反，越靠近边线的站位，越容易使选手将球发向外角。如果再加上斜侧外旋，球的落点可以更斜，把对方拉出场外回击，使中间出现较大空当(见图 6-19)。

图 6-17　左区发球澳式站位

图 6-18　发球局战术一

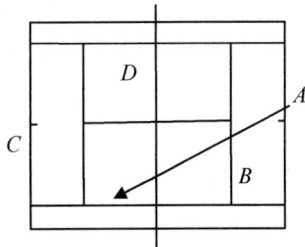

图 6-19　发球局战术二

（2）常见战术

①前后站位。同伴在网前，发球员发球后不上网而留守底线，形成一前一后的站位（见图 6-20）。

②常规抢网。抢网是指网前者横向或向斜前方移动，拦截对方打过来的斜线球。它要求网前者有敏捷的思维、准确的判断及快速的步法，所以对于是否抢网两人要事先商定。发球前要做出是否抢网的决定。例如，网前人把手放在背后，用握拳或张开手指的方式向发球员表示他抢不抢网，但最好要有口头上的交流。需要注意的是，千万不能让对方猜透己方的意图或听见己方的交流，而且一旦做出决定就要坚决执行。常规抢网是指在判断来球的方向后，网前同伴抢到球网中央的发球中线附近，抢网后仍回到原来位置。抢网截击球一般击向对方两人的中间或接发球员同伴的脚下（见图 6-21）。

③换位抢网。网前队员抢网截击后与发球员交叉换位，原先左区的队员换至右区，右区的队员换到左区（见图 6-22）。此种抢网需要运动员动作坚决果断、双方配合默契。网前的队员多在背后给发球的同伴做手势（暗号），提示同伴下面将采用换位抢网战术。

图 6-20　发球局战术三

图 6-21　发球局战术四

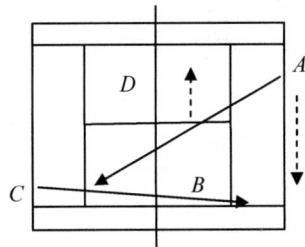

图 6-22　发球局战术五

（二）接发球局站位与战术

1. 接发球局站位

（1）左右分工

双打比赛规则规定，接发球员的站位在该盘中不得更换。因此双打比赛中，接发球首先遇到的问题是谁站在右区接单数分的发球、谁站在左区接双数分的发球、怎样站位更有利于己方。一般应注意以下几个方面。

第一，接发球方正手强者多站在右区接发球，反手强者则站在左区接发球。这样的站位更有利于防范两侧的大角度来球。当中路来球时，一般由左侧站位的队员回击更有利，因为他是用正手击球的。

第二，如果双打配对正好是右手握拍球员与左手握拍球员的搭配，则可以考虑由右手握拍者站在右区，左手握拍者站在左区接发球。回击中路来球时两人都用反手，可事先商定主要由谁来回击中路来球。

第三，左区的接发球分占据大多数的局点、盘点和赛点。这些都是非常重要的关键分。接发球的好坏直接关系比赛的胜负，因此，左区的接发球员应该是技术全面、经验丰富、心理素质好的队员。

(2)前后分工

确定了左右区接发站位，接下来就是双打选手在各自区域的前后站位问题了。目前，接发球前后站位主要有以下几种。

①一前一后站位(见图 6-23)。同伴站在发球线与球网中间，接发球员站在端线处准备接球，是较为常见的接发球站位方法。这种站位方法一般用于如下情况。

第一，接对方第二发球或较弱的发球。

第二，准备抢攻(包括接发球配合抢网进攻)。

②双底线站位(见图 6-24)。同伴与接发球员都站在端线处。接发球员与同伴的站位，应根据对方发球与网前截击球的成功率来进行调整，在接发球破网的防守反击中伺机上网，抢占网前的有利位置。

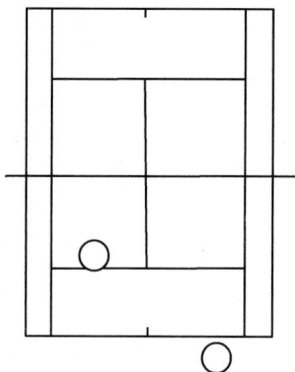

图 6-23　接发球一前一后站位　　　　图 6-24　接发球双底线站位

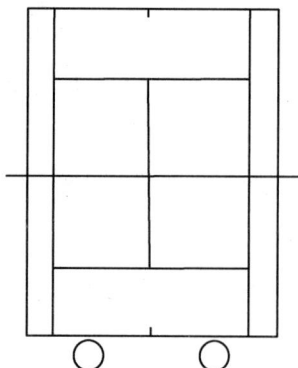

双底线战术一般在以下情况使用。

第一，对方的第一发球攻击力很强，我方接发球员接球被动时，同伴应该退守底线。

第二，发球方的发球与抢网配合默契，屡屡得手时，我方网前人应该退下来共同防守。

第三，对方采用同侧站位、澳式站位等特殊站位，我方接发球员对此很不适应时，应该与同伴一起在底线进行防守。

2. 接发球局战术

(1)接发球上网(见图6-25、图6-26)

为了抢占网前的有利位置，当对方发球时，接发球员迎上前去接发球并随接发球结束动作冲至网前。由于接发球员是向前迎击球的，因此回接球的速度比较快，能给对方发球上网截击或抢网造成很大威胁。同时该战术对接发球员的要求也比较高，要求接发球员判断好、动作迅速、朝发球上网者的脚下或双打边线处击球。

图 6-25　接发球局双上网战术一　　　　　图 6-26　接发球局双上网战术二

(2)接发球抢网战术(见图6-27)

在高水平的双打比赛中，接发球抢网战术经常被运用。此战术的运用，能增加发球上网者打中场截击球的心理负担，从而造成其回球失误或回球质量不高。在运用此战术时，接发球员要与同伴密切配合，当对方中场拦截质量不高的球时，应立即移动抢网，给对方致命一击；接发球员若发现同伴抢网，也应立即补位。

接发球员的同伴抢网时不要移动过早，以免被对方发觉而出现空当。

(3)接发球双底线战术(见图6-28)

在双打比赛中，如对方发球很有威胁，网前也非常活跃，为了破坏对方快速进攻的节奏，可采用接发球双底线的战术；由于我方两人都退守底线，对方在网前截击时会产生一定的心理压力，不能马上得分。因此对接发球员来说，首先应注意接发球的成功率，然后再寻找机会进行反击。破网要打得凶狠，以破中路和两边小斜角为主并结合挑上旋高球。

→ 表示球的
运动轨迹

----► 表示人的
运动轨迹

图 6-27 接发球抢网战术

→ 表示球的
运动轨迹

----► 表示人的
运动轨迹

图 6-28 接发球双底线战术

二、提高双打水平的窍门

(一)掌握并运用中心论

双打的中间地带,既是两个人都要管的地方,又似乎是两个人都可以不管的地方。在双打中,运用中心论应该是最基本的原则。

所谓中心论,并不是说一切球都以中心为目标,它更看重通过"中心"为攻击创造条件。比如发球到中心区,我方网前同伴向中间靠拢,使对方接发球的路线范围变窄。由于受到网前压迫,对方不得不冒很大风险强行发动攻击,这样做的结果往往不是出现失误就是给我方创造机会。因此,要果断地朝中间打。当对方回球效果不好时,再以决定性的一击打向边区,才是中心论的精髓。

需要强调的是,瞄向中心区击球,不能仅仅将球打入场内就了事,必须扎实、"清晰"地击球。如果打出没有攻击性的球,反而容易遭到对方攻击。中心论所谓的"清晰"包括:果断地、有攻击性地击球;尽可能使用平击球打法;挑出让对手触不到的高球;在只能削球时选择挑高球;在近网截击球时,尽可能将球截向对方脚下。

(二)发球攻击

双打必须掌握从发球就开始进攻的技术。发球要点是尽可能将球抛到前上方。但注意不能因为着急上网就边击球边前移,这样身体就会前倾,不利于发球的稳定,而应该完成击球之后再向前起动。

发球后的身体姿势会有些前倾。以这个姿势顺势向前跑动时,要注意使视线稳定保持在一条线上,可以有效抑制多余动作。发球时要把发快速球、慢速球、边线球和发中心线球结合使用,并且根据自己的发球类型判断回球路线,站好位置。

(三)接发球上网

接发球时使用类似截击的有利挥拍，由于要尽快向网前靠近，挥拍过大起动就慢，同时会导致挥拍过晚。另外，接发球回球要打对手脚下。如果能够打出下沉球，对方的回球通常会偏高，这样就为自己创造了机会球。接发球上网要想对准中心或者边线左右攻击是有难度的，需要特别娴熟的技术，所以首先要集中精力朝发球人脚下打下沉球。

(四)直线进攻

接发球瞄准对方网前选手打直线攻击。这一击并不一定非要得分，主要是为了破坏对方阵形。最好打出有速度的平击球，使球直冲对方，不要让对方抓住机会。当然，最好不要让对手看出己方的意图。

(五)截击放高球

双打通常是越靠近网越能创造对我方有利的局势。当对方两人都在前场截击对打时，我方最好边截击边贴近网。对手贴到网前，对我方威胁自然很大，这时有一种可以"起死回生"的打法，那就是截击放高球。要想放高球成功，必须判断对手中哪个人更近网，然后使球跳过其头顶上方。

截击放高球技术的要点是击球时拍面稍稍打开，击球后将拍面向上稍提起完成随挥动作。截击击球点是在腰部高度靠下一点的位置，所以膝关节弯曲程度一定要合适。

(六)澳式站位

目前，澳式站位是职业高手使用较多的站位方式。所谓澳式站位是当我方发球时，网前选手站到中心线附近，与同伴之间连成一条基本与网垂直的直线。这种站位的主要目的是封堵对方擅长的斜线接发球，从站位上就告诉对方"此路不通，请改变路线"。

采用澳式站位时要和同伴预先约定好移动方向，注意不要让对手看出自己想要向哪个方向移动，又要飞快地移动到位。同时，为了不妨碍发球，网前选手需要以全蹲姿势做好准备，但要在发球员击球之前快速移动到预定的位置，所以起动时机十分关键，移动过早易被对方识破，过晚则来不及对球做出反应，所以要反复练习一步跨出的步法。此外，如果再加上假动作迷惑对手，就能有更好的效果。对于发球选手而言，基本策略就是把球发到中心区，然后向网前选手移动的相反方向冲跑。

第七章
网球教学

第一节　网球教学大纲与进度的制订

一、教学大纲

网球教学大纲是以纲要形式编写的有关教学目标、教学内容和教学要求的指导性文件，是教师进行网球教学的主要依据，也是衡量网球教学质量的重要标准。网球教学大纲一般包括下列内容。

(一)大纲说明

大纲说明包括制订大纲的主要依据、教学的指导思想、教学内容的学时分配，以及课程目标和要求等。

(二)教学的目的与任务

根据培养目标，结合网球运动教学的特点，明确提出本课程的理论知识、技战术、规则、能力培养和素质教育等方面的具体任务。

(三)教学内容

教学内容应包括理论、实践和能力培养三部分的内容。理论部分应包括网球运动概述、技术战术理论分析、网球教材教法、竞赛组织工作、规则与裁判法、场地设施与管理、课余训练指导；实践部分的基本技战术教学内容要列出技战术名称，标明教材内容的层次关系，即普修内容与专修内容或重点内容与一般内容；能力培养部分要提出具体内容，如运用教学原则、选择教学方法与手段、组织教学工作的能力，讲述网球技战术理论方法的能力，自学、自练、自评和创新能力，辅导课外活动、组织竞赛和裁判工作能力，等等。

（四）教学的基本要求

教师自身要加强职业道德并坚守行为规范，努力提高业务素质，不断更新理论知识，联系网球课程教学实际，以身作则，教书育人，真正成为练习者的楷模。在教学过程中，要重视教学方法的改革与创新，注重运用多样化、现代化的教学手段，提倡教学相长，培养练习者的自学、自练、自评能力和创新能力。

（五）成绩考核

成绩考核应包括考核的内容、方法、标准及技评与达标、理论与实践和能力考核的比重等。

（六）教学基本条件

为有效地保证教学的正常进行，必须配备必要的场地设备与器材。

（七）教材

为了提高教学质量，保证教学任务的顺利完成，对教师必备的书籍和参考用书应有明确要求，即使用与大纲内容有关的教材。此外，也要选择其他比较权威的网球专著和杂志，扩大知识面，丰富和补充教材内容与教学方法。

二、教学进度

网球教学进度是根据网球教学大纲提出的目的任务、教材内容、教学时数，由任课教师结合练习者人数、场地器材等情况来制订的教学计划。简单地说，制订教学进度就是安排每一次课的教学内容。

网球普修课的教学进度一般分为以下几个阶段。

1. 第一阶段：入门阶段

第一，教授理论课，宣布本学期学习内容，概述网球运动。

第二，进行准备姿势、移动步法、握拍法、底线正手挥拍练习。

第三，进行底线正手徒手挥拍练习及结合球练习。

第四，进行底线反手握拍挥拍练习及结合球练习。

第五，进行底线原地正手结合球练习、底线移动正手结合球练习。

第六，进行底线原地反手结合球练习、底线移动中反手练习。

2.第二阶段：提高阶段

第一，进行底线正、反手移动练习和下手发球练习。

第二，进行上手发球技术——抛球、挥拍、击球分解动作至完整动作练习。

第三，进行接发球、发球与接发球结合练习。

第四，进行底线正、反手练习以及发球、接发球练习。

第五，进行网前正、反手截击练习。

第六，进行底线正、反手对角线练习结合网前正、反手截击练习。

第七，进行底线混合正、反手多球练习。

第八，教授理论，如比赛计分法、裁判法等。

第九，练习底线正、反手技术和发球、接发球技术，以及网前正、反手截击技术。

3.第三阶段：教学比赛阶段

第一，进行底线正、反手移动打定线练习，模拟比赛。

第二，进行底线正、反手定点变线练习和底线削球技术练习，模拟比赛。

第三，进行底线挑高球、高压球技术练习，模拟比赛。

第四，进行发球、接发球组合练习，模拟比赛。

第五，进行分组循环教学比赛。

第六，教授理论课，如网球技战术。

第七，练习底线正、反手上旋球技术，模拟比赛。

第八，练习底线正、反手上网截击组合技术，模拟比赛。

第九，练习网前正、反手截击和高压球组合技术，模拟比赛。

第十，练习网球基本战术，进行双打比赛。

第十一，进行班级教学比赛、裁判实习。

4.第四阶段：考试阶段

第一，复习之前的内容。

第二，进行技术技能考试。

第三，进行理论考试。

第二节 网球教学原则与方法

一、网球教学的原则

网球教学的原则是根据网球教学的基本任务和客观规律，对网球教师提出的基本要求。结合长期的教学实践和需要，网球教学的原则主要包括以下几条。

（一）现实性原则

现实性原则是指在网球教学过程中，教学的任务、要求、内容、组织教法和运动负荷的安排等都要从客观现实出发，并力求符合练习者的年龄、性别、身体发展水平、身体素质、心理素质、接受能力，以及学校的场地等现实条件和地区气候变化特点等实际情况，合理安排教学。

（二）直观性原则

直观性原则是指在网球教学过程中，结合网球运动规律，充分利用练习者的听觉、视觉、肌肉本体感觉和已有的知识、技能，以获得生动形象的表象，通过教师的正确示范和广泛运用图片、电影、录像等现代化的教学手段，从而达到有利于练习者掌握网球的知识和技能的目的。

（三）自觉积极性原则

自觉积极性原则是指在网球教学中，教师通过各种教学组织形式和教学手段、方法，培养、激发练习者学习网球运动基本理论知识和基本技能的强烈愿望，使之在学习过程中自觉发挥最大的主观能动性，把认真完成学习任务变成自主学习的行为。在教学中践行自觉积极性原则时应注意以下几点。

1. 明确学习目的

在网球运动教学的开始阶段，教师就应向练习者进行学习目的教育，使练习者认识网球运动在健身、竞赛等方面的意义，增强练习者学习网球运动的自觉性和积极性。教学开始时，应向练习者宣布教学的目的、任务、要求、考核项目与标准。每节课开始时也必须向练习者明确提出本节课的任务、内容与要求。在学习每一动作时，应向练习者讲明所学动作的作用，使练习者始终能有目的地进行学习。

2. 培养练习者对网球运动的兴趣

兴趣是最好的老师。在网球运动教学中，培养兴趣至关重要。有了兴趣，练习者就会努力克服困难，认真研究技术，自觉进行练习。在教学过程的各个阶段中，要根据练习者的情况，提出切合实际的要求，使练习者通过一定的努力达到要求。要使练习者在每次课上都有新的体会，能看到自己的进步。对基础较差、进步较慢的练习者，要以鼓励、督促教学为主，运用适合他们的教学方法，加快他们掌握动作的过程。对基础好、进步快的练习者，应适当提高教学要求，使他们能学到更多的知识和技能。课程的组织应多样化、动静结合，不同身体部位的动作练习要穿插进行，并适当采用游戏、比赛等方法，使网球运动教学成为一个生动、活泼的过程。

3. 了解和把握练习者心理活动规律

在网球运动教学中，教师要善于了解和把握练习者心理活动规律，有针对性地解决教学过程中出现的不良心理现象和由此引起的具体问题。练习者刚学会打网球时，容易出现忽视动作质量的冒进心理；遇到困难、完不成任务或任务完成得不尽如人意时，会出现悲观失望心理；纠正错误、改进动作效果不明显时，易产生焦虑心理。教学中，教师应根据导致练习者产生以上各种不良心理现象的原因，"因人而异，对症下药"，采用正确方法来消除不良心理。

4. 发挥教师的主导作用

要调动练习者学习的自觉性和积极性，必须发挥教师的主导作用。教师既要为人师表，教书育人，热爱自己的工作，注意自己的言谈举止，又要严格要求练习者，建立良好的师生关系。在教学上应做到精益求精，上课时精神振作，口令清晰洪亮，手势清楚大方，讲解要言简意赅、生动易懂，并且富有说服力和启发性。教师还应努力提高动作示范的质量，通过准确、优美、轻松、自如的动作示范，激发练习者的学习兴趣。

(四)巩固性原则

巩固性原则是指在网球教学过程中，为使练习者熟练地掌握网球技战术，通过多次多球反复地练习，从量变过渡到质变，达到动力定型、运用自如的程度。巩固性原则是由条件反射强化和消退的理论及人体技能适应性规律所决定的。网球技能的掌握是大脑皮层建立动力定型的结果，如果不及时提高，动力定型就会消退。

在网球运动教学中运用巩固性原则，应注意以下几点。

1. 集中安排网球课

网球课最好相对集中，每周安排2~3次课，以利于运动技能的巩固，避免因课与课间隔太久而发生运动技能的消退。

2. 反复练习

在教学中，要组织练习者进行反复、经常性的练习。在练习者初步掌握动作后，应让其进行大量的练习，使动作从量变到质变，逐步形成正确的动力定型。反复练习不是简单地重复，而是要不断提出新的、更高的要求，并经常进行技术评定，使练习者看到自己的进步，激发练习者学习的主动性，促进运动技能的巩固与提高。

3. 改变练习条件，提高练习难度

在网球运动教学中，改变练习条件对巩固提高所学知识、技术和技能可以起到良好的促进作用。改变练习条件，不仅可以检查练习者掌握技能的熟练程度，使练习者的运动技能得到进一步的发展，还可以丰富教学手段，提高练习者对学习的新鲜感。例如，在学习了反手击球和反手削球后，可以在进行正手击球—反手击球—正手击球—反手削球的跑动中变换练习，或者是在双方对打几个回合后，一方在打出落地深的回球后，随球上网截击。

（五）系统性原则

系统性原则是指在网球教学过程中，教学的内容、方法以及运动负荷必须根据人的认识规律、运动技能的形成规律、人体生理技能活动能力变化规律、技能形态改善和增强规律等进行合理安排。在教学过程中运用系统性原则时要注意以下几点。

第一，系统性教学和练习内容应按照由易到难、由简到繁、由主要到次要的方式进行。如学习正手反手击落地球技术时采取原地击自由落体球—原地击近距离抛球—原地击较远距离抛球—移动击原地抛球—移动中击隔网喂球，直到熟练掌握正反手击落地球技术。

第二，练习负荷应由小到大、由弱到强、由无球到有球，再到结合球网和场地及比赛实践。如刚开始练习时先采取原地击球，然后是小范围移动击球，最后是大范围移动击球练习等。

练习者应根据上述原则系统地进行多球练习，巩固提高，直到形成熟练的网球技能。

二、网球教学的方法

网球教学的方法是指在网球教学过程中，教师根据网球教学的目的、任务和内容所采用的方法和手段。网球教学法有教法和学法两层含义。

（一）网球教学法

依据教学实践，网球教学常用的教学法有以下几种。

1. 语言法

语言法是指在网球教学过程中，教师运用各种形式的语言刺激，指导练习者掌握练习内容并进行练习的一种方法。网球教学过程中，教师运用语言传递，指导练习者掌握技术动作和技能，加强练习者对网球技术动作方法与要领的理解，从而加速对网球基本理论、技战术的掌握。

在网球教学中，运用语言刺激的形式有讲解、口令指导、口头评价以及"默念"和"自我暗示"等。

（1）讲解

讲解指教师用语言向练习者说明教学任务和动作名称、作用、要领、做法及要求，以指导练习者掌握网球技战术和技能。在网球教学中，讲解是一种重要的教学手段。它是教师运用语言启发练习者积极思考，加深对教材内容的理解，促进对技术、技能进行掌握的基本方法。讲解的科学性和艺术性是教师教学水平的一个重要标志，对教学效果有很大的影响。讲解要追求生动形象、简明扼要，与动作示范紧密结合。

（2）口令指导

口令指导是用简洁的语言，以命令的形式来进行教学的一种语言刺激形式。

（3）口头评价

口头评价指在网球教学过程中，教师按一定的标准、要求，口头给练习者进行一定评价的方法，如"好球""很好""重心再降低些"等。

（4）"默念"和"自我暗示"

"默念"是指在做动作前默想整个动作或动作要领、发力和击球方向等。"自我暗示"是指在练习过程中暗自默念技术动作的关键字句，如底线抽球的引拍、上步、击球、随挥等动作要领。

2. 直观法

直观法是指在教学过程中，借助视觉、听觉、肌肉本体感觉等来感知动作的一种教学方法。网球教学中常用的直观方法有动作示范、教具和模型、电影、录像、多媒体等现代教学手段。

（1）动作示范教学

动作示范教学指教师（或练习者）以具体动作为示范，使练习者对所要学习的动作规范、结构、要领和方法有一个清晰的了解，使其建立正确的动作表象，提高练习者学习的兴趣。教师的正确示范是网球运动教学的一种最基本手段。它能使练习者通过视觉真切地感知整体动作概念，从而帮助练习者掌握正确的网球技术。教学中正确、优美、恰当的示范可以有效地激发练习者的学习欲望。

（2）教具和模型教学

教具和模型教学是指借助挂图、图表、照片等直观教具进行教学。采用该方法有助于练习者建立正确的动作表象，了解技术动作的全过程。

(3)电影、录像、多媒体教学

这些教学方法是现代电化教学手段，是生动、形象、富有真实感的教学方法。该方法的灵活运用，能引起练习者的学习兴趣，有助于练习者明确技术的进程，还可以根据教学的需要快放、慢放动作甚至定格动作的影像，进而对动作进行深入分解和剖析。

3. 完整与分解法

(1)完整法

完整法是指从技术动作的开始到结束，不分部分和段落，完整地进行的教学方法。完整法一般是在动作比较简单(如准备姿势)，或者动作虽然比较复杂但难以进行分解(如上手发球动作的完整动作)，或者为了不破坏动作结构时采用。

(2)分解法

分解法指把完整的技术动作合理地分成几个部分，先分后合，依次进行教学，最后达到掌握完整技术的一种教学方法。

(3)完整法与分解法综合运用

分解法教学与完整法教学是相对而言的，对于整体来说是分解，对于局部来说则是完整。采用哪一种教学法，应根据动作的复杂程度和学习者的接受能力而定。学习简单动作时，完整法优于分解法；学习复杂动作时，分解法又优于完整法。动作的复杂程度对练习者来说，也是相对的。同样的技术对基础好、学习能力强者而言，可能是简单技术，宜采用完整法施教；对基础差、学习能力弱者而言，可能是复杂技术，宜采用分解法施教。

在网球教学中，应把分解教学与完整教学很好地结合起来。应以掌握完整技术为目的，通过分解练习使练习者体会动作要领，并积极创造条件向完整练习过渡。在完整教学中，亦可以用分解法来加强练习者对局部动作的练习。

网球教学中常用的方法是"完整、分解、再完整"练习法。这是一种以完整教学为主导，把分解法和完整法很好地结合起来的教学方法。教师在示范、讲解后，应让练习者完整试练，初步建立完整动作概念，然后进行一定的分解练习，使练习者初步掌握分解动作要领，再转入完整动作的练习。

另一种常用的方法是"分解、完整、再分解、再完整"练习法。在教学中，进行分解练习，让练习者初步体会分解动作要领后，立即转入完整练习；然后进行分解练习，改进局部技术，最后进行完整练习，通过几次循环，达到完整掌握动作技术的目的。

4. 预防与纠正错误法

在网球教学中，由于种种原因，练习者难免会产生这样或那样的错误动作，如挥拍时手臂僵直，拍头下掉，以及发球时产生拉拍动作等。如不及时纠正，就会形成错误的动力定型，影响对正确技能的掌握和技能的提高，严重者甚至会引起运动损伤。因此，在教学中，教师必须采取积极有效的措施来预防和及时纠正错误动作。

（1）预防法

预防法指教师在教学过程中，所采用的有效预防错误动作的各种手段与方法。在教学中，教师应根据教材内容、特点，对练习者可能产生的错误要预先提醒，或在教学手段上注意预防，对练习者已发生或偶然产生的错误动作要及时指正，防止练习者错误动作的形成，减少错误动作的发生和定型。

（2）纠正错误法

纠正错误法是指针对练习者个人出现的错误或集体存在的共性错误以及战术配合中形成的错误，教师有针对性地采取的纠错手段和方法。在教学过程中，常用的纠正错误动作的方法有正误对比法、降低难度法、附加条件法、限制教学法等。

5. 游戏法

游戏法是指以游戏的方式，在规则允许的范围内，充分发挥练习者的主动性和创造性，以达到网球教材内容所规定的目标而组织练习者进行学习的一种方法。

6. 比赛法

比赛法也称竞赛法，是指在竞赛条件和环境中进行教学和训练，达到检验教学效果和提高网球技战术运用能力的一种教学方法。

（二）网球学练法

学练法是指在网球教学训练过程中，练习者在教师的指导下，按照一定的计划和要求，独自进行自学、自练、自评的方法。依据教学实践，练习者常用的学练方法有以下几种。

1. 自学法

自学法是指练习者自主学习网球基本理论、领会动作要领、掌握技术环节的一种方法。它包括阅读法、观察法、比较法、讨论法等。

（1）阅读法

阅读法是指练习者通过阅读网球教材来感知和理解网球技术原理的一种方法。

（2）观察法

观察法是指练习者通过提前观摩将要学习的技术动作，进行有目的的感知，初步建立动作概念和表象的方法。

（3）比较法

比较法是指练习者就同类的某项技术动作进行对照，然后进行综合分析的方法。

（4）讨论法

讨论法是指练习者依据教师提出的问题，相互交流个人看法，相互讨论，启发学习的方法。

2. 自练法

自练法是以练习者的独立练习为主，是练习者自发、有目的地反复练习网球某一技术动作的一种方法。常用的自练方法包括模仿练习法、反馈练习法、强化练习法等。

（1）模仿练习法

模仿练习法指按照教师提供与演示的动作模式或其他类型的标准动作为样板来进行模仿，从而形成稳定的网球技术和技能定型的方法。

（2）反馈练习法

反馈练习法指为了掌握网球某项技战术并产生积极效果，不断获取反馈信息，以加强自我诊断与自我纠正，不断改进和提高技战术质量与效果的方法。

（3）强化练习法

强化练习法指在反复练习的基础上，创设比较复杂的练习条件和外部环境，通过自我强化练习的途径，来巩固网球技战术的方法。

3. 自评法

自评法是指练习者在练习过程中，对自己学练的标准、质量与效果进行自我判断，进而采取控制与调节的一种方法。它包括目标评价法、动作评价法、负荷评价法、效果评价法等。

（1）目标评价法

目标评价法指练习者对自己的练习目标、自我监督意识、实施目标以及意志与行为进行评价的方法。

（2）动作评价法

动作评价法指练习者在练习过程中，对自己掌握技战术的质量和效果进行评价的方法。

（3）负荷评价法

负荷评价法指练习者在练习过程中，依据人体生理机能和心理状态的变化，评价身心负荷的方法。

（4）效果评价法

效果评价法指练习者自身通过一定的检测手段（如测验、技评与达标等），对一学期或一学年的学练结果进行技战术、心理、体能等评价的方法。

第三节　网球教学的任务与阶段性特点

一、网球教学的基本任务

第一，通过网球教学，培养练习者严密的组织纪律性、团结协作的集体主义精神和勤学苦练、顽强拼搏的优良作风，培养良好的竞争意识。

第二，网球教学过程中，帮助练习者通过学习网球运动的基本理论知识，掌握网球基本技战术和基本技能，具备从事初级网球课程教学的能力，做到会打、会讲、会教、会学。

第三，帮助练习者掌握开展学校课外活动与组织基层网球竞赛的基本手段和方法，初步具备担任网球裁判工作的能力。

第四，使练习者具备网球专项身体素质、丰富的健身知识，促进练习者身体正常发育和技能全面发展，为练习者提高体能和运动技术水平打好基础。

第五，通过网球教学，使练习者学会科学锻炼身体的方法、手段，养成经常锻炼身体的良好习惯。

二、网球教学的阶段性特点

网球教学，与其他体育教学一样，学习并形成动力定型的过程主要有三个阶段，即动作泛化阶段、动作分化阶段、动作定型阶段。

(一)动作泛化阶段

动作泛化阶段是粗略地掌握基本技术动作的阶段。指练习者初学网球基本技术时，表现出挥拍击球动作紧张、不协调，缺乏对球拍和球的控制力，并伴有一些多余动作，如击球后身体后仰等。

人体受到的内外界的刺激，通过感受器传到大脑皮质，引起大脑皮质细胞强烈兴奋。另外，由于皮质内抑制尚未确立，大脑皮质中的兴奋与抑制都呈现扩散状态，使条件反射暂时联系不确定。这个阶段的网球教学主要是通过网球基本击球动作的示范和模仿，使练习者建立起正确的击球感性认识，预防错误动作，排除不必要的多余动作。让练习者通过反复地挥拍击球，结合对球的飞行轨迹和方向的判断，粗略地掌握网球击球的基本技术动作。动作泛化阶段应注意几点：首先是教师的示范、讲解应正确且规范；其次是让练习者通过模仿，体会肌肉感觉；再次是精讲多练，让学生多体会；最后是抓要点、放细节。

这个阶段的具体教学特点是：动作示范要做完整、准确，让练习者建立起完整的技术概念；结合讲解，先将整个击球动作分解成握拍准备、向后引拍、向前挥拍击球、随挥四个过程，再让练习者进行相邻技术环节的连贯练习，使其逐步掌握整个完整击球技术动作。同时，还要注意加强对练习者的自信心和意志力的培养。

（二）动作分化阶段

动作分化阶段是改进和提高技术动作的阶段。此阶段练习者的基本技术初步定型，能在球速较慢的情况下比较准确、轻松地完成击球动作，但还不太熟练，技术上也有些问题，甚至会忘记已初步掌握的技术动作。

这个阶段的教学任务是：进一步建立正确击球技术动作的表象，消除多余和错误的动作，基本能够准确、有效地击球。大脑皮质内抑制机制已经建立，大脑皮质运动中枢兴奋和抑制过程逐渐集中，使条件反射较为稳定。

这个阶段的教学特点是：加强击球动作各个过程间的连贯与协调，结合准确的对球的判断，提高击球动作的节奏性。如教正手击球时，用"一、二、三"来提示练习者向后引拍到位，用"四"作为向前挥击球的口令，来提高击球动作的连贯性和节奏感。分化阶段应注意几点：一是消除错误、改进技术；二是提高动作准确性、协调性、实效性；三是多措施、多手段；四是注意观察，抓主要问题；五是采取有针对性的措施来及时纠正练习者的错误。

本阶段还要注意击球动作的反复性，练习者经常会出现不会做已掌握的技术动作的现象。应根据造成这种状况的原因，如身体疲劳、以前的坏习惯的复苏和干扰、练习方法不当、环境变化的影响和精神状态不佳等，具体问题具体分析，适当地做出调整，克服困难，不断地巩固基本击球技术。

（三）动力定型阶段

动力定型阶段指能十分准确、熟练、轻松、自然地完成基本击球技术，形成了巩固的技术定型阶段。这个阶段练习者通过反复练习已掌握了的固定的正确技术动作，并达到运用自如的程度。

这个阶段的教学任务是：巩固已形成的击球动作，使练习者在比较复杂的条件下也能较好地完成击球技术动作，而且保证一定的击球质量。大脑皮质的兴奋和抑制在时间和空间上更加集中和精确，条件反射亦十分稳定。

动力定型发展到巩固过程后，并非一劳永逸。一方面，练习者还应继续在巩固的基础上精益求精，不断提高动作质量，使动力定型更加完善和巩固。另一方面，如果不再进行练习，动力定型将会消退。动作技术越复杂，难度越大，消退就越快。巩固阶段应注意几点：首先是通过大量地反复练习，使动作达到自动化；其次是练习手段的变化应丰富；最后是用分组比赛的方法，调动练习积极性，增强学生的练习兴趣。

这个阶段的教学特点是：通过大量的重复练习，提高眼、手、脚协同配合击球的感觉，并且能达到自动化程度。练习方法由易到难，不断变换，如喂送球的距离逐渐拉长至底线、喂送球的速度由慢到快、喂送球的落点由近身到稍远等。

以上形成击球基本技术的三个阶段既是紧密联系的，也是相对的，没有绝对的界限可言。在实际教学中，应针对练习者掌握击球基本技术的具体情况，一方面在各个阶段采用不同的教学方法和手段，另一方面也应注意各个阶段之间的内在联系，从而使练习者能较快地、准确有效地掌握网球击球基本技术，并掌握一定的练习方法。

第四节　网球教学的基本内容

一节网球教学训练课一般由准备活动、技战术教学和放松活动组成。准备活动与放松活动的内容都应符合技战术教学内容的要求，技战术教学内容的安排则应根据网球运动的体系结构来有计划地系统安排。

一、准备活动

准备活动是指在每次打网球或进行网球教学训练之前进行的热身活动。其目的是使身心机能尽快进入临战状态，以便更好地发挥技战术水平，并预防运动损伤的产生。不同运动项目对准备活动的要求是不一样的。理论上准备活动应与不同运动项目的特点相符合，是进行准备活动的基本要求。因此，打网球前的准备活动应与网球运动的技战术要求相适应。另外，准备活动不必千篇一律，可在基本要求内有所变动。具体安排准备活动时应注意以下几个方面。

第一，准备活动时间最少 20 分钟。

第二，气温较高时可适当缩短准备活动时间，气温较低时要适当延长准备活动时间。

第三，提前到达球场，为准备活动预留足够的时间。

(一)跑

跑是进行准备活动的最常见、最基本的方式。在网球运动中，准备活动的跑根据功能的不同可分为慢跑和小步跑两种。

1. 慢跑

慢跑几乎是所有准备活动的开始，其功能在于使身体如机动车般"预热"，从而解除身体各肌肉关节的"僵冷呆滞"状态。慢跑时应注意以下几点。

第一，慢跑的目的是使身体微微发热，因此夏季慢跑的时间应比冬天短。

第二，慢跑要舒缓且有弹性。

2. 小步跑

小步跑的目的在于提高步法的灵活性，同时小步跑也是网球中常用的步法。进行小步跑练习时应注意以下几点。

第一，练习的范围要小。

第二，练习的步频要快。

第三，练习的路线要富有变化。

（二）伸展练习

伸展练习是保证身体各肌肉、关节和韧带不受损伤的重要手段。网球准备活动中需要进行伸展的身体部位主要是在打球过程中常用的身体部位，如颈、腰、肩、肘、腕、髋、膝、踝等处的关节韧带。进行伸展练习应以循序渐进为原则，练习形式则以静力性练习为主，练习方法则多种多样。以下举例其中的某一种方法并加以阐述。

1. 颈部伸展

双腿盘起坐在地上，下巴触胸，然后抬头看天，重复练习；向左偏头，再向右偏头，重复练习；在保持肩膀尽量下降的情况下，尽量用右耳触右肩，用左耳触左肩。每种姿势练习 15 秒左右。

2. 踝关节的伸展

两腿开立并保持膝关节伸直，将脚尖翘起，做最大限度的绕环动作。每个方向做 15 次左右。

3. 肩部伸展

肩部伸展的练习可采用以下两种方式。

第一，站立，用一只手努力地触摸同侧的肩，同时另一只手扶住该手的肘部并将其轻缓地向后拉，拉至极限处停留 15 秒左右。如此每只手重复做 3 次。

第二，站立，一只手伸直并指向斜下方，另一只手用力将其往身体上拉，至三角肌感觉紧张时停留 15 秒左右。

4. 腰部伸展

第一，双腿直立，双手叉腰，尽力挺身，使腰部前后弯曲，至极限处保持 20 秒左右。

如此重复 3 次。

第二，双脚开立与肩同宽，将一只手置于同侧的臀部上，然后身体和另一只手向该侧尽力倾斜(注意不要向前倾斜，脚跟不要离地)，至极限处保持 15 秒左右。如此每侧重复做 3 次。

第三，双脚开立与肩同宽，脚尖朝前，双手抱头，慢慢向一侧转动肩膀，至极限处坚持 15 秒左右。如此反复练习 3 次。

二、网球技术教学

网球技术教学是网球教学的主要内容。技术教学质量的好坏决定着今后战术教学的好坏。技术教学包括步法教学和击球技术教学。

(一)步法教学

对一个网球运动员而言，步法的作用是非常重要的。当一个球员的技战术水平处于停滞不前的状况时，进行有针对性的步法训练往往能起到事半功倍的效果。通常单独的步法练习在网球教学训练中并不常用，结合击球练习的步法练习则比较常见。

常见的步法练习一般分为以下三种。

第一，分别进行并步、跑步、侧身跑、后退跑、跨步、垫步等基本步法的练习。

第二，将以上基本步法结合各种徒手或持拍击球进行练习。

第三，进行各种基本步法组合结合各种徒手或持拍击球的练习。

(二)击球技术教学

底线技术包括正反手平击球、正反手击上旋球、正反手削球、正反手截击球、正反手放小球、高压球等技术。由于前面已经对网球技战术教学的基本方法、步骤都进行了较为详细的讲述，本节重点阐述人数较多时网球击球技术的教学组织形式。

与篮球、足球、排球等其他球类运动的教学不同，网球教学对场地的要求较高。由于一块网球场无法同时供过多的练习者使用。因此，为了在人数较多情况下使每一位练习者都得到足够的练习时间，教师或教练员在组织教学与训练时应注意以下两点。

第一，每一节网球教学或训练课对人数应有所限制，最好每块场地人数保持在 4～10 人。

第二，采取合理有效的练习组织形式，保证每个练习者的训练时间和密度。尽量使所有练习者都能同时进行练习。如果无法达到这一点，也不应使某些练习者休息过长的时间。

为达到以上目标，教师和教练员一般应采取以下方法。

第一，当某些练习者在场上进行练习时，可以让其余学习者在场外进行诸如对墙击球练习等其他练习。

第二，将练习者分成2~4人一组，使其排成一列或一路。排头的练习者首先进行4~6次有球练习后，跑至本队尾；同组的第二人进行练习，如此不断循环。其间非练习者可跟随有球练习者的动作和节奏进行徒手练习。

第三，将练习者分为两组，每组又分为两个分队。一组练习正手击球，另一组练习反手击球。其中，每组的一队首先作为练习者，称练习队；另一队首先在场地对面捡球，称为捡球队。捡球队把捡到的球放到喂球者旁的球筐后，跑至另一组练习者队伍末尾作为另一组的练习者等待练习；练习队的人连续击球4~6次后跑到场地对面捡球，最少捡够自己打出数量的球。两组如此循环进行正手练习组和反手练习组的互相转换练习、练习队和捡球队的互相转换练习。

三、放松练习

在网球场上尽兴之后，许多人喜欢坐在场边喝饮料、聊天，然后收拾衣物离场，其实这是不科学的结束训练的方式。

运动后进行科学的放松整理活动，可使心血管系统、呼吸系统的活动继续保持在一个较高的水平上，促进肌肉的恢复，有利于偿还运动时所欠的"氧债"，避免由于局部循环障碍而影响代谢过程。运动后及时做一些拉长肌肉韧带的静力牵拉练习和按摩放松活动，能促进肌肉的乳酸代谢，以缓解肌肉和关节的酸痛感觉，促进肌肉疲劳的恢复，减少再次运动时因肌肉没有恢复而造成的伤害。

网球初学者由于还没有形成正确的动力定型，打球时往往过多地用蛮力而不是巧劲，一节课或一场球下来，肌肉关节产生强烈的疲劳感，因此网球初学者更需要科学的放松整理运动。如果每次打完球都能拿出10分钟或再多一点的时间做一做放松运动，将对缓解肌肉的紧张状况、恢复肌肉的弹性有事半功倍的积极作用。但要注意的是，放松运动不能做得太剧烈，因为骤然的拉伸会适得其反。

放松包括肌肉放松和心理放松两部分。肌肉放松方法主要是采用手揉捏、敲打、抖动或用球拍敲打等方法对负荷量较大的肌肉部位（如肩、臂、大腿、小腿部肌肉）进行放松，或者也可以选择温水浴、桑拿浴、按摩、理疗、吸氧等方法。心理放松主要采取意念放松。一般来说，运动过程中或运动后都应注意放松整理活动。

以下列举几种常用的放松法。

（一）肌肉放松

1. 上肢肌肉放松活动

站立，上肢前倾，双肩双臂反复抖动，直至发热为止。

2. 下肢肌肉放松运动

第一，仰卧，举腿，拍打、按摩、抖动大腿内、前、后侧和小腿后侧，以及臀、腹、侧腰部。

第二，拉压左右脚跟腱。开始时用力轻、弧度小一些，之后慢慢加大力量，拉至最大限度时静止 30 秒左右，然后用双手揉捏、抖动来放松小腿。

第三，单足站立，静力拉大腿肌肉，至最大限度时静止 30 秒左右；坐姿压腿，至最大限度时静止 20 秒左右，双手捏揉放松大腿，站立抖动放松大腿。

3. 腰背部肌肉放松

第一，双手抱膝、下蹲、低头、反复上下颤动，直至腰椎发热为止。

第二，运动屈伸放松腰背，敲打背部。

4. 全身休整运动

站立，双膝屈，双手体前扶地，充分运用气息，深吸气于胸，"屏息"(不呼也不吸，不是憋气)慢吐气于腹(丹田)。如此反复几次，同时上肢慢慢抬起、直立，直至脉搏恢复至运动前的正常脉搏为止。

(二)意念放松

意念放松可以分为以下几个步骤。

第一，两腿分开站立与肩同宽，两手下垂，双眼闭目，心无杂念。然后慢慢用鼻子深吸气，再缓慢用嘴吐气。

第二，两腿分开站立与肩同宽，两手下垂，双眼闭目，心无杂念。然后两臂同时缓缓前举至水平位再慢慢下放，两臂前举时用鼻子深吸气，放下时用嘴吐气。

第三，两臂同时缓缓侧平举至水平位置再慢慢放下，举臂时吸气，放下时吐气。

第四，两臂前举至水平位，然后同时向外扩展至侧举再慢慢放下，注意配合呼吸。

第五，两臂上举，头后仰展体，然后低头含胸屈体，两手向上、向后时吸气，向前、向下时呼气。

第六，仰卧在垫子上，身体完全放松，闭上眼睛，呼吸均匀。想象风平浪静时大海的波浪浮动或蔚蓝的天空中朵朵白云飘动的情景。

练习与思考

1. 网球教学大纲与进度有哪些内容？

2. 网球教学的原则是什么？

3. 网球教学的任务是什么？教学阶段的特点体现在哪些方面？

4. 网球教学的基本内容是什么？

第八章
网球训练计划的制订

第一节　专业训练计划的制订

科学的训练是现代网球运动训练的重要特征。训练的科学性主要表现在训练的计划性上。运动员按照计划有系统、有目的、有控制地进行训练，可减少训练的盲目性，少走弯路，顺利实现训练目标。现代较专业的网球训练内容体系由过去的身体、技术、战术三种训练内容，扩大为包括智力训练、心理训练和作风训练在内的六大训练内容。所以，在制订训练计划时，必须根据训练的基本原则，从实际出发，科学、正确地划分训练的各个阶段，确定各阶段的训练内容、时间、进度和运动负荷。训练计划本身是对未来的训练活动预先做出的理论设计，描绘了运动员由现实状态向实现目标状态转变的通路。

任何一个有一定时间跨度的训练计划，通常包括运动员的初始状态诊断、训练目标的建立、训练阶段的划分及其任务和内容的确定、比赛的安排、运动负荷的动态变化、训练方法与手段的选择等方面。

一、训练计划的种类

网球运动实践中，一般按训练时间的跨度来划分训练计划。每个大时间跨度的训练计划大都是由若干个小一级的时间跨度计划组合而成的，它们之间存在依赖关系。

(一)多年计划

多年计划是训练的长远规划，是指根据网球运动员参加训练的具体情况来确定训练年限，并以此为依据确定训练目标、任务，制订出目标所要达到的技术、战术、身体素质及心理素质等方面的要求和指标。它不必很详细、很具体，但其中的目标必须明确，任务要切合实际，以保证训练的系统性和可操作性。

(二)年度计划

年度训练计划是多年训练计划的基础。年度计划的任务能否完成将直接决定多年计划目标能否实现。年度计划任务的确定、所制订的指标和要求、所采取的训练方法和措施等都应以多年计划为依据。

(三)阶段计划

阶段计划又称周期计划，是完成年度计划的基础。它所制订的任务、指标和要求等均以年度计划为依据。周期一般可按季度、月份或根据比赛阶段和任务来划分。

(四)周计划

周计划是根据周期计划确定的任务和要求制订的一周训练计划。

(五)课时计划

课时计划是依据周计划制订的一节训练课的训练安排。

以上计划中，多年计划和年度计划是宏观层面的战略性规划。计划内容是框架式的，不应追求过于详尽，在实施过程中一般较为稳定。阶段计划、周计划、课时计划则是实施训练的具体计划，在训练过程中可能要根据具体情况作适当调整。

二、计划的基本内容

虽然各种训练计划在内容上各有侧重，但运动训练过程的基本结构都是一样的。通常训练计划的基本内容包含以下几部分。

(一)运动队构成

正确分析队伍的构成情况是制订计划的重要依据，其内容应包括全队人数、队员的年龄、训练水平(运动员的技术等级、比赛成绩、素质水平等)、打法类型及心理状况。

(二)训练任务及指标

主要根据比赛任务，预测运动员通过训练可能达到的成绩和所要达到的身体素质指标。提出任务和指标时，要依据实际情况科学地作出预测。

为完成计划指标，应提出在技术、战术训练方面需要重点解决的问题。安排内容时要注意处理好新技术的学习、原有技术的改进以及与战术训练的结合。只有处理好这三方面的关系，才能保证技术、战术训练呈现出逐步提高的趋势。

(三)训练内容的时间比例

每种较大时间跨度的训练计划,都有一个总的训练任务。在总的训练任务之下又有许多具体的训练任务。为了完成各项具体任务,必须合理地安排训练时间,在不同的训练阶段,抓住重点,逐一去完成。训练内容的时间分配比例,一般根据不同训练时期的不同任务和运动员的不同训练水平来确定。训练时间的分配包括一般身体训练与专项身体训练的比例、技术训练与身体训练的比例、技术训练与战术训练的比例和统一安排与区别对待训练的比例(见表8-1)。

表 8-1　专业网球训练内容时间安排比例

内容	身体训练		技术与身体训练		技术与战术训练		统一安排与区别对待训练	
	一般	专项	技术	身体	技术	战术	统一	区别
比例一	7	3	7	3	6	4	7	3
比例二	6	4	7.5	2.5	5	5	6	4

(四)训练进度

按照不同训练期所确定的训练任务,把要训练的内容按由浅入深、由简到繁、由粗到细、由部分到完整的顺序进行安排,切忌冒进。

(五)负荷安排

全年训练应逐步加大运动负荷,但运动负荷的增加应要有节奏、有限度地进行。在训练中,要特别注意处理好负荷量和负荷强度的关系。在不同的训练阶段,负荷量的安排一般是由小逐步增大的,到竞赛期逐步减少,再稍增大,到调整期达到最小;负荷强度在训练期开始较小,之后逐步增大,到竞赛期增至最大,在调整期逐渐减小。掌握好负荷量和强度在不同训练阶段的变化规律,有利于合理安排运动负荷。此外,在安排运动负荷时,还应根据运动员的年龄和训练水平区别对待。

三、制订训练计划的依据

(一)运动员的现实状态

运动员的现实状态既是运动员参加训练活动的出发点,也是运动员通过一定时间的训练后可能达到的新的技术水平的重要前提条件。这里是指运动员在以往的比赛中的运动成绩(竞技水平及比赛名次)和已经达到的竞技水平。

(二)运动员的竞技潜力

同运动员已具备的竞技能力一样,运动员的竞技潜力表现在三个方面,即表现在遗传效应、生活效应和训练效应的可能性之中。如对于正在生长发育中的少年儿童，就应充分考虑发育潜力，即考虑其还有多少遗传效应会在将来的训练过程中表现出来并促进其竞技能力的提高。理想的训练效应是运动员发展竞技潜能的主要途径。

(三)训练条件

良好的训练条件是取得理想训练效应的重要前提。这里首要的因素是教练员的事业心和业务水平，另外，还有医务监督、恢复、场地器材及家庭各方面的社会保障等。

综上所述，确定训练计划指标时需考虑的因素如下。

运动员起始状态：运动成绩、竞技能力、训练史。

竞技潜力：生长发育潜力、训练潜力。

训练条件：训练期限、教练员、场地器材、社会保障。

比赛目的：训练性比赛、创造成绩及竞技名次。

比赛条件：对手、规模设施、时间、地点、裁判及评定手段。

四、制订训练计划的方法

(一)制订多年训练计划

多年训练计划是指对运动员从开始参加训练到达到高度竞技水平，直至停止训练活动这一全过程的整体规划。在制订多年训练计划时必须明确两个问题，即划分训练阶段和运动员在全部训练过程中进入各训练阶段的最佳年龄。确定这两点的基本依据是运动专项的特点及本专项最优秀运动员进入各训练阶段和取得优秀成绩时的年龄特征。网球运动员进入各阶段的最佳年龄大致如表8-2所示。

表8-2　网球运动员各训练阶段最佳年龄

训练阶段	年龄	训练年限	说明
启蒙阶段	6～9 岁	3 年	
基础阶段	10～13 岁	3 年	进体校
提高阶段	14～19 岁	6 年	进职业俱乐部
成熟阶段	20～22 岁	13 年	获全国冠军

在制订计划时，还应注意确定身体训练和技术训练的比例、一般身体训练与专项身体训练的比例、技术训练与战术训练的比例及运动负荷的变化趋势。其中，对不同情况运动负荷的变化趋势需要特别注意，以使训练符合竞技能力形成和发展的客观规律。

(二)制订年度训练计划

年度训练计划是组成多年系统计划的基本单位，是各种计划中最重要的。年度训练计划需确定周期的划分和大周期中各时期、各阶段的训练要点、需要解决的问题、主要内容安排。

1. 周期的划分

一般训练周期可分为单周期、双周期和多周期。单周期以一年为一个周期；双周期以半年为一个大周期，全年有两个大周期。确定大周期的主要依据是大型比赛的安排。多周期以参赛的次数来确定周期，目前专业队和职业网球选手的训练大都采用多周期的训练。

2. 大周期中各时期、各阶段的训练特点

一个大周期可分为赛前准备期、比赛期和赛后休整期三个部分。其中准备期和比赛期又可分为若干个阶段。在制订训练计划时，要特别注意各个时期、阶段的衔接，以保持训练的连续性。

(三)周期训练计划的制订

周期训练计划有两种类型，一是全年计划中的一个有机组成部分，二是短期的集中训练。

周期训练计划的构成及负荷特点是：一个周期的训练过程，可以被看作若干个周训练过程的组合。在训练过程中，当为完成一个特定的训练任务而制订连续几周的专门阶段训练计划时，每个周期计划都由一组有独立任务的周训练计划构成。其负荷结构有多种形式。

(四)周训练计划制订

周训练计划类型和负荷特点是：根据训练任务、训练内容的不同，周训练可以被分成基本训练周、赛前训练周、比赛周及恢复周4种，而且每一种的负荷特点都不一样。周训练计划结构的确定和内容安排必须满足以下要求。

第一，在不同的训练课中，训练内容要交替安排，以充分利用运动员有限的竞技能力，避免训练过度，逐步提高运动员竞技水平。

第二，在安排身体素质、技术和战术训练时，要考虑运动员的机体状态。

第三，制订计划结构时，必须将不同负荷后所必需的恢复时间和手段考虑进去，否则其他周的训练将会受到影响。

第四，制订计划的同时要安排好各种训练的比例。

(五)课时训练计划的制订

课时训练的任务和内容主要根据周计划的统一要求和运动员的现实状况来确定。每个课时的训练任务既可以是单一的，也可以是综合的。一次综合训练中，训练内容以2~3项为宜。要合理安排练习内容和顺序。一次训练课由准备部分、基本部分和结束部分组成。

准备部分一般连续进行 15 分钟左右。基本部分是训练课的核心部分，占时最多，占一次训练课用时的 60%～90%。其运动负荷有一次或几次达到高峰。在结束部分应做一些轻松愉快的活动，以加快机体的恢复。通常连续进行 10 分钟左右即可。

第二节　业余自练计划的制订

对于业余网球爱好者来说，球技从初级水平上升到中级水平，再到高级水平要经历一个长期的过程。无论在哪个阶段，不仅要考虑当时的水平状况，还要考虑下一个阶段如何提高的问题。虽然不必像职业运动员那样制订多年训练计划、年度训练计划、周期训练计划、周训练计划及课时训练计划等相对详细的规划，但至少在自我练习的过程中要有系统、有目的、有要求、有步骤、有控制、有检查地进行各种训练。这一切都必须有一个周密的计划，否则只能事倍功半。

表 8-3　各级别选手自练计划训练内容示例

级别	序号	基本技术									战术		身体素质	比赛
		正手击球	反手击球	发球	接发	截击球	挑高球	高压球	放小球	反弹球	单打	双打		
初级	1	✓	✓										✓	
	2	✓	✓	✓										
	3	✓	✓	✓	✓						✓		✓	✓
	4	✓	✓	✓		✓						✓	✓	✓
	5	✓	✓	✓			✓				✓		✓	✓
中级	1	✓	✓										✓	
	2	✓	✓	✓							✓		✓	
	3	✓	✓			✓							✓	
	4	✓	✓			✓	✓	✓			✓			✓
	5	✓	✓						✓		✓	✓	✓	✓
	6	✓	✓	✓		✓		✓			✓	✓		✓

级别	序号	基本技术									战术		身体素质	比赛
		正手击球	反手击球	发球	接发	截击球	挑高球	高压球	放小球	反弹球	单打	双打		
高级	1	√	√	√							√		√	
	2	√	√				√	√			√			√
	3	√	√	√	√	√				√		√	√	
	4	√	√			√	√	√		√		√		
	5	√	√	√				√	√		√		√	
	6	√	√	√	√	√	√	√	√	√		√	√	√

注：√代表选择项。

科学的自我训练计划应考虑本人的实际情况，包括年龄、身体、技术、心理、智力、特点、潜力等方面；还应结合本人所确定的阶段和最终目标来具体制订（见表 8-3）。特此以不同级别技术水平选手自我训练计划为例，为网球业余爱好者制订自我锻炼计划时提供参考。

一、不同技术水平的训练安排

（一）初级水平

初级水平训练的主要任务是打基础，包括身体素质基础和基本技术基础。

1. 身体素质训练

在保持各项基本身体素质的基础上，突出训练步法移动的灵活快速性、腰背肌力量、腕部力量及挥拍的速度等，为掌握新技术和技、战术的全面化打好身体素质的基础。

2. 技战术训练

在全面技术训练的基础上着重抓基础动作训练，重点是正、反手抽球和发球、接发球技术，并尽快形成正确的动力定型，为今后掌握新技术打好基础。战术方面应重点提高个人战术意识和个人战术变化，还要适当地进行基础战术的衔接训练。

3. 心理素质训练

从参加训练的初始，就要打下心理素质的基础。除了要在各种训练中都有意识地贯彻心理训练的内容外，对某些心理特征还要给予特殊的对待，即对优秀的心理品质要有意加以利用和发挥，对某些心理障碍要重点加以克服。

（二）中级水平

本阶段的主要训练目标是在具有一定击球技术的基础上掌握特色技术。

1. 身体素质训练

身体素质的训练内容和方法要根据前一阶段对技、战术的适应情况，进行重点调整，还要根据技术、战术运用的需要而扩充、改进和加强。

2. 技战术训练

在重点训练基本技术和进攻技术的前提下，着重提高连续稳定击球的能力，并根据个人的特点发展某项特色技术，进行专门训练，以提高在实战中的运用能力。在不断地掌握先进技术和特色技术的过程中，逐步加强比赛中战术运用的专项训练。

3. 心理素质训练

抓住个性化问题，在原有的基础上不断改进，绝对不能放弃。

(三)高级水平

这个水平的训练着重抓整体战术运用，形成自己的攻防战术的特点，在此基础上加强针对性训练并形成良好的心理状态。

1. 身体素质训练

全面提高网球专项身体素质，尤其是爆发力、速度、耐力和柔韧性等。

2. 技战术训练

根据自身的特点和分、局、盘取胜策略的要求，着重加强对几项特色技术的掌握，达到在实战中熟练运用的程度。以实用战术为中心，重点提高灵活运用战术的能力。

3. 心理素质训练

这个时期要把心理训练当作训练和比赛中的重点和需要具体解决的重要内容来抓。既要重视全面的心理问题，还要抓个体的心理问题，以保证在各级别比赛中能正常地发挥技战术水平。

二、业余初级水平技战术训练设计示例

在业余自练计划中，除了对自己的技术、战术、身体素质和心理素质要有总体要求外，还要具体设计和确定在不同水平阶段所要掌握的技术，以及在战术打法上要形成什么样的风格，需要掌握哪些特色技术等内容。表 8-4 展示了针对业余初级技术水平选手的训练课示例，供网球爱好者参考。

表 8-4　业余初级水平技战术训练示例

课次	内容
1	(1)原地向上或向下抛球 (2)互抛互接球法 (3)介绍东方式握拍法、大陆式、西方式握拍法 (4)原地正手击球和步法练习 (5)原地正手平击球，自抛自击 (6)对墙正手击球

课次	内容
2	(1)行进中向上颠球 (2)原地正手击球和步法练习 (3)原地正手平击球，一抛一击 (4)对墙正手击球
3	(1)行进中向上颠球或向下拍球 (2)移动中正手击球和步法练习 (3)移动中正手平击球，一抛一击 (4)一般身体练习
4	(1)原地反手击球和步法练习 (2)原地反手平击球，自抛自击 (3)复习移动中正手平击球，一送一击 (4)对墙反手平击球
5	(1)正、反手对墙击球 (2)移动中反手击球和步法练习 (3)移动中反手平击球，自抛自击 (4)正、反手击球，一送一击 (5)专项素质练习
6	(1)对墙练习击落地球，由两跳逐步过渡到一跳 (2)无球模仿正手击球，先原地后移动 (3)两人对练正手平击球
7	(1)对墙练习击落地一跳球 (2)无球模仿反手击球，先原地后移动 (3)两人对练反手平击球 (4)一般身体训练
8	(1)对墙练习击落地球 (2)正手直线球练习，一送一击 (3)正手斜线球练习，一送一击 (4)两人对练正手直线、斜线球
9	(1)对墙练习击落地球 (2)反手斜线球练习，一送一击 (3)两人对练反手斜线球 (4)复习正手直线或斜线击球
10	(1)对墙练习击落地球 (2)反手斜线球练习，一送一击 (3)两人对练反手斜线球 (4)复习正手直线或斜线击球

课次	内容
11	(1)对墙练习击落地球 (2)正手直线球(打深)，一送一击 (3)反手直线球(打深)，一送一击 (4)两人对练，一人正手击直线球，另一人反手击直线球 (5)一般身体素质训练
12	(1)正手斜线球(打深)，一送一击 (2)反手斜线球(打深)，一送一击 (3)两人对练正手斜线球 (4)两人对练反手斜线球 (5)专项素质训练

练习与思考

1. 怎样制订专业训练计划？

2. 怎样制订业余训练计划？

第九章
网球规则、裁判法与竞赛组织工作

第一节　网球竞赛规则

一、场地

网球场地为长方形，长度为78英尺（1英尺约合0.3048米），单打比赛的场地宽度为27英尺，双打比赛的场地宽度为36英尺。

场地被一张球网从中间处分隔开，球网悬挂在网绳或金属绳上，网绳或金属绳附着或绕在3.5英尺高的两根网柱上。球网应充分伸展开，填满两个网柱之间的空间。网孔的大小应确保球不能从中间穿过。球网中心的高度应为3英尺，并用中心带向下绷紧固定，网绳或金属绳和球网的上端应当用一条网带包裹住，中心带和网带均应完全为白色。

网绳或金属绳的最大直径为0.33英寸。

中心带的最大宽度为2英寸。

球网两侧的网带宽度应当是2～2.5英寸。

双打比赛中，每侧网柱的中心应距双打场地的外沿3英尺。

单打比赛中，如果使用单打球网，那么每侧网柱的中心应距单打场地的外沿3英尺。如果使用双打球网，那么球网要由两根高3.5英尺的单打支柱撑起，每侧单打支柱的中心距单打场地的外沿3英尺。

网柱的边长（方形）或直径（圆形）不应超过6英寸。

单打支柱的边长（方形）或直径（圆形）不应超过3英寸。

网柱和单打支柱不能高出网绳 1 英寸以上。

球场两端的界线被称为底线，两侧的界线被称为边线。

在两条单打边线之间有两条距球网 21 英尺且与球网平行的线，被称为发球线。球网每一边的发球线和球网之间的区域，被一条发球中线分成相同的两部分，被称为发球区。发球中线应当和单打边线平行并且与两条边线的间距相等。

每一条底线都被一条长 4 英寸的中心标志分为相等的两部分。中心标志要画在场地内并且和单打边线平行。

发球中线和中心标志的宽度为 2 英寸。

除底线的最大宽度可以为 4 英寸外，场上其他线的宽度均应介于 1 英寸至 2 英寸之间。

场地的所有测量都应以线的外沿为基准，场地上的所有线的颜色必须相同，并且和场地的颜色要有明显的区别。

除另有规定的以外，在场地、球网、中心带、网带、网柱或单打支柱上均不允许放置广告。

除上述场地外，"红色"和"橙色"场地可以用于 10 岁及以下组别的比赛。

二、永久固定物

场地上的永久固定物不仅包括后挡板、侧挡板、观众、观众看台和座位、场地周围和上方的所有其他固定物，而且包括处于各自规定位置的主裁判、司线员、司网裁判和球童。

在使用双打球网和单打支柱的场地上进行单打比赛时，网柱、单打支柱外侧的球网部分属于永久固定物，而不能被视为网柱或球网的一部分。

三、球

网球规则中批准的比赛用球必须符合一定的具体要求。国际网联负责裁决某种球或模型是否符合标准，以及是否可以被批准用于比赛。国际网联既可以主动做出此类裁决，也可以根据相关方的申请进行裁决，相关方包括运动员、器材生产厂商、国家网球协会或其会员等。此类申请与裁决应当按照国际网联相应的审查与听证程序来进行。

赛事组织方必须在赛前公布比赛用球的数量(2 个、3 个、4 个或 6 个)和换球方案。

如果要换球，可采用以下方式中的任何一种。第一种是在某单数局结束后换球。在这种情况下，由于热身活动用球，比赛中第一次换球必须比规定的局数提前两局进行。平局决胜局在换球时算作一局，平局决胜局开始前不应换球。在这种情况下，换球应当推迟到下盘第二局开始前。

第二种是在每盘开始前换球。如果球在活球期破裂，这一分应当重赛。

问题：如果在一分结束后发现球变软，这一分是否应重赛？

答案：如果球只是变软而没有破裂，这一分不应重赛。

注意：在按照网球规则进行的比赛中，任何用球都必须是被国际网联列入官方目录的批准用球。

四、球拍

网球规则中批准的比赛用拍必须符合国际网联的具体要求。

国际网联负责裁决某种球拍或模型是否符合标准，以及是否可以被批准用于比赛。国际网联既可以主动做出此类裁决，也可以根据相关方的申请进行裁决。相关方包括运动员、器材生产厂商、国家网球协会或其会员等。此类申请与裁决应当按照国际网联相应的审查与听证程序来进行。

问题1：球拍击球面是否允许有一套以上的拍线？

答案：不允许，规则中提及只能有一组交叉线。

问题2：如果线穿在了一个以上的平面上，是否可以认为拍线是大体一致和平整的？

答案：不可以。

问题3：减振器是否可以装在拍线上？如果可以，应当装在什么位置？

答案：可以。只能装在交叉线外侧。

问题4：在一分未结束时，运动员球拍的拍线意外断裂，他可以用这把球拍继续比下一分吗？

答案：可以，但赛事组织方特别禁止的情况除外。

问题5：在比赛中的任何时候，运动员可否使用一把以上的球拍？

答案：不可以。

问题6：可以在球拍内嵌入会影响击球特性的电池吗？

答案：不可以，比赛中禁止使用锂电池、太阳能电池或其他类似的产生能源的设备。

五、局分

（一）常规局

在常规局的比赛中，应首先报发球运动员的得分，计分如下：

无得分——0；

第一分——15；

第二分——30；

第三分—40;

第四分—本局比赛结束。

若两名运动员或两队都得到三分，则比分为"平分"。"平分"后，如果一名运动员或一队得分，则比分为"占先"，如果"占先"的这名运动员或这支队伍又得分，便赢得了这一局；如果"占先"后是另一名运动员或另一支队伍得分，则比分仍为"平分"。运动员或队伍需要在"平分"后连续得到两分，才能赢得这一局。

（二）平局决胜局

在平局决胜局中，使用阿拉伯数字 0、1、2、3 等计分。首先赢得 7 分并净胜对手 2 分的运动员或队伍赢得这一局即这一盘。决胜局有必要进行到一方运动员或队伍净胜对手 2 分为止。

轮及发球的运动员在平局决胜局中首先发第一分球，随后的两分球由他的对手发球（在双打比赛中，对方队中轮及发球的运动员进行发球）。此后，每一名运动员或每队轮流连续发两分球，直到平局决胜局结束（在双打比赛中，队内发球顺序应与该盘发球顺序相同）。

在平局决胜局中首先发球的运动员或队伍应当在下一盘的第一局首先接发球。

六、盘分

盘分有不同的计分方法，主要的计分方法有"长盘制"和"平局决胜局制"两种。比赛中可以使用其中任何一种计分方法，但必须在赛前宣布。如果使用的是"平局决胜局制"的计分方法，还必须宣布决胜盘采用"平局决胜局制"还是"长盘制"。

（一）"长盘制"

先赢得 6 局并净胜对手 2 局的运动员或队伍赢得一盘。一盘有必要进行到一方运动员或队伍净胜 2 局为止。

（二）"平局决胜局制"

先赢得 6 局并净胜对手 2 局的运动员或队伍赢得一盘。如果局分达到 6∶6，则须进行"平局决胜局"。

七、赛制

比赛可以采用三局两胜制，先赢得两局的运动员或队伍赢得比赛；也可以采用五局三胜制，先赢得三局的运动员或队伍赢得比赛。

八、发球员和接发球员

运动员或队伍应当分别站于球网两侧。发球员是指发出第一分球的运动员。接发球员是指准备回击发球的运动员。

问题：接发球员可以站在线外的场地上吗？

答案：可以。接发球员可以站在同侧的场地内或场地外的任何位置接球。

九、站位和发球的选择

在准备活动开始前，运动员通过抛硬币的方式决定比赛的第一局站位和发球或接发球权。抛硬币获胜的运动员或队伍可以做出如下选择。

第一，选择在比赛的第一局中发球或接发球。在这种情况下，由对手选择站位。

第二，选择比赛的第一局站位。在这种情况下，由对手选择发球或接发球。

第三，要求对手做出以上任意一种选择。

问题：如果准备活动被中断，运动员离开了场地，双方运动员或队伍是否有重新选择的权利？

答案：原抛硬币结果仍然有效，但是双方运动员或队伍都有权利重新选择。

十、交换场地

运动员应在每一盘的第一局、第三局和随后的每个单数局结束后交换场地。运动员还应在每一盘结束后交换场地。但当一盘结束后双方所得局数之和为偶数时，运动员必须在下一盘第一局结束后交换场地。

在平局决胜局中，运动员应在每 6 分后交换场地。

十一、活球

除了发球失误或呼报重赛之外，比赛用球从被发球员击出开始到该分结束为止为活球。

十二、压线球

如果球压线，则这个球被认为是落在以该线为界线的场地之内。

十三、球触及永久固定物

如果活球落在正确的场地内后触到了永久固定物，则击出该球的运动员赢得该分；如果活球在落地前触到了永久固定物，则击出该球的运动员失分。

十四、发球次序

在常规局结束后，该局的接发球员在下一局中发球，该局的发球员在下一局中接发球。

双打比赛中，在每一盘第一局开始前，由先发球的那队决定让哪一名运动员先在该局发球。同样，在第二局开始前，他们的对手也应当决定由谁在该局先发球。第一局发球的运动员的搭档在第三局发球，第二局发球的运动员的搭档在第四局发球。这一次序一直延续到该盘结束。

十五、双打的接发球次序

在每一盘的第一局，首先接发球的队伍要决定哪一名运动员在该局接第一分发球。同样，在第二局开始前，他们的对手也应当决定由哪一名运动员在该局接第一分发球。先接第一分发球的运动员的搭档应当接本局的第二分发球，这一次序一直延续到该局和该盘结束。

接发球员接完发球后，该队中的任何一名运动员都可以击球。

问题：可以允许双打队伍中的一名运动员单独和对手进行比赛吗？

答案：不可以。

十六、发球动作

在即将做出发球动作前，发球员必须静止站在底线后（远离球网的那一侧），双脚位于中心标志的假定延长线和边线的假定延长线之间。

然后，发球员应当用手将球向任何方向抛出并在球落地前用球拍将球击出。在球拍击到球或未能击到球的那一刻，整个发球动作即被认为已经完成。只能使用一只手臂的运动员可以用球拍完成抛球。

十七、发球程序

在常规发球局中，发球员在每一局都应当从场地的右侧半区开始，交替在场地的两个半区发球。在平局决胜局中，第一分发球应当从场地的右半区发出，然后交替从场地的两个半区发球。发出的球应当越过球网，在接发球员回球之前落到对角方向的发球区内。

十八、脚误

在发球过程中，发球员不可以有以下动作。

第一，通过走动或跑动来改变位置（但允许脚步轻微移动）。

第二，任何一只脚触及底线或场地内的地面。

第三，任何一只脚触及边线假定延长线外的地面。

第四，任何一只脚触及中心标志的假定延长线。

如果发球员违反了这些规定，就是出现了一次"脚误"。

问题1：在单打比赛中，发球员可否站在底线后的单打边线与双打边线之间的位置发球？

答案：不可以。

问题2：发球过程中是否允许发球员的一只脚或者双脚离开地面？

答案：允许。

十九、发球失误

下列情况为发球失误。

第一，发球员违反了网球竞赛规则的第十六条、第十七条或第十八条。

第二，发球员试图击球时未能击中。

第三，发出的球在触地前碰到了永久固定物、单打支柱或网柱。

第四，发出的球触到了发球员或发球员的搭档，或其所穿戴的或携带的任何物品。

问题1：在发球时，发球员抛球后决定不击球而接住球，是一次发球失误吗？

答案：不是。运动员抛球后可以决定不击球，可以用手或球拍将球接住，或让球落地。

问题2：单打比赛在有网柱和单打支柱的场地上进行时，发出去的球击中了单打支柱后落在了有效发球区内，是一次发球失误吗？

答案：是。

二十、第二发球

如果第一发球出现失误，发球员应当立即从同一半区再发一次球，除非第一发球是从错误的半区发出的。

二十一、何时发球和接发球

发球员应该在接发球员做好准备以后再发球。但是，接发球员应当按照发球员合理的发球节奏来比赛，并在发球员准备发球时，在合理的时间内做好接发球的准备。

接发球员如果试图回击发球，则被视为已做好准备。如果证实接发球员的确未做好准备，那么该次发球不能被判为失误。

二十二、重新发球

如果出现下列情况，则应当重新发球。

第一，发出的球触到了球网、中心带或网带后落在有效发球区内；或在球触到了球网、中心带或网带后，在落地前触到了接发球员或其搭档，或者他们穿戴的或携带的任何物品。

第二，球被发出去时，接发球员还没有做好准备。在重发球时，之前的那次发球作废，发球员应重发，但是不能取消重发前的发球失误。

二十三、重赛

除了在第二发球时呼报重新发球是指重新发该次发球外，在所有其他情况下，当呼报重新发球时，这一分必须重赛。

问题：在活球期间，另一个球滚入场地内，裁判员呼报重新发球。发球员之前有一次发球失误，此时发球员应获得第一发球还是第二发球的权利？

答案：第一发球，这一分必须重赛。

二十四、运动员失分

如果出现下列情况，运动员将失分。

第一，发球员连续两次发球失误。

第二，在活球状态下，运动员在球连续两次落地前未能击球。

第三，在活球状态下，运动员回击的球落到有效击球区外的地面或在落地前碰到有效击球区外的其他物体。

第四，在活球状态下，运动员回击的球在落地前触到永久固定物。

第五，接发球员在发球落地前击球。

第六，运动员故意用球拍托带或接住处于活球状态中的球，或故意用球拍触球超过一次。

第七，在活球状态下的任何时候，运动员或他的球拍（无论球拍是否在他手中），或者他穿戴的或携带的任何物品触到球网、网柱或单打支柱、网绳或金属绳、中心带或网带，或者对手场地。

第八，运动员在球过网前击球。

第九，在活球状态下，除了运动员手中的球拍以外，球触及运动员的身体或他穿戴的或携带的任何物品。

第十，在活球状态下，球触到了运动员的球拍，但球拍不在他的手中。

第十一，在活球状态下，运动员故意并实质性地改变了球拍的形状。

第十二，双打比赛中，同队的两名运动员在回球时都触到了球。

问题1：发球员在第一次发球后，球拍从他的手中脱落，在球落地前球拍碰到了球网。这是一次发球失误还是发球员失分？

答案：这是一次发球员失分，因为在活球期间球拍触及了球网。

问题 2：发球员在第一次发球后，球拍从他的手中脱落，在球落地触及有效发球区以外的地面后球拍碰到球网。这是一次发球失误还是发球员失分？

答案：这是一次发球失误，因为球拍触及球网时，球已经不在活球期内了。

问题 3：双打比赛中，接发球员的搭档在对方发出的球触及有效击球区以外的地面前触及球网，裁判员应当如何判定？

答案：应当判为接球方失分，因为在活球期接发球员的搭档触及了球网。

问题 4：运动员在击球前或击球后越过球网的假定延长线，该名运动员是否失分？

答案：在这两种情况下，如果运动员没有触及对方的场地，都不失分。

问题 5：活球期间运动员可否越过球网进入对方的场地内？

答案：不可以，否则这名运动员失分。

问题 6：活球期间运动员抛拍击球，球和球拍均落入对方的场地内，对方未能击到球，哪一名运动员赢得该分？

答案：抛拍击球的运动员失分，对方运动员得分。

问题 7：发出去的球在触地前刚好击中接球员，或双打比赛中接发球员的搭档，哪一名运动员赢得该分？

答案：发球员赢得该分，除非裁判呼报重发。

问题 8：运动员站在场地外回击或接住还未落地的球，并且宣称赢得该分，因为球一定会飞出有效场地外，这种情况下裁判员应当如何判定？

答案：该运动员失分。除非这是一次有效击球，在这种情况下应该继续比赛。

二十五、有效回击

下列情况属于有效回击。

第一，球触到了球网、网柱或单打支柱、网绳或金属绳、中心带或网带并且越过球网后落到有效场地内。网球竞赛规则第二条和第二十四条第四款的情况除外。

第二，在活球状态下，球落在有效场地内之后旋转或被风吹回过网，运动员过网击球，将球击打到有效场地内，并且没有违反网球竞赛规则第二十四条的规定。

第三，回击球从网柱外侧绕过，无论该球是否高于球网，即使触到网柱，只要落在有效场地内，均视为有效。网球竞赛规则第二条和第二十四条第四款的情况除外。

第四，球从单打支柱及其相邻网柱之间的网绳下面穿过而又没有触及球网、网绳或网柱，并且落在有效场地内。

第五，运动员在自己球网一侧场地内回击球后，球拍随球过网，并落入有效场地内。

第六，在活球状态下，运动员击出的球碰到了有效场地内的另一个球。

问题1：运动员的回球击中单打支柱并落入有效场地内，是否为有效回击？

答案：是有效回击。但如果发出去的球触到单打支柱，则为发球失误。

问题2：活球期间，球击中有效场地内的另一球，裁判员应当如何判定？

答案：应当继续比赛。然而，如果裁判员此时不能确定回击的球是否为活球状态下的球，则这一分应当重赛。

二十六、干扰

如果运动员在某一分球的比赛中受到对手的故意干扰，那么这名受干扰的运动员赢得该分。

然而，如果运动员在某一分的比赛中受到对手的非故意干扰，或者自身无法控制（除场地上的永久固定物外）的干扰，那么这一分应当重赛。

问题1：无意的连击是否为干扰？

答案：不是。参见网球竞赛规则第二十四条第六款。

问题2：运动员认为他的对手受到干扰，所以停止击球。这是否为一次干扰？

答案：不是，这名运动员失分。

问题3：比赛中球击中飞过球场上空的鸟，是否为一次干扰？

答案：是的。这一分应当重赛。

问题4：在一分中，该分开始时，已经在运动员这一侧场地内的一个球或其他物体干扰了运动员。这是否为一次干扰？

答案：不是。

问题5：在双打比赛中，发球员和接发球员的搭档应该站在何处？

答案：发球员和接发球员的搭档可以站在球网一侧己方场地内或场地外的任何位置。然而，如果运动员干扰对方，那么将使用干扰规则。

二十七、更正错误

原则上，当比赛中裁判员发现违反网球规则的错误时，先前所有的分数都有效。裁判员发现的错误应当按照如下条款被更正。

第一，在常规局或平局决胜局中，如果运动员从错误的半区发球，一经发现，应当被立即更正，发球员要按照场上的比分从正确的半区发球。裁判员发现错误前的发球失误仍有效。

第二，在常规局或平局决胜局中，如果双方运动员场地站边错误，一经发现，应当被立即更正，发球员要按照场上的比分从正确的一边场地发球。

第三，在常规局中如果出现运动员的发球次序错误，一经发现，就应由本应发球的运动员立即发球。然而，如果在裁判员发现错误前该局已经结束，则发球的次序按照已改变的次序继续进行。在这种情况下，此后的所有换球必须比原规定的局数推后一局进行。如果在裁判员发现发球次序错误前，对手有一次发球失误，则此次发球失误无效。在双打比赛中，如果同队的两名运动员发球次序错误，则裁判员发现错误以前的发球失误仍有效。

第四，平局决胜局中，运动员发球次序错误，如果这个错误是在双数比分结束后被发现的，则该错误一经发现就应当被立即更正。如果错误是在单数比分结束后被发现的，则发球的次序就按照已改变的次序进行。裁判员发现发球次序错误前的发球失误无效。在双打比赛中，如果同队的两名运动员发球次序错误，则错误被发现前的发球失误有效。

第五，在双打比赛的常规局或平局决胜局中，如果接发球次序错误，则按照已发生的错误次序继续进行，直到这一局结束。在这一盘的下一次接发球局，这一双打组合中的两名运动员应当恢复最初的接发球次序。

第六，赛前规定的是"长盘制"的比赛，但是在局数 6：6 时错误地进行了"平局决胜局制"的比赛。如果此时仅仅进行了第一分的比赛，则此错误应被立即更正；如果发现错误时第二分比赛已经开始，则这盘比赛将按照"平局决胜局制"继续进行。

第七，赛前规定的是"平局决胜局制"的比赛。但是在局数 6：6 时错误地进行了"长盘制"的比赛。如果此时仅仅进行了第一分的比赛，则此错误应立即更正；如果发现错误时第二分比赛已经开始，则这盘比赛将按照"长盘制"继续进行，直到双方的局数达到 8：8 时（或更高的偶数平局时）再进行"平局决胜局制"的比赛。

第八，赛前规定决胜盘采用"平盘决胜局制"，但是在决胜盘错误地进行了"平局决胜局制"或"长盘制"的比赛。如果此时仅仅进行了第一分的比赛，则此错误应立即更正；如果发现错误时第二分比赛已经开始，则这一盘比赛继续进行，直到一名运动员或一支队伍赢得 3 局（赢得这一盘），或是到局数 2：2 平时，再进行"平盘决胜局制"的比赛。然而，如果在第五局的第二分比赛开始后裁判员才发现错误，则这盘将以"平局决胜局制"继续比赛。

第九，如果运动员没有按照正确的顺序换球，那么要等到应该发新球的运动员或队伍的下一个发球轮次时更换新球。此后的换球顺序仍然按照最初的规定，在达到既定的换球局数后再进行。运动员在一局比赛进行时不能换球。

二十八、连续比赛

原则上，比赛从第一分发球开始直到比赛结束，应当连续地进行。

第一，分与分之间，最长间隔时间为 20 秒。运动员在单数局结束后交换场地时，最长间隔时间为 90 秒。但是，在每盘的第一局结束后和在平局决胜局制进行时，比赛应连续进行，运动员没有休息时间，直接交换场地。

在每盘结束后，盘间最长间隔时间为 120 秒。

最长间隔时间是指从上一分球结束时开始，直到下一分第一次发球击球时为止。

赛事组织方可以向国际网联申请延长单数局结束时运动员交换场地的 90 秒间隔时间，以及盘间 120 秒的间隔时间。

第二，如果出现运动员服装、鞋子或必要的装备（不包括球拍）损坏或需要更换等不受运动员控制的情形，可以给予运动员合理的额外时间去解决这些问题。

第三，不能给予运动员额外的时间恢复体力。但是，运动员出现可以治疗的伤病时，可以获得一次 3 分钟的医疗暂停来治疗该伤病。如果赛前已宣布，则比赛中可以允许有一定上卫生间的次数或更换衣服的时间。

第四，如果赛事组织方赛前已经宣布，整场比赛中允许有一次最长为 10 分钟的休息时间，则可以在五局三胜制比赛的第三局结束之后或三局两胜制比赛的第二局结束之后采用。

第五，除非赛事组织方事先另行规定，否则准备活动时间最长为 5 分钟。

二十九、指导

以任何方式对运动员进行任何种类的交流、建议或指示，都被认为是指导。

在团体赛中如果领队坐在场内，运动员可以在盘间休息和单数局结束运动员交换场地时接受领队的指导，但是在每盘的第一局结束后和平局决胜局制交换场地时不能接受指导。

在其他的任何比赛中，运动员都不能接受指导。

问题 1：如果指导是不易察觉的暗号，运动员可以接受这样的指导吗？

答案：不可以。

问题 2：比赛暂停期间，运动员可以接受指导吗？

答案：可以。

问题 3：在比赛期间，是否允许运动员接受场上指导？

答案：执行机构可以向国际网联申请允许场上指导。在允许场上指导的赛事中，被指定的教练员可以进入场地，按照执行机构制订的程序对运动员进行指导。

三十、运动员分析技术

网球竞赛规则批准的运动员分析技术必须符合具体要求。国际网联负责批准是否允许使用此类设备。国际网联既可以主动做出此类裁决，也可以根据相关方的申请进行裁决，相关方包括运动员、器材生产厂商、国家网球协会及其会员等。此类申请与裁决应当按照国际网联相应的审查与听证程序进行。

第二节 网球竞赛裁判方法

一、网球比赛裁判程序与计分

一场网球比赛的裁判人员应由各种裁判员组成，包括主裁判 1 名、司网裁判 1 名、司线员若干名。如四大网球公开赛临场执行裁判多达 12 名，他们各司其职。而一名业余裁判员在担任主裁判时又该怎样临场工作和裁决一场网球比赛呢？下面向大家介绍常用的裁判程序和计分方法。

（一）裁判程序

第一，接受任务后，准备好用具，填写好计分表上的有关内容。

第二，上场检查场地，测量网高，主持挑边。

第三，坐姿保持上体前倾，不可交叉腿，将计分表拿在手中。比赛开始前，介绍双方运动员，然后宣布比赛开始。

第四，一分结束时，先报分，后计分。报分时声音要清楚、响亮，计分要快。用眼睛余光注视双方运动员及场上情况，报分时看失分方。

第五，注意场上情况，一旦发生外界干扰，立即叫暂停，不管此时球对哪方有利。

第六，一分开始前，先看接发球方是否准备好，再看发球方是否准备发球，确认接球方已准备好，且场上无意外干扰后，再看发球方发球时有无脚误，直至球被击出，眼睛随球看球有无擦网、是否落在界内。

第七，对每分球的判断应在球落地后 1~3 秒内做出，并及时宣报出界或做好球手势。3 秒内未报出界，就代表默认该球是界内球。

第八，硬地不检查球印。沙地比赛运动员必须在成死球时才能提出检查球印的要求。主裁判只有在对自己的判断有怀疑时才下去检查。

第九，改判要及时、果断，如果由于裁判自身的错误判断而影响了运动员的比赛，应重赛。不可在运动员提出异议后改判，宣报比分后也不能改判。所以在不能做出正确判断之前，不要宣判比分。

第十，当天黑、下雨等原因影响比赛时，主裁判可暂停比赛，但必须立即通知裁判长，由裁判长决定是否改期。在裁判长做出决定之前，运动员、裁判员均不能离开场地。

第十一，运动员发生伤病时应通知裁判长，由裁判长带领医生到场。暂停时间按有关规定执行。

第十二，比赛结束后记下比赛时间，立即走下裁判椅，收集比赛用球后，立即离开场地，切勿与运动员交谈。

第十三，检查计分表是否有遗漏，确认无误后将其交给裁判长。

(二)计分法

第一，计分表(见图 9-1)要填写清楚。首先将比赛名称、双方队员姓名(包括单位、场地号)填写好。

第二，在主裁判的主持下挑边，让运动员选择场地和发球权，根据主裁判的位置，将首先发球的运动员姓名的首字母填写在第一局空格中。在第二局空格中填写对方运动员姓名的首字母，方位与第一局相同。第三局的方位改到另一方位。第四局同第三局，以此类推，交替进行。根据这一规律，在比赛前即可将第一盘各发球局运动员姓名的首字母和所在的方位填于空格中。

第三，在"局数总计"一格中可根据第一局运动员所在的方位，将双方运动员的姓名的首字母或单位填于空格中。

第四，在一盘开始时间的空格中填写本盘比赛的开始时间。

第五，将比分记在"比分"下面的方格内。上半部为发球方的得分。每一分球后用铅笔画一记号。

第六，运动员获胜一局，即在局数总计格中填上本方获胜局数的累积数。

第七，在计分表中规定的换球局附近应做一明显标志，如"○""☆"等。

第八，当局数为 6∶6 时，即进行决胜局的比赛，采用抢 7 制，即谁先得 7 分谁就胜了该盘；在抢 7 局比分 5∶5 时，运动员要再净胜 2 分才能获胜，如 7∶5、8∶6 等。在决胜局一格中填写双方运动员姓名的首字母或单位，决胜局的记分要用数字表示(如 0、1、2、3、4……)。

第九，每盘结束后，应迅速填写结束时间和局数比。局数比一般表示为 6∶4、3∶6 或 7∶5 等。

第十，以后每盘的记分方法同上。比赛结束后，应将获胜方及盘数比填写好，如 2∶0。应将决胜局比分填入括号内，如 7∶6(7∶2)。

第十一，最后主裁判签字，核对比分后送交给裁判长。

表 9-1　网球竞赛计分

局数	运动员姓名	第　盘 (开始时间)　　　　　　　　　　　　　　　　　(结束时间) 比分																	本盘 决胜局	局数总计
1																				
2																				
3																				
4																				
5																				
6																				
7																				
8																				
9																				
10																				
11																				
12																				
13																				
14																				

本盘获胜方＿＿＿＿＿＿＿＿＿＿＿＿＿

局数比＿＿＿＿＿＿＿＿＿＿＿＿＿＿

二、网球裁判分工与职责

(一)裁判长

裁判长是一切正式网球比赛所不可缺少的临场指挥官，由竞赛委员会推选，并由竞赛委员会发布公告通知参加比赛的各个单位。裁判长是由该比赛的组织机构委派的全权代表，负责指挥整个大赛。比赛的级别不同，对裁判长资格的要求也不同。一般来讲，国际网联将裁判长分为两级，即金牌裁判长和银牌裁判长，分别担任级别水平不同的比赛的裁判长。国际大型比赛的裁判长要由金牌裁判长担任，地区性或较低级别的国际比赛的裁判长则由银牌裁判长担任。我国国内的网球比赛必须由中国网协批准的国家级裁判员担任裁判长一职。在国际比赛中，根据比赛级别的不同，有的比赛只设一名裁判长，有的比赛设一名监督和一名裁判长。目前，我国国内的比赛仍按照一名裁判长和若干名副裁判长的模式设置。只有在全国网球巡回赛上，才参照国际惯例，设监督和裁判长各一人。

裁判长的主要职责如下。

第一，对竞赛规程、竞赛规则、行为准则、网球规则及由此产生的一切问题，有权进行解释和处理。

第二，在比赛前，安排裁判进行必要的学习，使他们能全面了解比赛中适用的一切规则与程序。

第三，指定裁判组长并保证其能正确地履行职责。

第四，安排每场比赛的主裁判和司线员。

第五，当有必要改善比赛中的裁判工作时，可撤换主裁判，也可撤换或轮转司线、司网工作。

第六，保证每个球场及其球网和网柱都符合网球规则的要求。且每一块场地都要有以下设备。

裁判椅：高度应在 1.82～2.44 米，其中心点位置应距网柱 0.914 米。若使用麦克风，必须固定安装，且必须有开关。裁判椅周围不得安装可供公共广播的麦克风。

司线椅：发球司线员和端线司线员的座椅应安放在其对应线的靠近挡网处的位置，以不妨碍运动员正常比赛为宜，距边线约 3.66 米，位置不可垫高。有阳光时，尽量背对光线；无阳光时，面对主裁判。中线及边线司线员的座椅，除非另有安排，否则都应放置在相应线的假定延长线后方，靠近边挡网，距底线不小于 6.4 米。

司网椅：根据比赛的形式，安放在网柱后方或单打支柱侧后方，尽可能地放在主裁判对面。

运动员椅：必须安排在主裁判椅的两侧，且应有遮阳伞。

场上用品：每场比赛均应提供给运动员水或饮料，并备好水杯、毛巾等。同时，应配备能量网和单打支柱的尺子。

第七，保证赛场周围的挡网、广告牌和后面的墙壁不是白色、黄色或其他浅颜色的，以免影响运动员的视线。

第八，赛前应召集各参赛队的教练员、领队开会，并通知他们比赛的有关事项（如用何种球、用球数、换球局数、地面条件、采用何种赛制等）。

第九，在运动员驻地及赛场显著位置设置布告栏以便张贴各种通知、战表及成绩公告。

第十，确定参赛选手名单和种子选手名单，准备与抽签相关的各种资料、工具。

第十一，进行公开性抽签。在相关位置张贴抽签表及次日的对战表。

第十二，以紧接前场的方式或限定开始时间的方式安排每日赛事。

在安排第一天的比赛前，裁判长可与前一周比赛的监督或裁判长联系，以确认仍在其他地方比赛的运动员到场参赛有无困难。在可能的范围内，在不损害公平合理的赛程安排的条件下，裁判长在安排比赛时，对于有一定困难的运动员，可给予适当照顾。

预选赛：应在正选赛开始前一天全部结束。除受天气或不可避免的因素干扰外，预选赛中运动员在一天内最多能安排两场单打。若在一天内赛完一轮以上的预选赛，其比赛顺序应由上至下或由下至上按抽签表顺序进行。

正选赛：除受天气或不可避免的因素干扰外，运动员每天最多可安排一场单打、一场双打，除非裁判长另有安排，否则应先安排单打，再安排双打。

第十三，在前一场比赛因特殊原因提前结束时，裁判长应通知下场比赛的运动员，以免运动员被动弃权。

第十四，决定某一场比赛是否更换场地或暂停。

若因天气或其他不可避免的因素，正在进行中的比赛无法顺利进行，裁判长有权暂停比赛或更换其他场地进行比赛。

第十五，在比赛中，裁判长对违反网球竞赛准则的运动员有权给予各种处罚，直至取消其比赛资格。对不利于比赛顺利进行的裁判员，根据实际情况可以进行调整或撤换。

第十六，赛前赛后，安排运动员进退场。

第十七，比赛期间，运动员对于裁判员涉及规则的问题，可请裁判长解决。其判定为最后裁决。裁判长应始终在场，但不可做主裁判。

第十八，比赛结束后，安排有关人员出成绩册，并宣布比赛名次，向大会主办单位写出书面总结，给每位裁判员写书面鉴定，并将其与个人总结一起上交主办单位。

(二)裁判组长

裁判组长是在竞赛委员会推选的裁判员中由裁判长指定的工作能力强、态度认真的有威信的裁判员。其主要职责如下。

第一，召集足够数目的合格的裁判员承担比赛的裁判工作。

第二，组织裁判员进行必要的赛前训练，并复习网球规则、竞赛规程和行为准则。

第三，准备一份比赛中所有负责的裁判员的名单，并标明各自的级别，将其交予裁判长。

第四，经裁判长同意，制订和安排裁判员每天的进场顺序。

第五，赛前召开碰头会，介绍有关场次的安排和执法程序（如何呼报、裁判手势要求、场地轮转安排等）。

第六，评比裁判员的工作表现。

第七，比赛中应随时在场，除非裁判长另有安排，否则不能上场做主裁判或司线员。

第八，协助裁判长工作。

（三）裁判员

裁判员有以下责任。

第一，熟悉网球竞赛规则、竞赛规程和行为准则，在比赛中要做到严肃、认真、公正、准确、作风正派、坚持原则。

第二，着装应规范、得体。

第三，赛前比运动员提前到场，检查场地、各种设施是否符合要求，尽量不与运动员特别是即将对其执法的运动员交谈。

第四，上场时必须携带计分表、秒表、笔、量网尺、挑边器等工具。

第五，赛前检查运动员的服装是否符合关于服装的要求，对不符合规定的运动员应责令其在15分钟内更换，否则取消其比赛资格。在准备活动前，当双方运动员或队伍均在场时，主裁判抛掷挑边器，运动员选择发球权或场地。如在比赛开始前、准备活动期间被暂停，抛掷挑边器的结果仍然有效，但获优先权的运动员有权重新选择。

第六，面对裁判椅，召集运动员进行赛前会议并组织挑边。

第七，确保比赛用网球的充足并准备一两个旧球。

第八，裁定比赛中的一切事实问题。

第九，确保双方运动员及司线员能按规则行事。

第十，对运动员因有关规则而产生的问题提请裁判长解决的要求，应予以允许。

第十一，按照国际网联的裁判员职责和程序，在每分结束后要做出判断，面向失分方呼报（必要时要加以手势）并正确填写计分表。

第十二，对于司线员的误判要及时更正。

第十三，在沙土场地比赛时，在运动员因提出界内外问题而产生争议时，有义务责令司线员检查球印或自己亲自检查。

第十四，尽力维持赛场秩序并负责引导球童，以便让运动员正常比赛。

第十五，用手中的秒表随时控制比赛正常运行，包括准备活动、分与分之间20秒的间隙、交换场地时的90秒，以及网球竞赛规则中所规定的任何其他特定时间。

第十六，换球前，应适当提前开启球筒，并做充分检查，以免因换球而延误比赛。

第十七，在比赛中，当比赛因种种原因而中断时，要收集比赛用球以确保其是重新比赛时的用球，并且要记录发球员的姓名，场上的球员位置，中止时间，以及分、局、盘等比分。

第十八，比赛结束后，要立刻离开球场，认真正确地填写计分表，并将其交给裁判长。

第十九，若有运动员违反行为规则，要向裁判长汇报，并认真仔细地填写违反行为准则罚款表，并交予裁判长。

（四）司线员

司线员（或司网员）在大型比赛中是不可缺少的，是由竞赛委员会推选的具备一定级别的裁判员。司线员的编制有十一人制、七人制、六人制、五人制等。司线员在场上的位置是固定不变的。边线和中线司线员应在端线后6.4米的地方就座或站立；端线和发球线司线员应在边线后3.7米的地方就座或站立。司线员具体工作职责如下。

第一，与其他司线员一起身着比赛统一规定的司线员服装。司线员不可穿影响运动员视力的白色、黄色或其他浅色的服装。

第二，赛前准时到场。

第三，选择视角最好的位置，观察自己所司之线。如果视线被运动员遮挡，应适当地进行移位调整。

第四，完成所负责之线的呼报工作，对自己职责之外其他司线员或主裁判的判定不作任何评论。

第五，如遇运动员阻碍视线而未看见球的落点，应立即做出未看见的手势。

第六，意识到自己误判时，要立刻对其进行更正。

第七，若主裁判改判自己的判定，应遵从，不应与其对抗。当被运动员问及呼报和改判等问题时，应不予回答，将问题交给主裁判解决。

第八，负责底线、发球中线、边线时，应承担呼报脚误的工作。

第九，当主裁判未看见运动员违反行为规则时，应在不影响比赛的情况下向主裁判报告。

第十，不要为运动员拾球、递毛巾。

第十一，比赛中不得与观众交流。

第十二，不得为运动员鼓掌。

第十三，未经主裁判同意，不得擅自离场。

第十四，保持良好的工作姿态，呼报准确、声音洪亮，手势标准、意思到位。

第三节　网球运动竞赛组织工作

一、制订竞赛规程

竞赛规程是比赛的指导性文件，是组织和进行比赛的指南。竞赛规程包括竞赛名称、竞赛日期、地点、项目、参赛单位、参加人数、年龄规定、报名资格及方法、报名截止日期、比赛办法、竞赛规则、录取名次及奖励、计分方法、裁判员、采用的竞赛规则，以及精神文明运动员、运动队、裁判员的评选及其他有关特殊规定等内容。在制订规程时，必须精心设计规程的各项内容。在确定比赛办法时，既要考虑比赛的日期要求，也要注意符合运动员竞赛负担量的规定。在安排比赛场次时，要考虑节假日的情况，尽量把半决赛和决赛安排在周六或周日进行。

二、报名工作

接受报名即确定抽签和编排的对象。报名表是竞赛编排工作的重要依据。

三、组织赛前练习

在安排练习场地时，应遵循机会均等的原则。每支参赛队至少应有一次进入比赛场地进行练习的机会，给每队每天安排的练习时间原则上尽可能相等。

四、组织抽签

网球比赛抽签的准备工作包括接受并汇总报名、熟悉比赛方法、研究抽签方案、准备抽签用具、组织抽签班子和抽签练习。

(一)准备抽签用具

抽签用具包含抽签卡(包括"名签"和"号签")、分区控制表、抽签说明词、抽签记录表、抽签备用品等。

在正式抽签前，应当进行抽签练习。通过练习可以发现该项目的抽签规律和在抽签中可能发生的问题。如条件允许，应在正式场地上进行彩排，以应对各种意外情况。

(二)确定抽签顺序的方法

第一，按参赛单位名称的笔画数或字母顺序排列抽签顺序。

第二，采用抽签的办法决定抽签顺序。

第三，按参赛单位的人数和种子数排列抽签顺序。

第四，按报名的先后排列抽签顺序。

(三)淘汰赛的抽签方法

目前，国际顶级网球比赛均采用单淘汰赛组织比赛。网球国际大赛的抽签程序为：种子选手通过抽签确定相应的位置；非种子选手不论是否为同单位选手，均通过抽签依次由上至下或由下至上进入未被种子选手和轮空占据的位置。至此，整个抽签工作即完成。

(四)循环赛的抽签方法

网球竞赛的团体比赛项目多采用分阶段循环赛的竞赛办法。这种竞赛办法的抽签一般采用"直接分组定位"的抽签方法，将种子队和非种子队直接确定到各个组内。

(五)单淘汰比赛抽签示例

在一些大赛中，如使用单淘汰进行比赛，组织者将考虑把非种子同单位选手合理分开的问题。这种抽签较为复杂，特举例说明。

有8个单位的28名选手参加网球男子单打比赛，各参赛单位人数分别为：

A队6人、B队5人、C队4人、D队4人、E队3人、F队3人、G队2人、H队1人。

比赛采用单淘汰制，设8名种子。

第1号种子记为A1。

第2号种子记为C1。

第3、第4号种子记为B1、A2。

第5～第8号种子记为D1、E1、F1、G1。

总参赛人数为28人，位置数选用接近28的2的乘方数32。

种子位置为1、32、9、24、13、20、5、28。

轮空数：32－28＝4。

轮空位置为2、31、10、23(与第1～4号种子相对应的位置)。

1. 种子运动员抽签

种子运动员采用分批抽签依次定位。

(1)确定第 1 和第 2 号种子的号码位置

根据网球竞赛规则规定,第 1 号种子 A1 进入上半区顶部即 1 号位置。第 2 号种子 C1 进入下半区底部即 32 号位置。

(2)确定第 3、第 4 号种子的号码位置

第 3、第 4 号种子应用抽签的办法分别抽入 9、24 号位置。由于 A1 已进入 1 号位置,同单位的 A2 应进入 A1 不在的另一个 1/2 区,即进入 24 号位置。B1 则进入 9 号位置。

(3)确定第 5～第 8 号种子的位置

根据规则规定,第 5～第 8 号种子分别抽签进入上半区第 2、第 4 两个 1/8 区的顶部和下半区第 5、第 7 两个 1/8 区的底部。由于无同队队员,第 5～第 8 号种子 D1、E1、F1、G1 随机地一次性抽签进入相应位置。假设 D1 抽入 28 号位,E1 抽入 5 号位,F1 抽入 20 号位,G1 抽入 13 号位。

2. 非种子运动员抽签

非种子运动员抽签分两步:先抽签"分区",再抽签"定位"。按各单位报名人数由多到少的顺序,首先将同单位选手分至不同的 1/2 区、1/4 区和 1/8 区内,然后按第 1 至第 4 个 1/4 区的次序,把各 1/4 区的选手抽入所剩的位置。

(1)非种子运动员抽签"分区"

抽 A 队。A 队有 6 名运动员。A1、A2 为种子运动员,已分别定位于第 1 个 1/4 区和第 3 个 1/4 区。A3、A4、A5、A6 4 名运动员可随机抽入第 2、第 4 个 1/4 区内。假设 A3 进入第 2 个 1/4 区,A4 进入第 4 个 1/4 区,这时,A5、A6 能进入任意一个 1/4 区。假设 A5 进入第 1 个 1/4 区,A6 进入第 3 个 1/4 区。

抽 B 队。B 队有 5 名运动员。B1 为种子运动员,已定位于第 2 个 1/4 区。

首先将 B2～B5 四名运动员随机抽入第 1、第 3、第 4 个 1/4 区。假设 B2 进第 3 个 1/4 区,B3 进第 1 个 1/4 区,B4 进第 4 个 1/4 区,这时,B5 可抽入任意一个 1/4 区内。假设 B5 抽入第 1 个 1/4 区内。

抽 C 队。C 队有 4 名运动员。C1 为种子运动员,已定位于第 4 个 1/4 区。将 C2、C3、C4 3 名运动员分别抽入第 1、第 2、第 3 个 1/4 区即可。假设 C2 进入第 1 个 1/4 区,C3 进第 2 个 1/4 区,C4 进第 3 个 1/4 区。

抽 D 队。D 队有 4 名运动员。D1 为种子运动员,已定位于第 4 个 1/4 区。将 D2、D3、D4 3 名运动员分别抽入第 1、第 2、第 3 个 1/4 区即可。假设 D2 进入第 2 个 1/4 区,D3 进第 1 个 1/4 区,D4 进第 3 个 1/4 区。

抽 E 队。E 队有 3 名运动员。E1 为种子运动员,已定位于第 1 个 1/4 区。将 E2、E3 2 名运动员分别抽入第 2、第 3、第 4 个 1/4 区即可。假设 E2 进入第 2 个 1/4 区,E3 进第 4

个 1/4 区。

抽 F 队。F 队有 3 名运动员。F1 为种子运动员，已定位于第 3 个 1/4 区。由于第一个 1/4 区的位置已满，不能再进入运动员。将 F2、F3 2 名运动员分别抽入第 2、第 4 个 1/4 区即可。假设 F2 进入第 2 个 1/4 区，F3 进第 4 个 1/4 区。

抽 G 队。G 队有 2 名运动员。G1 为种子运动员，已定位于第 2 个 1/4 区。由于第一个 1/4 区和第 2 个 1/4 区的位置已满，不能再进入运动员。G2 只能抽入第 3、第 4 个 1/4 区。假设 G2 进入第 4 个 1/4 区。

抽 H 队。H 队有 1 名运动员。至此，位置数只有第 3 个 1/4 区剩下 1 个。因此，H1 进入第 3 个 1/4 区。

非种子运动员在进行分区抽签时，根据主抽人的说明词，号签员应取出相应的区签，打乱后放在桌面上(背面向上)；主抽人取出非种子名签，将其打乱后随意摆放在某区签上，然后揭开名签和号数，并宣布抽签分区结果。

(2)非种子运动员抽签"定位"

通过抽签分区，各队非种子运动员已被划入各个区内。现需要对各 1/4 区的运动员进行抽签"定位"，即把运动员抽到具体的号码位置上。

各 1/4 区运动员进行抽签"定位"时，应先把同单位的运动员合理分开，即分别抽入该区的不同 1/8 的号码位置，然后再将其他运动员随机抽入剩下的号码位置。

按区进行抽签"定位"，抽第 1 区，第 1 个 1/4 区共 7 名运动员。其中种子运动员 2 名，非种子运动员 5 名。

第一步，抽出该区两名同单位运动员的非种子运动员名签。即 A 队的 A1、A5，B 队的 B3、B5。

第二步，号签员将第 1 个 1/8 区的位置签打乱后，摆放在主抽人桌面上的右侧(需要拿出种子位置号码 1 号位置签和本 1/8 区轮空位 2 号位置签)，再将第 2 个 1/8 区的位置签打乱，摆放在主抽人桌面左侧(需要拿出种子位置 8 号位置签)。

第三步，主抽人将 A5 盖在第 2 个 1/8 区的某一位置签上，B3、B5 分别随意盖在两个不同的 1/8 区的某一位置签上，保证同单位运动员分在不同 1/8 区。

第四步，重新收起未被放置名签的全部位置签(共两张)，重新打乱摆放在桌面上。主抽人将其余两名运动员的名签(C2、D3)打乱后随意放在各张位置签上。随后，揭开名签和号签，逐一出示，并宣布运动员抽签的结果。

第 1 个 1/4 区的抽签"定位"结果如图 9-1 所示。

对第 2、第 3、第 4 个 1/4 区用同样方法对非种子运动员进行抽签"定位"，非种子运动员抽签"定位"结束。

抽签实施到此结束，之后对抽签结果进行复核和校对。

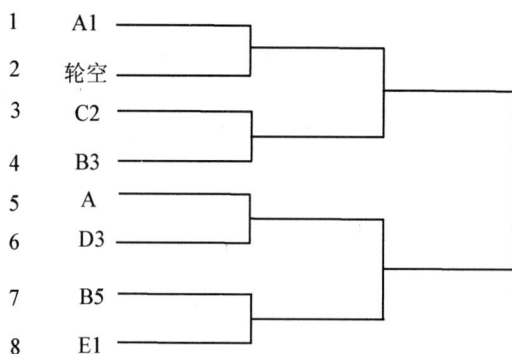

```
1    A1  ┐
         ├─┐
2    轮空 ┘ │
          ├────┐
3    C2  ┐ │    │
         ├─┘    │
4    B3  ┘      │
               ├──────
5    A   ┐      │
         ├─┐    │
6    D3  ┘ │    │
          ├────┘
7    B5  ┐ │
         ├─┘
8    E1  ┘
```

图 9-1　单淘汰抽签"定位"

五、竞赛编排

网球比赛中，根据规则和规程的基本要求以及实际报名情况，用抽签确定每个队（或选手）在各个项目比赛中的位置。竞赛编排的任务是在一定的时间内，科学合理地把全部的比赛安排在一定数量的比赛场地上，按一定的秩序进行比赛，也就是通过编排确定全部比赛的日期、时间和场地号。

编排工作是一项十分重要的工作。编排方案会影响到运动队、比赛场地、安保以及电视直播等。编排方案一经确定，赛区所有工作都要围绕着这个方案进行。

抽签完成后，要具体安排整个比赛中每一天的比赛场次、时间和场地等。在制订赛程表时，应考虑网球运动员的负担量以及先单打后双打的原则。在前几轮的比赛中，应采用紧跟前场的方法安排比赛秩序，即在一块场地上安排几场比赛，只限定第一场的开赛时间，而不写明以下各场的开赛时间。这种安排能保证场地和比赛时间得到充分利用，使比赛连续进行。在半决赛和决赛时，可采用限定比赛开始时间的方法进行安排。这样既有利于让运动员充分休息，又能为观众提供较准确的比赛时间和电视转播时间，有利于观众有选择地观看比赛。

（一）网球比赛编排原则

1. 合理考虑场地容量

场地容量指每块场地在一天的时间里最多能安排多少场比赛。团体赛中，一块场地一般一天安排两场比赛。单项比赛时，国内选手在三局两胜中，平均比赛时间约为一个半小时。各种比赛由于赛制不同，比赛时间可能有差异。但一般情况下，按一个半小时来安排一场比赛较为合理。通过这样的安排，组织者就能根据比赛的起止时间来估算一块场地的比赛场数。

2. 以最大极限量编排

编排方案应立足于任何队、任何选手在每个项目的每次比赛中都有可能获得胜利，并以这样的原则来确定运动队和选手的最大极限量。

3. 合理编排比赛场次

除非天气原因或其他不可避免的情况而使比赛赛程受到影响，否则每名运动员每天最多只可打一场单打和一场双打比赛，而且比赛时间不能早于运动员打完前一天或前一轮比赛过后 12 小时。团体比赛一个队每天不超过一场比赛。

4. 男女混赛

在比赛中应安排有男、女队或男、女选手的比赛，不要搞"清一色"。

5. 利于电视转播

重大国际比赛期间，一般都有电视台对部分重要、精彩场次进行转播。电视台通常会考虑以下因素。

第一，转播世界排名靠前的优秀运动员之间的比赛。

第二，转播有主办国著名运动员参加的比赛。

第三，转播主要赞助商要求转播的比赛。

对以上比赛的编排要有预见性，如需临时调动应符合规程规定。

6. 尽量避免出现连场

为了利于运动员恢复体力，编排时要尽量防止让运动员连场比赛，尤其是单打比赛，如实在不可避免，连场的队员可根据上一场比赛时间的长短决定休息的时间。

7. 编排决赛只标日期

在编排决赛时，只标出日期. 不排定具体的时间、场地号，以便电视转播和裁判长调度。

（二）比赛编排方法

网球基本上以单项比赛为主，国际上除了戴维斯杯、联合会杯等几个团体赛外，基本上都是运动员以个人形式参加的单项赛。由于比赛场地少、运动多以及需用较短时间决出最后名次的特点，网球比赛一般采用单淘汰赛赛制，如温布尔登网球锦标赛、法国网球公开赛、澳大利亚网球公开赛和美国网球公开赛四大网球公开赛均采用单淘汰赛赛制。在我国，全国网球团体锦标赛第一阶段采用分组循环赛。在基层的网球比赛中，组织者可依比赛的目的和实际场地情况而选用不同的比赛编排方法。以下将对不同竞赛编排方法做详细阐述。

1. 单淘汰制

所谓单淘汰制，是指运动员在比赛中失败一次即失去比赛资格的方法。它是指按照一定的比赛程序，相邻的选手(或队伍)进行比赛，负者淘汰，胜者晋升到下一级的比赛，直到剩下唯一的一名未被淘汰的参赛者。该参赛者就成为这次竞赛的冠军。这种比赛方式在网球竞赛中被普遍采用。

单淘汰制对参赛球员力求胜利起着积极促进作用。在比赛过程中，水平高的球员不断进入下一轮，比赛也逐渐形成高潮。这种方法可在参赛球员多、场地少、时间短的情况下采用，其组织形式容易被大多数人理解；不足之处在于，球员参赛场次少，得到的锻炼机会不够，球员获胜的偶然性较大，正确的种子编排较困难，合理性差。

淘汰竞赛方法对抗性强、吸引力大和竞赛效率高的基本属性，很好地符合了体育竞赛的特点和要求，但也存在合理性差、偶然性大、不完整性强等严重的缺陷。为了使淘汰赛具有更强的生命力，必须采用相应手段去克服这些缺陷。

(1)单淘汰赛合理性差的应对方法——设定种子选手

①种子和种子序号。确定种子和种子序号应根据参赛者技术水平来进行。技术水平的最直接依据是运动员(或队伍)的比赛成绩。运动员比赛成绩可参照以下一些相关原则。

第一，小比赛的成绩服从大比赛的成绩。

第二，低水平比赛的成绩服从高水平比赛的成绩。

第三，远期比赛的成绩服从近期比赛的成绩。

第四，世界级比赛的种子可根据最新的世界优秀选手电脑排名表确定。

②种子数目。种子数目应根据参加比赛的队数和人数的多少来确定。当单项比赛采用淘汰赛制时，种子数目应为2的乘方数。根据不同的竞赛或竞赛的某些特殊要求，有时也可不设种子。

③种子位置。根据单淘汰名次产生的规律性，种子选手也应按其序号合理地被抽入不同的"区"。

第1号种子置放在1号位，第2号种子置放在16号位、32号位或64号位。

其他种子位置的确定实行按对抽签的办法。方法是一对种子进行一次抽签，先抽出的置放在上半区，后抽出的置放在下半区。

(2)单淘汰赛偶然性强的应对方法——使用"抽签"

组织者要保证每个运动员有相同的机会，保证竞赛的合理性。这种以机遇对机遇的对策性措施，即为"抽签"。

(3)单淘汰赛不完整性的缺陷的应对办法——设置"轮空""附加赛"

设置"轮空"使第一轮比赛的号码位置数正好是2的乘方，可以克服单淘汰赛秩序的不完整性。

①轮空。所谓轮空，是指某个选手在不经过与另一名选手角逐的情况下，不战而胜，自动升一级。没有运动员的号码位置称为"轮空位置"。"某选手轮空"是指选手在该轮比赛中没有对手，他的对手位置是轮空位置，例如轮空位置在2号时，1号选手轮空。

②选择号码位置数。应根据参赛人（或对）数，选择最接近的较大的2的乘方数作为安排竞赛秩序的号码位置数。较常用的号码位置数有16、32、64、128。

③轮空位置数。轮空位置数等于号码位置数减去运动员人（或队伍）数。

④确定轮空位置。轮空位置应均匀地分布在各个区内。在种子与非种子之间，种子优先轮空；在种子内部，种子序号在前的优先轮空。如29人参加比赛，选择号码位置为32，轮空位置数为3，分别被分配给第1～第3号种子。

⑤轮数及场数。参赛人（或队伍）数为2的几次方，则为几轮。若参赛人有16人，16为2的4次方，则有4轮。若参赛人有17人，则根据网球竞赛编排不安排抢号的原则，有5轮比赛（第一轮只有一场球）。标准的网球赛事都采用单淘汰制，每进行一场（一轮）比赛，就只有一半的选手能够继续参加下一场。这里的一场，就是一轮。如果参加"大满贯"比赛，则可以打到第7轮。

比赛的场数为参赛人数减1，如只有16支球队比赛，则比赛场数为15。

⑥附加赛。单淘汰比赛可利用附加赛技术，排出竞赛所需的全部名次。比赛方法是，每一轮的胜者与胜者、负者与负者之间进行比赛，直至排出竞赛所需确定的名次顺序。

例如，竞赛要求排出前8名运动员的名次顺序，则另需在前8名运动员中安排附加赛。附加赛秩序如图9-2所示。

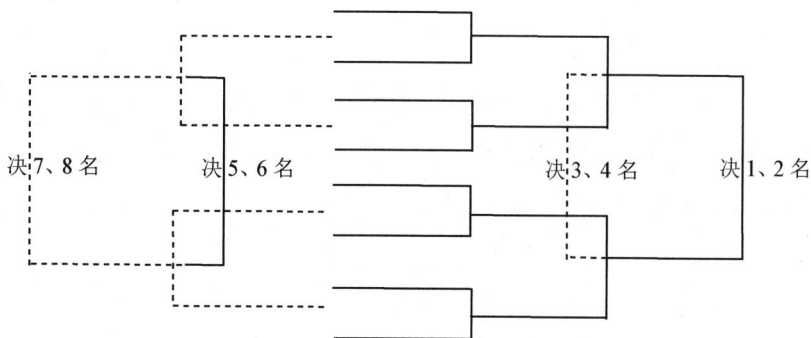

图9-2 附加赛秩序图示（实线代表胜者比赛，虚线代表败者比赛）

2. 单循环制

每个参赛队（或运动员）之间都要比赛，通过积分来决定名次的比赛编排方法被称为单循环制。在报名队（或运动员）数少且场地又多、日期又长的情况下，可以采用此法。其特点是编排相对合理，且参赛队（或运动员）能参加更多的比赛，积累经验。每个对手均出场一次为"一轮"，且每轮的次数是相同的。

单循环编排法的优点是：所有的参赛选手（或队伍）之间都要进行比赛，最后的排名非常可靠；种子编排并不特别重要；能高效地利用多个比赛场地；没有运动员或运动队被淘汰。

单循环编排法的缺点是：要进行较多场次的比赛；存在出现较多实力悬殊的比赛场次的可能性。

（1）单循环比赛轮次和场次计算

在单循环赛中，各队（或运动员）均出场比赛一次被称为"一轮"。每两个队（或运动员）之间比赛一次被称为一场。

单循环场数的计算公式为：总场数 $= \dfrac{n(n-1)}{2}$。

其中，n 为参赛队数或人数。

单循环赛轮数的计算公式为：n 为偶数时，轮数 $= n - 1$。如有 6 个队参赛比赛，则轮数 $= 6 - 1 = 5$；n 为奇数时，轮数 $= n$，如有 7 个队参加比赛，则轮数 $= 7$。

计算轮数和比赛场数的意义在于，使比赛组织者在筹备比赛时，可以根据场地数量，计算出比赛轮数和场数，估算出比赛需要多少天打完以及需要多少裁判员。

（2）比赛秩序的确定

为使竞赛获得最佳效果，组织者需要解决比赛秩序中机会不均等的问题，确定较理想的单循环竞赛秩序，一般采用逆时针轮转法来确定比赛秩序。目前国内网球比赛如全国网球锦标赛团体比赛常使用此种方法。

逆时针轮转法：这种轮转方法把 1 号位固定不动，其他号位每轮逆时针方向轮转一个位置，即可排出下一轮全部轮次的比赛秩序。例如，有 8 个队参加的比赛的编排如下。

第一轮	第二轮	第三轮	第四轮	第五轮	第六轮	第七轮
1—8	1—7	1—6	1—5	1—4	1—3	1—2
2—7	8—6	7—5	6—4	5—3	4—2	3—8
3—6	2—5	8—4	7—3	6—2	5—8	4—7
4—5	3—4	2—3	8—2	7—8	6—7	5—6

如参赛队（或运动员）数是单数，应用"0"将其补成双数后再进行轮转，与"0"相遇者轮空，即该场不比赛。例如，有 7 个队参加的比赛的编排如下。

	第一轮	第二轮	第三轮	第四轮	第五轮	第六轮	第七轮
	1—0	1—7	1—6	1—5	1—4	1—3	1—2
	2—7	0—6	7—5	6—4	5—3	4—2	3—0
	3—6	2—5	0—4	7—3	6—2	5—0	4—7
	4—5	3—4	2—3	0—2	7—0	6—7	5—6

逆时针轮转法保证了各队（或运动员）比赛进度的一致。最可能成为冠亚军决赛的比赛被安排在整个比赛秩序的最后一轮，使比赛在最后阶段进入高潮。最强选手"1"遇到的比赛对手实力由弱到强递增，并且将与最强的一个对手"2"在最后一轮相遇。这在理论上体现了对最强队的照顾，各轮比赛强弱的搭配相对均匀。

顺时针轮转法：先确定最后一轮的比赛，再固定1号位，其他位置按顺时针轮转一个号位的方法，倒推出各轮的比赛秩序。例如，有8个队参加的比赛的编排如下。

	第一轮	第二轮	第三轮	第四轮	第五轮	第六轮	第七轮
	1—4	1—6	1—8	1—7	1—5	1—3	1—2
	2—6	4—8	6—7	8—5	7—3	5—2	3—4
	3—8	2—7	4—5	6—3	8—2	7—4	5—6
	5—7	3—5	2—3	4—2	6—4	8—6	7—8

"大轮转、小调动"是指在"逆时针轮转法"的基础上，根据特殊需要对某个场次或轮次进行个别的"小调动"。比如，为了满足电视转播的要求，把需要转播的轮次与其他轮次互相调换，也可把需要转播的场次在同一轮中的顺序加以调整，以满足特定转播时间的要求。

循环赛名次排定：在循环赛中参赛者的名次按其在同一比赛中的比赛成绩排定。获胜次数多者，名次排前；若遇两队或两个以上的队积分相同，则依照以下顺序排列名次。

两队获胜次数相同，则相互间比赛的胜者，名次靠前。

若两队以上获胜次数相同，则依下列因素排列名次（同一轮次的判定名次中，只剩两个队仍然相同的情况下，按照两队之间的胜负关系决定名次）。

第一，在全部循环赛中的净胜场数。

第二，在全部循环赛中的净胜盘数的百分比。

第三，在全部循环赛中的净胜局数的百分比。

第四，在全部循环赛中的净胜分数的百分比。

第五，抽签决定名次。

3. 混合制

一次竞赛中同时利用循环制和淘汰制的编排方法被称为混合制。在网球比赛中主要有以下几种形式。

（1）先淘汰后循环

先采用单淘汰赛的方法，将大多数或绝大多数的运动队（或运动员）淘汰，最后剩下少数优秀队（或运动员）时再进行单循环赛。这种竞赛办法可使少数优秀队（或运动员）得到更多的锻炼，或对他们进行更好的选拔。在队内选拔赛和基层比赛中可考虑选用本方法以达到比赛的目的。

（2）先循环后淘汰

整个竞赛分为两个阶段：第一阶段，将参加比赛的队（或运动员）分成若干小组，让其分组进行单循环赛；第二阶段，由各个小组相应的同名次队进行单淘汰赛，决出部分或全部名次。这种竞赛办法，不仅可以有效地控制整个竞赛总量和各队（或运动员）比赛强度，而且能使竞赛在最后阶段推向高潮。全国网球团体锦标赛即采用这种组合方式决出比赛的前 8 名。

练习与思考

1. 简述网球场次的计算和单淘汰抽签的办法。

2. 简述单循环制比赛的编排方法。

3. 简述裁判员的职责。

第十章
网球运动常见损伤与预防

　　预防运动损伤的发生是网球教学训练与比赛中应受到足够重视的问题，如果无法有效地预防或处理运动损伤，运动员就无法进行正常的有计划的训练活动，无法在比赛中充分发挥自己的技战术水平，也无法有效延长自身的运动寿命。本章将介绍网球运动中的常见运动损伤的预防及处理方法。

第一节　起水泡

　　起水泡对于初学网球的人来说是一种非常常见的运动损伤。起水泡的部位一般是手部的拇指关节内侧、掌际与拍柄后部相接触的部位以及前脚掌。

一、起水泡的主要原因

（一）正常原因

　　一般爱好者初学网球时，总会磨出水泡。主要原因是握力较差，手掌皮肤较细嫩。当不能有效击球而使球拍被动转动时，手掌皮肤与拍柄的转动摩擦也就增加，从而产生了水泡。

（二）非正常原因

　　有些爱好者打球特别容易磨出水泡，这就不仅仅是皮肤细嫩的问题了。首先是技术动作不准确，造成经常将球打在球拍的"甜区"外以及拍框边缘等处，增加了手掌与拍柄之间的摩擦强度；其次是在击球准备、引拍、挥拍的整个过程中，手腕过于紧张，握拍太紧、太死；最后是拍柄不合适，如太粗或太细，柄皮不吸汗而且太滑。

二、预防起水泡的主要方法

第一，加强练习，以增强手掌皮肤的耐磨性。

第二，选择拍柄粗细合适的球拍。

第三，更换柔软防滑的柄皮或在原有柄皮上缠一层柔软的吸汗带。

第四，选择大小合适、穿着舒适的运动鞋。

第五，选择减震效果较好的球拍或为球拍安装减震器。

第六，提高击球的准确性，避免击球瞬间球拍过多地被动旋转。

第七，握拍时手部自然放松，只在击球瞬间才用力握紧球拍。

三、水泡的处理方法

第一，遵循避免感染的原则，注意保持水泡周围皮肤的干燥与清洁。

第二，小且未破裂的水泡在一段时间后就会自然痊愈，无须进行特别处理。

值得注意的是，为避免水泡下的真皮受到感染，请保留水泡的表皮，切勿将其随意撕去。

第二节　肌肉拉伤

肌肉拉伤是指肌纤维的细微损伤、肌纤维的撕裂或断裂。造成肌肉拉伤的原因有：准备活动不够充分到位；训练水平不够，肌肉的弹性、力量较差；疲劳或运动量过大，动作粗暴；气温过低或湿度过大。

一、预防肌肉拉伤的主要办法

第一，打球前一定要进行充分到位的准备活动。

第二，加强训练，特别是加强对易伤部位的对抗肌的力量和柔韧性的练习。

第三，打球时控制好运动量与运动强度，不要在疲劳状态下进行训练或比赛。

第四，掌握正确的击球技术，切勿暴力击球。

第五，避免在气温过低或湿度过大的天气条件下打球。

二、肌肉拉伤的处理办法

第一，轻度拉伤者或肌肉痉挛者，可由医生采用针刺疗法。

第二，肌纤维部分断裂者，先冷敷、加压包扎并保持肌肉放松，48 小时后轻缓地按摩。

第三，肌纤维完全断裂者，首先进行加压包扎并固定患肢，然后前往医院就诊。

第三节 关节扭伤

扭伤是指关节周围的韧带、肌肉乃至骨骼的损伤。网球运动中，常见的扭伤主要出现在踝关节。急停或奔跑时，脚外侧先着地容易导致踝关节扭伤；侧向的急跑或急停则容易导致膝关节扭伤；急停变向跑或发球时的背弓动作则容易引起腰部扭伤。

一、预防扭伤的主要办法

第一，加强易扭伤部位的肌肉力量。

第二，对易伤部位进行保护性固定（如佩戴护踝、护膝等）。

第三，选择鞋底合适且较为宽大的网球鞋。

第四，任何时候都要认真做好准备活动。

第五，掌握正确的移动及击球的动作方法。

第六，随时注意场地的平整程度。

二、扭伤的处理办法

第一，抬高受伤关节并立即进行冷敷，24 小时后进行按摩。

第二，在伤情稳定后，先把受伤关节在热水中浸泡 15 秒，然后迅速放入冷水中浸泡 5 秒。如此反复数次。

第四节　网球肘

网球肘因多见于网球运动员而得名。网球肘的症状主要表现为前臂肌肉的两端肌腱之间，尤其是靠近肘部外侧和内侧肌腱上端的骨附着点产生红肿和疼痛。一般来说，网球肘产生初期，肘关节附近会出现酸胀和轻微疼痛；用力背伸手腕和前臂向内、向外旋转时，局部疼痛感会加强。

网球肘如果没有得到控制，症状加重时，局部疼痛就会加强，并由肘部向前臂扩散。当用手端或提重物，或者用双手拧毛巾时，局部疼痛会显著加强，在肘部的外侧或内侧有明显的压迫痛点。如果症状严重做徒手挥拍都很痛，就得停止任何肘部的活动，并立即就医。

一、产生网球肘的主要原因

从击球动作分析，挥拍姿势不正确、用力不合理是造成网球肘的主要原因，具体表现在以下几方面。

第一，反手击球时，没有有效地运用身体力量而让手臂过分发力，肘部过于急速伸直。

第二，正手击球时，没有依靠转腰、转肩的力量，而是用手臂强直打球，即直臂打球。

第三，一味地模仿职业球员的暴力打球动作，而没有根据自己的身体条件特点，选择恰当的击球方式。

第四，打球时不能经常以甜区击球，击球时肘部常常远离腋下。

第五，对于一些比较容易打的"软"球，过于暴力地回击。

从人体的生理特性分析，打球时肘部所承受的冲击和震动是造成网球肘的根本原因。每个人的肌肉、关节、韧带的运动能力都有一定的极限。当击球动作的力量、旋转超过了手臂的正常承受能力时，仍继续长期练习，就会使前臂的肌腱纤维因反复过度牵扯而劳损，形成网球肘。有时，网球拍的减震效果差、穿线磅数过大也会增加手臂的负担，从而形成网球肘。

二、预防网球肘的主要办法

第一，加强手臂、手腕的力量练习和柔韧性练习。

第二，练习时应注意，运动的强度要合理，不可使手臂过度疲劳。

第三，平时打球前，要充分做好热身活动，特别是手臂和手腕的内旋、外旋和背伸练习。

第四，每次打球后，要重视放松练习。最好按摩手臂，使肌肉更加柔软不僵硬，保证手臂肌肉紧张与收缩的协调性，减少网球肘的产生。

第五，有效地使用弹力绷带和护肘，能对慢性网球肘的伤情扩展起到一定的限制作用。

第六，根据自己的击球特点，选择软硬适当的球拍。不同击球方式的爱好者如不慎重选择软硬适当的球拍，都有可能造成网球肘。

第七，选用"甜区"大、重量轻、拍柄合适、穿线松的球拍，也能有效地减少网球肘的产生。

第八，纠正错误的击球动作是杜绝网球肘的最好方法。单手反拍击球时，一定要靠转体转肩的力量带动手臂去打球，而不是用靠手臂的类似乒乓球的反手"拨"动手打球。正手击球时，应避免手腕、手掌的翻转动作，特别是不要直臂打球。

三、网球肘的处理办法

当网球肘已经产生时，根据症状的轻重、疼痛程度，应采取不同的处理方法。

早期症状期，疼痛较轻，可采用按摩和理疗的手段。继续打球时，要在肘部缠绕弹力绷带或戴上护肘，以减轻疼痛。如果疼痛减轻，就可恰当、慢速、多次地做橡皮带的恢复练习。

急性发作期，疼痛剧烈，应以静养、休息为主。绝不要临时绑上绷带或戴上护肘继续上场打球，那样只会使病情加重。在有条件的情况下，最好使用冰敷来缓解疼痛，但要注意冰敷时间以10～15分钟为宜，不要太长，以免冻伤皮肤。

一般在急性发作期，待疼痛减轻后，可缓慢地做些适当的练习，但应注意，在受伤后的3个星期内应保证不重复做可能造成肘部损伤的动作，以后可逐渐练习改进过的技术动作，两个月后方可参加正常练习。

对于一般慢性网球肘，多采用手臂的各种伸展运动练习来缓解伤痛。

第五节　肌肉酸痛

　　许多网球爱好者都有过这样的体会，当周末尽情地在网球场上潇洒挥拍后，第二天总觉得浑身肌肉酸痛。这种肌肉酸痛一般发生在运动之后的1～2天，并且有时会持续好几天才能自然消退，恢复正常。因为这种现象不是发生在运动过程中，或在运动后立即产生的，所以我们把这种肌肉酸痛称为肌肉延迟性疼痛。

　　虽然肌肉酸痛不是严重的运动损伤，但是在每次打球之后，都有这种情况发生，毕竟会对日常的工作和生活有一定的影响。为了避免这种不必要的痛苦，在此特别向大家介绍几种预防和处理肌肉酸痛的方法。

一、肌肉酸痛的原因

　　通常职业选手或水平较高的业余球员，由于能保证有一定的打球次数和运动强度，使肌肉不断地得到锻炼，从而提高了身体素质，所以很少发生肌肉酸痛的现象。但对于一般的网球爱好者而言，因每个星期只在周末打一次球，或者一两个月才打几场球，不能保证打球的次数和频率，就难免会在每次打球之后感觉浑身肌肉酸痛。

　　造成肌肉酸痛的具体原因是，较长时间不打球或某次打球的运动量突然增加，使肌肉对偶尔的上场打球或大运动量没有完全适应，从而引起局部肌肉纤维及结缔组织的细微损伤，以及小部分的肌肉细微产生痉挛。由于这种肌肉细微损伤和痉挛是局部的、少数的，相对整块肌肉来说，仍然不会影响完成动作。肌肉一旦产生酸痛后，经过肌肉内部细微组织的自我修复，还会提高它的质量。如果接着在一定时间内肌肉质量尚未退化，继续打球，就不会再发生肌肉酸痛了。

二、容易产生肌肉酸痛的人

　　肌肉酸痛是人体的一种正常生理反应。不同的人群，如果做相同的运动，并保持相同的运动量，有的人会出现肌肉酸痛，有的人则不会。一般来说，容易产生肌肉酸痛的人主要有以下几类。

（一）打球次数少、打球频率低的人

一般没有定期运动习惯的人比定期打球且次数较多的人更容易产生肌肉酸痛；长期不运动的人，也肯定会因肌肉起初不适应而出现酸痛；平时经常打球的人，因为运动量、运动强度的突然增加，同样会出现肌肉酸痛。

（二）女性

虽然女性和男性在运动生理上没有太大差异，但相对来说，女性的运动素质（如肌肉力量、耐久力等）一般比男性差，所以，同样在网球场上挥拍击球，女性更容易肌肉酸痛。

（三）年纪较大者

一般来说，中老年人比年轻人更容易产生肌肉酸痛。因为同样的运动负荷，对年轻人可能感觉强度较低，但对于中老年人可能强度就很高了。因此，同样在网球场上活动，中老年人更容易出现肌肉酸痛，并且由于新陈代谢较慢，消除肌肉酸痛需要的时间也更长。

三、预防肌肉酸痛的方法

第一，上场打球前，需要充分热身，特别是要将击球用到的局部肌肉、韧带充分活动开。

第二，打球结束后，一定要做好放松练习，并适当地做些肌肉再伸展练习，提高韧带的柔韧性。

第三，如有条件，在打球活动后，可以去游泳，彻底放松全身肌肉。

第四，保证合理的打球计划，尽可能地做到每周打球 2～3 次。如条件有限，也要保证每周 2～3 次用其他运动方式来刺激肌肉活动。

第五，在网球场上，要尽量避免全力击打球。

第六，要避免练习时间过长，使肌肉过度疲劳，当感觉到确实有些累时，就要停下来。

第七，刚上场打球时，一定要由近到远、由慢到快地增加速度和力量，待身体完全适应后，方可进入正常练习状态。

第八，打球时，应注意多喝水，多做深呼吸，这样可增强肌肉的持久力。

四、肌肉酸痛的处理办法

在已经出现肌肉酸痛后，为了不影响日常生活和工作，可采取以下对策来有效缓解和消除肌肉酸痛。

第一，对酸痛的局部肌肉进行热敷，可促进血液循环，提高新陈代谢，加速肌肉酸痛的缓解和消除。

第二，按摩局部酸痛肌肉，使之彻底放松。

第三，针对局部酸痛肌肉进行静力伸展练习，保持"较劲"的伸展状态 2 分钟，放松 1 分钟。反复练习，每天坚持练习 3～4 次，可较好地缓解肌肉酸痛。

第四，适当地口服维生素 E，也是有效的对策。

第五，利用电疗、针灸等手段也可以适当地缓解肌肉酸痛。

第六节　小腿抽筋

许多网球爱好者，在练习或者比赛中都发生过小腿抽筋。而且有些人在初次发生小腿抽筋之后，在小腿的同一位置还会出现经常发生抽筋的现象，好像成了习惯性抽筋。面对这种现象，该如何预防和处理呢？

小腿抽筋，学名叫腓肠肌痉挛，是小腿的腓肠肌发生不能控制的强力收缩所表现出的一种生理现象。

当小腿抽筋现象发生时，首先应保持冷静、放松，不要太紧张。然后原地坐下，伸直膝关节，自己用同侧手拉住脚尖，慢慢地、尽力向后拉；或者由同伴帮助，握住脚尖固定，自己双手放在身后，撑住地面，防止身体后移，同时慢慢用力向前蹬、伸小腿。切忌用力过大、过猛而损伤肌肉。在有条件时，可用热毛巾热敷小腿，促进血液循环，加快恢复正常。

预防小腿抽筋的方法主要有以下几种：

第一，上场打球前，一定要充分做好热身准备活动，特别是腓肠肌的伸缩练习。

第二，下场时，应做好肌肉的放松活动，防止肌肉僵硬，造成肌肉紧张与放松不协调。

第三，加强身体素质的锻炼，提高肌肉的耐久力，避免因一般疲劳而抽筋。

第四，控制好运动量，不要使肌肉过度疲劳。

第五，在冬季室外打球时，应注意保暖，不可因穿衣服太少而使肌肉迅速冷却。有必要时，可戴上护腿或穿上网球袜来保护小腿。

第六，在夏季打球时，尤其在长时间的运动后，应注意多喝水和运动饮料，及时补充体内的水分和电解质。

第七，经常发生小腿抽筋的网球爱好者，上场之前除了要充分地伸展小腿肌腱外，还要对小腿肌肉做适当的按摩。

第七节 扭脚

网球场上最常见的一种损伤就是扭脚。在网球运动中，前后左右跑动以及快速起动和急停十分频繁。当脚扭伤之后，我们该怎么办？该如何根据伤情及时地处理？又该如何预防和保护自己的脚踝？脚踝受伤之后，该如何恢复？这些问题，都是大多数网球爱好者比较关心的话题。在此，一一向大家做出相应的说明。

一、扭脚的症状

有些比较严重的扭脚，当时就可以听到较响的韧带撕裂声，之后踝关节内开始充血、肿胀，并且脚踝疼痛剧烈。在踝关节韧带损伤处，有明显的压迫痛。

二、如何处置

扭脚的当时，首先要控制关节内充血，即抬高踝关节，并立即冷敷。如果特别严重，应及时送到医院就诊。

对于一般的扭伤，应在 24 小时内禁止在扭伤部位有任何活动。扭伤处要迅速冷敷，防止关节内继续出血、肿大，并减轻痛苦。若使用冰块冷敷，则应用毛巾包住冰块，不要直接将冰块放在脚踝上，防止冻伤皮肤。若在水龙头下用冷水冲洗扭伤处，则应保持踝关节的适当高度。

还有一种有效的消肿方法，即在伤情稳定以后，取一盆较热的水和一盆凉水，先把受伤的踝关节浸泡在热水里 15 秒，然后迅速移至凉水中 5 秒，再反复更换，利用温度变化产生的热胀冷缩，促进踝关节的血液循环，使肿胀最快、最有效地得到消除。

脚踝扭伤之后，在彻底痊愈之前，需要经常裹上护踝或弹力绷带来保护踝关节。

三、扭伤的原因

网球场上扭脚的原因主要有：

第一，踝关节力量较差，打球跑动时起动和急停动作过于短促、用力。

第二，身体出现疲劳现象，尤其是脚踝的疲劳，或精神状态不佳，疲劳未彻底消除。

在这些情况下，仍然在球场上强迫自己进行激烈打球。

第三，准备活动不充分，踝关节的韧带未得到充分伸展，就迅速进入激烈的运动状态。

第四，思想麻痹大意，常做一些无谓、盲目、多余的危险动作，如跳过球网。

第五，对打球环境的不适应，如球场太硬、太涩，或者不平整，以及网球鞋不合适，等等。

第六，打球的运动量过大，脚踝的紧张时间过长。

四、如何预防脚踝扭伤

第一，平时应注意脚踝周围肌肉力量的练习和踝关节的柔韧性练习。

第二，加强安全意识教育，不要在疲劳状态下打球，不做危险性的动作。

第三，认真做好热身运动，上场打球时应由近到远、由慢到快，运动强度逐渐加大。

第四，要穿合适的网球鞋，网球鞋应轻便、舒适、大小合适、有弹性，并与场地相适应。

五、扭脚之后，如何积极恢复

对于网球爱好者来说，扭脚之后，为了尽快痊愈，不让自己停止打球的时间过长；同时也为了满足日常生活的需要，一定要重视脚踝伤后的康复练习，尽早地恢复到原来状态，保持原有的网球运动水平。

一般来说，扭脚之后，积极恢复要注意以下几点。

第一，尽快利用各种方法祛瘀血、消肿胀。

第二，根据具体伤情，在损伤早期的一定时间内，应禁止踝关节的任何活动，保持静养状态。

第三，待伤情有所好转，症状有所减轻之后，就要尽量进行踝关节的功能练习。如缓慢地开始做踝关节的屈、伸、内绕环、外绕环等静力或阻力练习。

第四，根据功能练习的效果，判断踝关节的具体恢复情况，适当地、循序渐进地上场练习，这有助于踝关节的恢复。刚开始上场练习时，一定要裹上护踝或弹力绷带来保护踝关节。打球时，运动的强度要小，运动量要少，应从网前原地慢球练习开始。

第八节　中暑

炎炎夏季，网球场上的温度更是"高烧"不退。有些"发烧友"级的网球爱好者，因按捺不住手脚"齐痒"，不顾高温酷暑，仍然坚持不懈地在场上练习。但某些体质较差的爱好者，就有可能出现头晕、头痛、胸闷、皮肤灼热干燥、体温升高等现象。严重者还可能出现恶心、呕吐、虚脱、抽筋、呼吸短促、心律失常甚至昏迷等有生命危险的症状。这种症状就是中暑，是由于在高温环境中长时间运动，体温上升，大量出汗，并引起皮肤毛细血管扩张，使回流到心脏的血液流量减少，导致血液循环衰竭和身体排热失调，使体内大量的热量无法有效散发。

预防中暑，要做到以下几点。

第一，在炎热的夏季打球时，应适当减少运动量，降低运动强度，不要在高温下长时间地活动。

第二，在室外练习时，应戴上浅色帽子，穿浅色、单薄、宽松、吸汗、透气性好的运动衣。在室内练习时，应注意通风，同时也要注意不能在较闷热的环境中过量练习。

第三，应及时补充水分并喝些淡盐水。

第四，平时要加强身体素质训练，要尝试在较热的环境中练习，逐步提高身体的耐热、排热能力。

第五，不管在什么时候，只要稍感不适，就应立即停止练习，进行休息。

处理中暑，首先应判断中暑的程度。如轻度中暑时，应迅速停止练习，离开球场，走到阴凉通风处休息、静卧，把头部垫高；同时喝些凉水，松解衣服，额部做冷敷，降低头部温度，用温水擦拭四肢，水温要逐渐降低。另外，还可对中暑者进行适当的肌肉按摩和足底涌泉穴按摩。如果重度中暑，情况严重，应立即送往医院急救。

第九节　肩部损伤

网球运动中，由于发球和高压球技术动作的非常规性，经常做这些日常生活中很少用到的动作，会给肩部增加想象不到的负担。特别是一般运动素质的爱好者在学习发球和高压球技术时，一定要做好肩关节的伸展运动，避免受伤。

通常来讲，肩部损伤的主要原因，首先是使用肩关节的技术动作超过了正常的生理范围；其次是肩部的关节、肌肉、韧带负担过重，表现为运动量过大、运动强度过高；最后是准备活动不充分，尤其是肩部的伸展运动练习不够。

我们在学习发球和高压球技术时，由于技术动作的难度和强度要求，只有做好肩部的伸展运动练习，提高肩部的肌肉、韧带、关节的力量、柔韧性和灵活性，才能最有效地预防肩部损伤。

另外，我们还应注意，如果肩部已受过损伤，在做动作和肩部伸展运动时，一定要小心，以循序渐进为原则，慢慢地增加力量和动作的幅度。如有条件，在放松按摩的同时，可进行热敷，最好是能在较热的淋浴下冲烫肩部。在冬季的室外球场打球时，更要注意身体的保暖，特别是肩部的保暖，千万不要一上场就脱衣服；应等稍微活动开以后，在身体有些发热的情况下，再适当地脱些衣服，并确保不会让肌肉挨冻受凉。

肩部伸展运动练习有以下几种：

第一，极力向前、再向上伸展肩部。双手交叉，掌心向前，尽量前伸，保持15～30秒；双手交叉，掌心向上，尽量上伸，保持15～30秒，分别依次做2～3次。

第二，一手由上向下，另一手由下向上，尽量在背后拉住双手，互相用力拉，同时慢慢弯腰轻振。然后两手交换，依次练习。

第三，面对墙或挡网，在距离1米左右处直立，双手手掌向前平放在墙上或挡网上，要充分伸直肩关节，保持上体与地面平行，双手略高于头部，再慢慢用力下压。

第四，背对墙直立，扭转上身，将最近的一只手侧举到与肩同高的位置，用手顶住墙，用力撑住，再慢慢回转肩膀；到极限时，坚持数秒后放松，再做另一侧肩的练习。

第五，伸直右肩，用左臂托住右臂肘部向后拉，保持上体向前不动；拉至最大限度时，坚持数秒后放松，再做另一只手臂的练习。

第十节 网球场上其他常见运动损伤

一、腱鞘炎

腱鞘炎是指关节周围的肌腱因运动量过大而产生的一种不适应炎症。腱鞘炎多发生于腕关节、掌指关节、踝关节后部以及肩关节前部等部位。

预防腱鞘炎主要有以下方法。

第一，运动前后做好充分的准备活动和局部放松活动。

第二，运动后对易产生腱鞘炎的关节进行按摩和热敷。

第三，合理安排训练，避免局部过度负荷。

二、膝关节疼

原因：膝关节韧带紧张过度，比赛地面坚硬，先天膝关节脆弱。

症状：剧烈运动或负荷过重时膝关节疼痛，伴有水肿。

紧急措施：用冰块冷敷，用绷带缠绕。

预防措施：准备活动应做充分，加强关节力量练习，纠正技术动作错误，加强膝关节的保护，选择合适的鞋子、护膝。

三、踝部韧带拉伤断裂

原因：运动中剧烈变向，或者鞋子不合适，或者网球场地表面不平，或者踩球。

症状：踝部剧烈疼痛。

紧急措施：冷敷，迅速求医。

预防措施：正确选择鞋子，加强肌肉训练，运动时穿戴护踝。

四、半月板损伤

原因：屈膝制动击球，抢占最佳位置，变向；膝关节同时完成快速伸膝并伴随旋转的动作。

症状：半月板突出、变形，伴随剧烈疼痛。

紧急措施：迅速求医。

预防措施：充分做准备活动，穿戴护膝，加强膝关节力量练习，选择合适的鞋子，规范技术动作。

练习与思考

1. 网球运动有哪些常见损伤？

2. 怎样预防网球运动中的常见损伤？

第十一章
网球运动的营养与饮食

第一节　网球运动营养的概念

　　人体为了生存和生活必须摄取食物，以维持生长发育、正常的物质代谢和生理机能等生命活动。摄取、消化、吸收和利用食物中的养料以维持生命活动的整个过程被称为营养。食物中的对机体有生理功效的成分被称为营养素。人体所需要的营养素有几十种，可分为七大类：蛋白质、脂肪、糖、矿物质、维生素、水和食物纤维。它们各有独特的营养功用，在机体代谢中又相互密切联系。糖、脂肪、蛋白质主要作用是供给机体热能。矿物质、维生素、水和食物纤维主要作用是调节生理机能。

　　营养和体育运动都是维持和促进人体健康的重要因素。营养是构成机体组织的物质基础，普通人只要日常膳食平衡即可。体育运动是增强人体机能的有效手段，两者科学配合，可更有效促进身体发育，提高健康水平和运动成绩。只注意营养而缺乏体育运动，就会使人肌肉松弛，肥胖无力，身体机能降低；只进行体育锻炼而缺乏必要的营养，体内消耗的物质能量得不到及时的补充，也会使人体机能减弱，并可促发营养缺乏症，进而影响健康。所以，要想获得良好的比赛成绩和锻炼效果，必须重视营养。

第二节　网球比赛能量供给特点

　　一场网球比赛要求参赛者高强度运动数小时，网球选手需要具备良好的有氧和无氧能力，以保证高水平的竞技状态。及时、有效地补充营养和恢复体力是保证运动员提高运动能力并取得成绩突破的重要因素。在网球训练和比赛中，运动员要不断地克服身体阻力和惯性，进行起动冲刺、急停、跳跃并频繁地完成各种各样挥拍击球的技术动作。这一切都要消耗人体的能量物质，若蛋白质消耗严重，会出现肌纤维横断面积明显减少、专项运动能力下降等问题。为适应炎热环境，机体排汗量增加，机体的水分和无机盐会出现不同程度的丢失。机体水盐代谢失调可引起机体运动能力下降、肌肉痉挛及心律失常等。因此，运动中和运动后及时补充水分和营养物质十分必要。

一、网球比赛的能量供应特点

　　从网球比赛整个过程来分析，这项运动属于混合性供能运动，短时主要是以磷酸原系统（ATP-CP）供能为主。当对手与我方实力相当，持续运动时间加长时，糖酵解（乳酸能）供能系统也参与供能，运动间歇（局间休息、死球状态等）时主要是有氧氧化供能。

二、能量供应的生理学基础

　　肌肉活动的直接能量来源是三磷酸腺苷（ATP），科学家把供 ATP 再合成的能源物质按无氧供能和有氧供能分成了三个系统，即磷酸原系统、乳酸能系统和有氧氧化系统。在运动生物化学中，磷酸原主要指三磷酸腺苷和磷酸肌酸（CP）。由 ATP 和 CP 为肌肉收缩提供能量的过程常被称为磷酸原供能。磷酸原供能的时间较短，在高强度运动中，维持 6～8 秒，但输出功率是最大的。糖在无氧的条件下分解成乳酸，同时释放能量的过程，常被称为糖酵解。由糖酵解产生的能量，使肌肉做功，这种供能被称为糖酵解供能（乳酸能供能）。糖酵解供能的高峰期为 45 秒，输出功率仅次于磷酸原供能。

　　有氧氧化系统指 ATP 再合成来自三大营养素的有氧氧化，在氧气充足的情况下生成大量能源，并且无导致疲劳的副产物。有氧氧化供能系统分解放能速度较慢，能量输出功率最低。

随着网球比赛中力量、速度的不断发展，运动员在比赛中要取得较好的成绩必须具备良好的体能，保证各种动作的完成有充足的能量供应。网球比赛运动强度大，运动时间较短，组成比赛的每一回合的运动时间多是在 10 秒以内，运动后即刻心率高达每分钟 200 次，每争夺 1 分往返击拍的平均持续时间为 4～12 秒。10 秒内运动员要完成一系列的移动、抽击、截击等高强度技术动作，机体必须在短时间内利用高效率的供能系统，此时的能量来源主要是磷酸原供能系统。但是当对手实力与我方相当时，每回合时间超过 10 秒，达到数十秒。如果运动强度高，此时的能量源于磷酸原和糖酵解供能系统，会造成乳酸堆积。在整场比赛中，磷酸原系统在每次提供能量后是没有足够时间得以完全恢复的。如果每次高强度负荷活动后的恢复时间少于 2 分钟，则后续的相应活动就需要依赖糖的无氧酵解提供能量再合成 ATP；若间隔时间超过 2 分钟，则要依赖糖、脂肪的有氧氧化提供能量再合成 ATP。所以，网球运动员要具有良好的有氧代谢能力；良好的有氧代谢能力是完成3～4小时的大运动量比赛的保证。

三、运动员比赛期间的饮食营养补充

比赛前如果运动员体内有足够的糖原储备，赛前一餐应在比赛开始前 2～3 小时内进食完，食用提供 500～1000 千卡能量的体积小、重量轻、易消化的富含碳水化合物的食物。比赛当日不宜进食自己不熟悉的食物或改变已习惯的饮食。在高温环境中比赛应在赛前补充500～700 毫升水，不要服用咖啡和含乙醇的饮料。

比赛时间较长、能量消耗较大时，运动员可中途摄取容易消化的半流质食物；饥饿时可以食用香蕉(100 克香蕉中含有大约 22 克单糖和多糖、382 毫克钾、36 毫克镁)。比赛中大量出汗迫使机体需要摄入大量的水和电解质，特别是镁和钠。肌肉易于抽筋的选手应采取预防措施，在基本饮食中或在比赛前阶段准备含镁高的食物。

比赛时的饮料补给可选择以 1：1 比例合成的水果汁(含维生素 C、钾以及 9％～12％的糖)和矿泉水的混合物。矿泉水中富含镁，含盐量低。水果汁和矿泉水也可分开饮用。也可选择各种电解质饮料。比赛中每隔 15～30 分钟要补充 100～300 毫升水，每小时补充的水不超过 800 毫升，补充的水量一般为出汗量的 1/3～1/2。

四、运动员比赛后的饮食营养补充

运动员的赛后饮食仍应是高糖、低脂肪、适量蛋白质的易消化食物。运动员赛后体内的水和电解质大量流失，需要及时补充富含矿物质的水或饮料。运动后出现疲劳，机体内生成大量自由基，导致细胞膜脂质过氧化损伤，因此要补充具有抗氧化性质的天然食物。

此时可采取如下饮食营养安排措施。

第一，运动后体重每下降1千克就要补充1升水。

第二，以高碳水化合物饮食（如土豆、大米、面条）为主，使肌糖原较快恢复。

第三，摄入适量的蛋白质，相应地减少脂肪的摄入（可食用脱脂奶制品、低脂肉类）。

第四，增加体内的碱储备。

第三节 网球业余爱好者的营养与补充

网球作为一种良好的全身性运动，逐渐成为以休闲、娱乐、健身为目的的大众化的运动项目。网球运动不但有助于改进身体形态和机能，还有助于培养人的灵敏性和协调性。良好的营养是进行运动的基础和前提，所以为了更好地促进锻炼，顺利完成不同技术要求的动作，就要十分注意科学的营养补充。

一、初练网球时的营养要求

练习者开始学习网球时，主要以技术学习为主，运动量和强度不会太大，一般无须专门额外补充营养物质；运动后可多吃新鲜水果、各种蔬菜及豆制品等，有助于消除疲劳。待掌握一定技术后，如果跑动多，体力消耗大，可多摄取肉类、鱼类、豆类等富含蛋白质的食物。蛋白质是增强体力不可缺少的营养素。同时要多摄取富含碳水化合物的食物，比如米饭、面条、馒头等。碳水化合物一经摄入，很快就能转化为能量。对于糖类的摄入量要加以控制，过多摄入糖类，多余的糖类就会在体内变成脂肪，有碍网球运动员塑造良好的体形。

二、肥胖体质的锻炼者的营养要求

脂肪是人体不可缺少的成分，在人体的生命运动和体育活动中起着重要的生理作用（见表11-1）。人的体脂要适当，一旦体内的脂肪堆积数量大于其占身体重量的正常比例，就意味着已步入肥胖者的行列。肥胖会造成器官功能和代谢的障碍，并诱发许多慢性疾病。

表 11-1　不同年龄男女的脂肪百分比

年龄	男性	女性
20～29 岁	21.6%	25.0%
30～39 岁	22.4%	24.8%
40～49 岁	23.4%	26.1%
50～59 岁	24.1%	29.3%
60 岁以上	23.1%	28.3%

　　人们通常依据脂肪含量占体重的比例来判定一个人是否肥胖。男性脂肪含量超过体重的 25%，女性超过 30%，就说明他或她是肥胖者。研究发现，肥胖还与饮食、运动、心理、社会、文化等因素有关。其中，导致肥胖的主要原因是缺乏锻炼，而不是饮食及其他。身体肥胖的人通常吃得并不多，甚至比其他人吃得还要少，但是，他们的活动量却相当少。缺乏锻炼或活动少是造成身体肥胖的主要原因。肥胖体质的人开始打网球时，应摄取脂肪少的植物性蛋白质食品以补充体能。因为从蛋白质的营养价值看，虽然植物性蛋白质总体上比动物性蛋白质低，但最适宜用来控制人体脂肪含量。豆制品中含有充足的植物性蛋白质。

三、脂肪少的锻炼者的营养要求

　　身体偏瘦的人也许吃得并不少，但动得多。身体脂肪含量少的人，可稍多摄入肉类等动物性蛋白质食品，此类食物营养价值高，并且富含脂肪。但要特别注意的是，由于肉类食品中的胆固醇含量高，所以不要摄取过量。

四、想强化肌肉、增加体能的锻炼者的营养要求

　　想通过打网球来强化肌肉、增加体能的人需要补充较多蛋白质，尤其是动物性蛋白质，其中容易被消化吸收的是牛肉。此外，还要多吃含铁质和钙质多的食物，如富含铁质的瘦牛肉、猪肉、羊肉、鸡肉、鸭肉、鱼肉及海鲜等，以及富含钙质的牛奶、各种豆类及豆制品。

第四节　网球运动员的营养补充与饮食

一、准备

第一，运动员应在开始打第一场比前，在训练期间摄入高碳水化合物和低脂肪的饮食以贮存丰富的糖原。

第二，运动员在比赛开始的前一天必须摄入足量的饮料。

第三，运动员应该在训练期间养成固定的饮食习惯，赛前不要有什么改变。

第四，必要时，运动员应随身携带一个冷冻的方便饮食盒，不应总是依赖准备好的方便食品。

第五，如有可能，运动员应事先了解比赛地的餐饮设施。

第六，比赛前一天晚上，运动员应有充足的睡眠，使身体得到良好的休息和放松。这将有助于防止可能影响食欲和引起肠胃不适的焦虑的产生。

二、赛前的饮食

(一)赛前两天的饮食

赛前两天，运动员应逐渐增加碳水化合物摄入的总量，以确保储存丰富的糖原。

(二)比赛前一天晚上的饮食

比赛前一天晚上运动员摄入的食物十分重要，应以富含碳水化合物的食物为主。例如，土豆、米饭、面条和谷物，以及蔬菜沙拉(忌用脂肪含量高的奶油调味汁)，最后吃水果拼盘。

三、比赛当天的饮食

比赛当天，运动员应争取了解何时到达赛场，然后根据下面的准则制订最佳就餐计划。

赛前进餐最好在比赛开始前2～3小时。运动员应该知道提前多少时间进餐才能不影响其水平的发挥(可通过训练期间的试验做到这一点)。

(一)上午第一场比赛前的饮食

用一顿量少而富含碳水化合物的早餐。如麦片加低脂牛奶，烤面包或面包加苹果酱、橘子酱、蜂蜜等，以及水果汁或鲜水果。

赛前这一顿饭，通常是早餐，量应该少，但综合碳水化合物应丰富。用早餐是很重要的，因为早餐前人体的血糖含量低。

(二)中午第一场比赛前的饮食

除进早餐以外，运动员在上午应有一顿小吃，通常是鲜水果或干果和点心等，如香蕉、苹果、梨、面包、松饼、蛋糕等。

(三)下午第一场比赛前的饮食

运动员在下午比赛前应吃一顿提前的午餐，午餐可从下面的食物中挑选：三明治或面包加香蕉、鸡肉、火鸡肉；饭团或米饭加面包；低脂酸奶、低脂布丁；低脂牛奶饮料。

此外，需要注意的是，传统的含蛋白质极为丰富的肉排等赛前食品易影响运动员成绩的发挥，因为人体需要12～18小时才能消化一份肉排和其他类似的富含脂肪的肉类。

四、选择运动包携带的小吃

对于现役网球选手而言，获得足够和必要的热量是很重要的。加餐时摄入富含碳水化合物的食品，有助于在训练和比赛过程中使运动肌得到能源补充。运动员应争取在训练和比赛后的30～60分钟内吃一次加餐。

加餐和饮料像运动员的球拍一样重要。所以，运动员们应在他们的运动包里携带小食品和饮料。运动员进入场地前后没有补充必要的小吃，就意味着他将疲劳且不能发挥最佳水平。

摄入低脂肪的含碳水化合物的食品对运动员来说是很重要的；好的食品有鲜水果和干果、素饼干、低脂肪三明治。有些谷物类小吃含的脂肪量低，但运动员应首先参考营养成分表对于脂肪含量的说明。运动前应避免进食巧克力等食品。

(一)高能小吃

以下列出的是高能低脂的小吃。它们适合于比赛期间或比赛后，以及两场比赛之间食用，包括：新鲜水果——香蕉、苹果、梨和无籽葡萄等，干果——杏干、干枣、香蕉干、葡萄干，香蕉、蜂蜜或果酱三明治，面包卷、松饼和水果蛋糕，低脂黄油，饼干，早餐麦片和低脂牛奶，烤土豆或家用奶酪，低脂布丁、面食沙拉或大米沙拉，低脂酸奶加干果或其他配料与牛奶一起做成的冰激凌，运动饮料或稀释的果汁。

(二)消化慢的小吃

运动员在从以下这些小吃中选择任意一种并大口吞食以前，应争取选用以上任意一种自己喜欢吃的高能食品。下面这些都是高脂食品，运动员需要限制这些食品的摄入量。

小食品(每天最多只能选用其中的一种)：炸土豆片(28 克)、1 份标准分量的蜜饯巧克力食品(50～60 克)、1 小袋炒干果(28 克)、1 份冰激凌(75 克)或 2 勺冰激凌(120 克)、1 份炸面饼圈或 1 份奶油蛋糕(50～75 克)、2～3 份小蜜饯食品(每份 20 克)、2 份巧克力饼干(每份 25 克)。

食物(每周进食不能超过一次)：炸鸡或其他油炸食物，如炸土豆片、油炸土豆，蛋奶饼。

(三)运动员的午餐

一场比赛中为运动员提供的午餐可包括：粗面粉夹心面包，馅可用金枪鱼肉(用盐水或水浸泡的罐装鱼)、低脂家用奶酪、鸡肉或火鸡肉；新鲜蔬菜，如番茄、莴苣等；新鲜水果，如香蕉、梨、橘子、甜瓜等；干果，如杏仁、澳大利亚坚果；纯奶质酸奶或低脂水果味酸奶(调味品分开包装)。

要记住不可在面包上抹太多的黄油。

(四)两场比赛之间的饮食

运动员在打完一场比赛后，应尽快进食和喝饮料以补充能量，准备下一轮比赛。

运动员应选用含糖饮料(如市场上的或家庭制作的运动饮料)。除饮料外，还要从运动包内的小吃中挑选一种清淡的食品(如水果、冰镇小果子面包、饼干等)。还可以挑选一种营养更丰富的食品，如三明治。

完全恢复肌肉糖原的贮存大致需要 20 小时，所需时间取决于以下因素。

第一，碳水化合物的消耗量。人体在前两小时内每千克体重至少消耗 1 克碳水化合物，肌内糖原贮存所需时间还与此后每两小时的消耗量有关。

第二，摄入的碳水化合物的种类，即碳水化合物属于综合的还是单一的。

第三，在何时消耗碳水化合物。

在每天的饮食中，应坚持正常、均衡、固定的饮食方案，亦即富含碳水化合物和低脂的饮食方案。

(五)出门在外的饮食

运动员参加比赛时，应力求保持自身的饮食习惯。关于这方面的建议包括以下几点。

第一，尽量多带食品和饮料。

第二，坚持吃自己习惯吃的普通饭菜，不要试图吃任何特殊的东西。

第三，选用淀粉含量高的食物或低脂食物，如土豆、米饭、面条，但不要加油腻的调味汁或调味品。

第四，用白面包或面包卷代替油炸土豆片。

第五，选用烧烤、水煮的食物，不吃香肠、馅饼、油炸食物等。

第六，多吃一些面包、面包卷或土豆(不是炸土豆片)，以及其他碳水化合物含量丰富的食物。

第七，多吃不加黄油或油腻的调味品的沙拉。

第八，用鲜水果、酸奶等代替奶油蛋糕和油腻的布丁。

第九，尤其是在乘飞机外出比赛时，要多喝饮料。

第十，在当地的饭菜中选用低脂的含淀粉的食物。

五、营养物在网球比赛中的实际运用

主要营养物包括碳水化合物、脂肪、蛋白质、维生素、矿物质和微量元素、食物纤维、水。

碳水化合物是网球运动员的规定饮食中最重要的成分。

运动员应十分注意脂肪的摄入量，但要记住，脂肪也是规定饮食中的重要成分。

蛋白质也是必不可少的，但是缺乏蛋白质的现象在网球运动员当中并不多见。当运动员摄入过多的蛋白质时，它就会转化为脂肪积存在人体内。

高水平运动员应避免摄入乙醇，因为它是一种利尿剂并可能损伤肝脏。

临近比赛时，运动员应增加多种碳水化合物的摄入量。

进食时，运动员应坚持吃自己常吃的普通饭菜，多吃蔬菜、多喝水是必要的。

水合作用在网球运动中是一个被低估的问题，教练员在训练过程中应该用与传授技术或战术相同的方式来向运动员传授有关水合作用的知识。运动员在比赛前后和比赛过程中都应喝水，并且运动员应在感觉口渴以前就喝水。水是运动员所需的重要的营养物之一。天气越热，比赛的时间越长，运动员就越应多喝水。

第五节　网球运动中的补水

一、补水的意义

水的营养功用非常大。水是机体的重要成分，水占成人体重的50％以上，人体的所有组织都含有水，如血液含水量为90％，肌肉含水量为70％，骨骼含水量为22％。水参与物质代谢的过程，并且是良好的溶剂，食物的消化和吸收、生物氧化以及排泄都需要水。水的比热大，在体内使体温保持稳定。水的蒸发散热（排汗）是调节体温的一种重要方式，蒸发1克水可散热0.54千卡。水的流动性大，在体内参与体液循环，运输物质。水可以保持腺体正常分泌。

正常情况下，人体内水分的出入量是平衡的。人体内不储存多余的水分，也不能缺水。多余的水分排出体外，若不及时补充水分，就会影响机体机能。摄入水分不足或排出水分过多（如出汗、腹泻等），都会使机体失水，进而影响人体正常生理机能（见表11-2）。

表 11-2　失水对人体机能的影响

失水程度	机能影响
2％	强烈口渴，感觉不适，食欲下降，尿少
4％	不适感加重，运动能力下降20％～30％
6％	全身乏力，无尿
8％	烦躁，体温增高，脉搏加快，血压下降，循环衰竭以至死亡

在网球运动中，影响体液的因素包括环境的温度和湿度以及运动员运动的强度、适应环境的能力、体形的大小、服装和排汗量等。

运动者怎样才能知道自己的饮水量是否充足呢？可以通过如下方式判断。

第一，检查尿液颜色，正常的尿液应该经常呈稻草色且量大，如色黄则可能是失水的表现。

第二，检查体重，如运动前后体重变化大，则代表体液丢失大。

第三，运动中或运动后，捏住手背检查皮肤。若松开手后，皮肤很快恢复原状，则代表正常；如果松开手后皮肤保持被捏时的状态达数秒或更长的时间，则代表缺水。

轻微的失水会破坏运动员的能量供应并影响运动员运动水平的正常发挥。在某些情况下，产生口渴的感觉可能是失水的一种征兆。不要等到口渴才补水，及时定量补水是必要的。在练习和比赛前后及比赛过程中都应通过及时喝水进行补水。

二、网球比赛前后有效的补水方法

（一）比赛前

　　训练或比赛的前一天，运动员应提早开始喝水。在一场比赛前的数小时内，少量且频繁地摄入水分也是必要的。研究已经表明，为保持水合作用，一名运动员在赛前两小时应摄入 4～6 杯饮料，在赛前 15～20 分钟应摄入 2～4 杯饮料。

（二）比赛过程中

　　在比赛过程中，运动员每比赛 15 分钟就应喝 1 杯饮料；如必要，还可更频繁些。但应避免过量地喝水。

（三）比赛结束后

　　一场比赛结束后，运动员还应继续喝水，应补水至感到舒服为止。

（四）总结

　　首先，喝水对于运动员运动能力的发挥十分重要。

　　其次，运动员在一场比赛的前后及比赛过程中都应喝水。

　　再次，运动员不应等到感觉口渴时才喝水。

　　最后，天气越热，比赛时间越长，运动员就越应该通过多喝水，及时补水。

练习与思考

1. 简述网球运动营养的概念。

2. 网球比赛能量供给特点是什么？

3. 在网球运动中应怎样补水？

参考文献

[1]陶志翔. 网球运动教程[M]. 北京：高等教育出版社，2003.

[2]陶志翔. 网球[M]. 北京：北京体育大学出版社，1999.

[3]汪浚. 网球全程点拨[M]. 北京：人民体育出版社，2002.

[4]应圣远，王加强，等. 网球[M]. 北京：北京体育大学出版社，2006.

[5](美)尼克·波利泰里尼. 波利泰里尼网球手册：跟网坛"教父"学网球[M]. 陈毕欣，
    译. 北京：人民体育出版社，2008.

[6]唐小林. 网球运动教学与训练[M]. 北京：人民体育出版社，2009.

[7]中国网球协会. 网球竞赛规则(2018)[M]. 北京：人民体育出版社，2018.

[8]殷剑巍，万建斌，黄珊. 网球裁判法解析[M]. 北京：人民体育出版社，2015.

[9]董杰. 网球竞赛裁判工作手册[M]. 北京：高等教育出版社，2016.

[10]周文胜，闫美怡. 网球基础与实战技巧[M]. 成都：成都时代出版社，2007.

[11]美国网球协会. 网球战术训练：赢得比赛的模式[M]. 汪鸽，郭泱，陈志翔，译. 北
    京：人民体育出版社，2009.

[12](美)E. 保罗·勒特尔，(美)马克·S. 科瓦奇. 网球运动系统训练[M]. 孟焕丽，张
    晶，译. 北京：人民邮电出版社，2015.

[13]白波，周文胜，闫美怡. 网球快速入门与实战技术[M]. 成都：成都时代出版社，2014.

[14](美)大卫·福斯特·华莱士. 弦理论：大卫·福斯特·华莱士眼中的网球世界[M].
    林晓筱，译. 长沙：湖南文艺出版社，2019.